本课题得到山西省民营经济促进会资助
本书受山西省晋商文化基金会资助出版

世界晋商发展报告

—— 崛起中的新晋商

《世界晋商发展报告》课题组 ◎ 编著

企业管理出版社
EMPH ENTERPRISE MANAGEMENT PUBLISHING HOUSE

图书在版编目（CIP）数据

世界晋商发展报告：崛起中的新晋商／《世界晋商发展报告》课题组编著．—北京：企业管理出版社，2023.10

ISBN 978-7-5164-2887-0

Ⅰ．①世⋯ Ⅱ．①世⋯ Ⅲ．①晋商—研究 Ⅳ．① F729

中国国家版本馆 CIP 数据核字（2023）第 169744 号

书　　　名：	世界晋商发展报告——崛起中的新晋商
书　　　号：	ISBN 978-7-5164-2887-0
作　　　者：	《世界晋商发展报告》课题组
责任编辑：	徐金凤　　李雪松　　宋可力　　张艾佳
出版发行：	企业管理出版社
经　　　销：	新华书店
地　　　址：	北京市海淀区紫竹院南路 17 号　　邮　编：100048
网　　　址：	http://www.emph.cn　　电子信箱：emph001@163.com
电　　　话：	编辑部（010）68701638　　发行部（010）68701816
印　　　刷：	三河市荣展印务有限公司
版　　　次：	2023 年 10 月第 1 版
印　　　次：	2023 年 10 月第 1 次印刷
开　　　本：	710mm×1000mm　　1/16
印　　　张：	22.5
字　　　数：	332 千字
定　　　价：	198.00 元

版权所有　翻印必究　·　印装有误　负责调换

FOREWORD 代 序

在梦想与梦魇之间……

生在山西

山西是古中国的发源地。无论是在远古时期还是整个农耕文明时期都引领着这个国家的发展。山西有炎帝陵，有大量尧舜活动的痕迹。史书记载，舜耕于历山，渔于获泽。考古证实，襄汾的陶寺遗址就是尧的都城。从桐叶封弟到晋文公春秋争霸，从李唐龙兴到后来的山西商人……山西一直走在时代的前列，所以才有"五千年文明看山西"一说。山西表里河山，人杰地灵，资源丰富，人文荟萃……不仅为中国革命做出了巨大贡献，也为新中国的建设和改革开放做出了巨大的贡献。回望历史，在钦佩祖先的同时，山西人会自然而然生出一种自豪感。

一个梦魇

但是，改革开放以后，山西却落后了，封闭保守的思想观念，官本位的社会风气，一煤独大的产业结构使山西在全国的地位每况愈下。每次出现各种正向排名，山西都排在后1/3，让山西的精英们一次次地失望；而每次出现各种负向排名，山西又会名列前茅，让山西人既愤怒又无奈。这些信息，一遍又一遍地刺激着山西人的神经。人们不禁要问：山西究竟怎么了？造物无愧于山西，祖先无愧于山西，但山西为什么会这样？

历史上的辉煌和今日的无奈及对变革的无望，就像梦魇一样压在山西人的心上。在这个梦魇中，影响最大的，还是晋商。

晋商，这个"纵横欧亚九千里，称雄商界五百年"的传奇商帮，在谱写他们商业世界神话的同时也为这个世界留下了许许多多的故事和遗迹——坐落在三晋大地的一座座晋商大院，遍布在全国的一个个山陕会馆，写在历史书中的一篇篇晋商史料，流传在民间的一段段晋商传说，无不在向后人展示着晋商曾经的辉煌，唤起后人对重振晋商雄风的渴望。

在世界历史上，无论是曾经辉煌过的国家还是民族，在衰落后都有复兴和重振的欲望，中国是这样，阿拉伯是这样，奥斯曼也是这样。在中国历史上，王朝的中兴也是人们心心念念的话题。甚至，在武侠小说中，家族或门派的中兴也被写成了可歌可泣的故事，何况晋商——一个曾经无比辉煌的传奇商帮？

从梦魇到梦想

但是，历史不正是由人创造的吗？

若是放在N年前，既不具备首开风气之天时，又无沿江、沿海进出口海岸之地利，单独谈论重振晋商雄风，也许只是山西少数精英分子的痴人说梦。那么，放在今天，放在"我们比历史上任何时期都更接近中华民族伟大复兴的目标，比历史上任何时期都更有信心、有能力实现这个目标"的时代背景下，重振晋商雄风，难道还是一句空话吗？

在这样的时代大潮中，我们难道不能走出梦魇成就梦想吗？

一定能。

追寻梦想

然而，没有谁的梦想是轻轻松松就能实现的，通往梦想的道路一定是艰难、曲折，充满坎坷并且漫长的。它需要我们正本清源，认真反省，凝聚共识，改善环境，拥抱创新。

全省上下一定要认识到，新晋商的崛起，绝不仅仅是企业的事情、企业家的事情、专家的事情，而是全省上下所有人的事情。因为晋商能否崛起，决定着山西经济能否崛起，进而决定着山西能否崛起。

影响晋商崛起、影响山西经济崛起的主要因素不在外部而在内部，不在上层而在中层和下层。如果山西的精英自己不觉醒、不行动，山西的广大干部群众不觉醒、不行动,而是一味地把希望寄托在上面、寄托在外面,所谓晋商的崛起、山西经济的崛起,就永远只是一句空话,一个永远不可能实现的梦想。

想要晋商崛起、想要山西经济崛起,就要大力发展民营经济。江、浙等先进省份的发展经验已经表明:哪个地区民营经济发展得好,哪个地区的经济就好。落后地区的一个共同特征,就是民营经济发展得不好。

要实现共同富裕,也要大力发展民营经济。有研究表明,越是民营经济发达的地区,贫富差距就越小,人均可支配收入就越高。

企业家是一种稀缺资源,全社会都要尊重企业家、关心企业家、爱护企业家,支持企业家进行价值创造。要大力发扬企业家精神,要在全社会营造一种鼓励创业、鼓励创造、鼓励创新的社会文化环境。

要认认真真落实中央精神,虚心向发达省份学习,切切实实地改善营商环境。新晋商要想长成参天大树,必须要有好的土壤。如果我们这里总是沙漠地、盐碱地,我们就只能长出沙棘、醋柳柳这等植物。

企业家要努力学习,突破自己的认知局限,走出去,以开放的心态,积极拥抱变化、拥抱创新。要树立新的正确的财富观、人生观、价值观,以创造价值为使命,以造福社会为使命,在推进山西文明、进步、发展中实现自己的价值,彰显自己的价值。祖先能创造属于他们的历史,我们也能创造属于我们的历史。

……

我们有理由相信:伴随着中华民族伟大复兴,我们一定会实现梦想,重振晋商雄风,再造山西辉煌!

是为序。

宋瑞卿
二〇二二年九月三十日于西吴苑

PREFACE　　　　　　　　　　　　　　　　前　言

本报告是应世界晋商上海论坛组委会的要求而撰写的。

党的十八大以来，以习近平同志为核心的党中央高度重视山西的发展，出台了一系列支持山西发展的政策措施。2017年6月，习近平总书记在视察调研山西时高度评价晋商精神并指出，山西自古就有重商文化传统，形成了诚实守信、开拓进取、和衷共济、务实经营、经世济民的"晋商精神"。山西承接东西、连接南北。历史上看，山西是"一带一路"大商圈的重要组成部分，晋商纵横欧亚九千里、称雄商界五百年，"豪商大贾甲天下"，彰显的就是开放精神。

为进一步弘扬晋商文化，传承晋商精神，山西省商务厅、山西省工商联（总商会）、山西省贸促会、山西省小企业发展促进局、山西省投资促进局和山西省政府驻上海办事处联合举办了世界晋商上海论坛，以搭建山西和沿海、山西和世界沟通的桥梁。论坛每年一届，由山西省民政厅联办，山西省民营经济促进会和上海市山西商会承办，从2019年开始，已连续举办了三届，受到海内外晋商及社会各界的广泛关注，也得到了山西省委、省政府的高度重视。

2020年5月，习近平总书记又一次来山西视察调研时强调，要继承晋商精神，融入共建"一带一路"，健全对外开放体制机制，构建内陆地区对外开放新高地。2022年1月，习近平总书记第三次来到山西视察调研，进一步强调，要坚定文化自信，深入挖掘晋商文化内涵，更好弘扬中华优秀传统文化，更好服务经济社会发展和人民高品质生活。这一系列重要讲话、重要指示,为新时代传承弘扬晋商精神、推动山西发展提供了根本遵循和行动指南。

为了学习、贯彻习近平总书记重要指示精神,在转型发展上率先蹚出一条新路,在高质量发展上不断取得新突破,山西省委出台了关于进一步推动山西全方位高质量发展的意见,提出了一系列具有全局性、基础性的重要举措。为贯彻落实省委部署,进一步办好世界晋商上海论坛,论坛组委会和承办方在总结以往各次论坛举办经验的基础上,多次邀请有关专家、学者及企业界人士就如何办好世界晋商上海论坛进行研讨,最后决定组织力量撰写《世界晋商发展报告》,并在2022年11月举办的第四届世界晋商上海论坛上发布。

为此,组委会特别成立了课题组,邀请山西省工商联原党组成员、副主席郎宝山担任课题负责人,山西财经大学工商管理学院原院长、山西财经大学振东管理研究院院长宋瑞卿教授担任课题总策划和报告总执笔人,由宋瑞卿院长组织、带领山西财经大学相关专业的博士、教授团队执笔撰写。

接受任务后,课题组进行了认真的前期准备,进行了广泛的实地调研,开展了艰苦的研讨、撰写工作,克服了新冠疫情影响、资料不全、时间紧张、沟通不顺等多重困难,终于完成了这份报告。

报告共分六篇、十一章。第一篇是历史篇,以两章的篇幅简要回顾了明清晋商的发展轨迹,着重探讨了晋商精神的现代意义;第二篇是现状篇,回顾了改革开放以来新晋商的发展状况,着重对新晋商和浙商、徽商进行了横向比较;第三篇为分析篇,着重描绘了新晋商的群体画像,分析了影响新晋商崛起的主要因素;第四篇为建议篇,着重探讨了新晋商崛起的内在路径,对改善营商环境提出了一些具体的意见、建议;第五篇为案例篇,以典型案例和专题案例两种形式对调研过的企业进行了揭示;第六篇为商会篇,着重讨论了新晋商商会组织的发展与贡献,对调研过的商会分情况进行了重点和一般性的描述。

需要指出的是,受时间限制,很多省内列入调研计划的企业来不及调研；受新冠疫情影响，省外晋商企业和省外晋商商会没有调研；受时间和疫情双重限制，对标省份和外省的对标企业没有调研。另外，受时间和水平的限制，报告难免会挂一漏万。例如，对一些问题的研究还不够深入，对有些案例的揭示还不够全面，等等。这些问题都会在以后的报告里逐步完善。

  本报告是课题组全体成员共同努力的结果，是团队集体智慧的结晶。其中，在调研过程中，郎宝山主席厥功甚伟。可以说，没有郎主席带队调研，就不可能有这份报告。报告的提纲设置、整体思路、主要观点均由宋瑞卿提出，由团队成员共同讨论、完善、撰写，最后由杨菊兰、高寅统稿，宋瑞卿总审定稿。参与报告撰写的人员有：山西财经大学工商管理学院副院长、副教授薛继东博士，山西财经大学工商管理学院副教授杨菊兰博士，山西财经大学工商管理学院副教授卢美丽博士，山西财经大学工商管理学院讲师高寅博士，山西财经大学管理科学与工程学院副教授赵文博士，山西财经大学会计学院副教授王东升博士。

  在这里，要特别感谢受访企业，在疫情不稳、企业经营情况复杂、时间紧张的情况下还要抽出大量的时间接待调研组，为调研组提供企业资料，和调研组成员进行深度交流。在报告调研及撰写过程中，得到了受访商会及有关方面的大力支持，在此一并表示感谢！

课题组

二〇二二年九月三十日

目录

CONTENTS

历史篇

第一章 明清晋商的发展轨迹 ………………………………… 003
  一、从小商贩到大商帮 …………………………………… 004
  二、从走西口到荣归故里 ………………………………… 008
  三、从改变自己到改造社会 ……………………………… 012

第二章 晋商精神的现代意义 ………………………………… 015
  一、晋商精神的内涵 ……………………………………… 016
  二、晋商精神对新晋商崛起的启迪 ……………………… 021

现状篇

第三章 新晋商企业的发展现状 ……………………………… 027
  一、新晋商企业的发展历程 ……………………………… 028
  二、新晋商企业发展的总体状况 ………………………… 031
  三、新晋商企业发展的基本特征 ………………………… 036

第四章 新晋商企业发展的横向比较 ········· 041

一、总体维度 ········· 042

二、中国民营企业 500 强维度 ········· 050

三、民营上市企业维度 ········· 054

四、民营企业 100 强维度 ········· 063

五、国家级专精特新维度 ········· 072

分析篇

第五章 新晋商群体画像 ········· 079

一、新晋商的性格底色——既精明又厚道 ········· 080

二、新晋商的行为特征 ········· 084

三、新晋商的外在表现 ········· 089

第六章 影响新晋商崛起的主要因素 ········· 097

一、资源禀赋影响下的思维惯性因素 ········· 098

二、市场竞争机制下的认知与能力因素 ········· 102

三、营商环境中的观念与机制因素 ········· 109

建议篇

第七章 新晋商崛起的内在路径 ········· 115

一、大力弘扬晋商精神 ········· 116

二、突破个人局限 ········· 121

三、突破组织局限 ·· 125
四、因地制宜选择转型路径 ···························· 132

案例篇

第八章 典型企业案例 ···································· 139

一、从传统能源到新能源：能源革命的鹏飞实践——
山西鹏飞集团有限公司 ······························· 140
二、孤勇者的气魄——大运九州集团有限公司 ·············· 154
三、战略演进的逻辑——山西东义煤电铝集团有限公司 ······ 161
四、文以载道，以企业文化引领转型发展——
山西凯嘉能源集团有限公司 ··························· 169
五、研发创新与营销创新双轮驱动——
亚宝药业集团股份有限公司 ··························· 176
六、登高临远，以社会视角纵览企业逻辑——
山西兰田实业集团有限公司 ··························· 183
七、从资源型企业到中国葡萄酒女神的塑造者——
山西戎子酒庄有限公司 ······························· 188
八、以开放的胸襟拥抱创新——山西泫氏实业集团有限公司 ··· 195
九、从商贸到物流供应链——山西穗华物流园有限公司 ······ 202

第九章 新晋商企业实践案例 ······························ 209

一、非公党建 ··· 210
二、乡村振兴 ··· 214
三、绿色发展 ··· 226

四、产业集聚 …………………………………………………… 245
五、专精特新 …………………………………………………… 253
六、老字号 ……………………………………………………… 268
七、代际传承 …………………………………………………… 281
八、省外晋商 …………………………………………………… 289

商会篇

第十章　新晋商商会组织的发展与贡献 …………………………… 295
一、山西商会组织的发展历程 ………………………………… 296
二、新晋商商会组织的发展现状 ……………………………… 300
三、新晋商商会组织对促进山西省经济社会发展的贡献 …… 303

第十一章　新晋商组织案例 …………………………………………… 311
一、聚优秀晋商，促民企辉煌——山西省民营经济促进会 … 311
二、凝聚"晋"心"晋"力，搭建合作桥梁——
　　上海市山西商会 ………………………………………… 315
三、山西省内部分新晋商组织 ………………………………… 317
四、小结 ………………………………………………………… 322

附　录 ……………………………………………………………… 325
一、个人基本信息 ……………………………………………… 328
二、企业基本信息 ……………………………………………… 328
三、企业经营管理状况 ………………………………………… 330
四、企业认知状况 ……………………………………………… 334

五、企业所在地营商环境状况 ………………………………… 336

六、数字化转型 ………………………………………………… 338

七、未来方面 …………………………………………………… 340

后　　记 ………………………………………………………… **341**

历史篇

世界晋商发展报告——崛起中的新晋商

第一章

明清晋商的发展轨迹

　　明朝初年，为解决北部边镇的军需粮草供应问题，政府实行"开中制"，将国家掌握的盐的专卖权以纳粮中盐的方式向民间开放，即商人通过向边镇供应粮食来换取"盐引"——政府准予贩盐的凭证，以盐价折抵粮价，以转运费代纳盐引税，之后凭盐引到指定的盐场支盐，并在政府指定的范围内销售，获取利润。因此，晋商凭借地理优势通过盐业贸易发展起来。长期走南闯北，既增长了见识，也看到了新的商机，随着开中制不断调整到逐渐废弛，晋商通过贩运粮食、棉布、草料等军需品和北部边地所需的各种民用品逐渐扩大了经营范围，并随着经营地域的不断扩充和资本积累渐趋雄厚进入典当、票号等金融行业。各商号以地缘关系为纽带，逐渐形成商帮。从明初到清末，晋商创造了被称为"天下第一商帮"的历史，在中国和世界商业发展史上留下了浓墨重彩的一笔。以古为镜，可以知兴替，梳理明清晋商的发展轨迹，可为新时期崛起中的新晋商提供鉴往知来的启迪意义。

一、从小商贩到大商帮

明清晋商的崛起和发展有其外因,即国家政策带来的机遇;长期来看,能够称雄商界五百年,更重要的是内因。晋商作为一个商帮之所以被冠以"天下第一商帮"的称号,不仅仅是因为其富可敌国,更重要的是因为其精神层面的思想内涵和商业层面的商道智慧,为世人景仰。

(一)从谋生观到事业精神

1. 从简单的投机买卖到长期导向的诚信经营

在农耕社会,山西地狭人稠,土地贫瘠,没有其他资源只能靠土地吃饭的普通百姓谋生艰难。从事在士农工商的价值序列中处于末流的商人职业,来源于普通百姓的谋生选择。明朝政府的"开中法"提供了一个谋生的机会,山西位于靠近北部边镇,且四通八达的地理位置又提供了抓住机会的便利,农民得以从贫瘠的土地上抽身前往苦寒的边区,从事盐业贸易。过程虽苦,但盐业厚利,晋商得以兴起。然而,盐业贸易是绑定在国家政策上的生意,单纯依靠盐业贸易致富的早期富商也因此只是明清晋商群体中的一小部分,真正代表明清晋商群体的是在这个政策辐射下前往边区从事日用商品买卖的商人们,以及此后由日用品买卖转向金融业务的富商大贾们,如享誉天下的日升昌票号的前身是西裕成颜料庄。所以,出于谋生目的的晋商大部分是从最简单的投机买卖做起,在丰年时批量购进囤积粮食,在歉收年以高价卖出,赚取差价。押对了天时,就赚钱了;押不对,就债台高筑。从中原地区和其他农业地区向草原牧区贩卖那里没有的铁器、布匹、茶叶等生活用品,再从草原贩运回牛、马、驼、羊、皮货等稀缺物资,靠空间阻隔赚取双重买卖差价;加价高了,就赚钱多;加价低了,可能辛苦一趟,所得甚微。因此,当押错天时时,若债主能给予延期,或有伙伴能给予融通支持,买卖就顺畅一些;每一次辛苦贩运,都能得到一些老顾客的支持,长途贩运的劳苦和风险，就能消除一些。一些明智的晋商意识到，要想长期以此谋生，建立人缘、积攒口碑是第一原则。由此**完成了晋商从简单的投机买卖到长期导向的诚信经营的跨越**，这是晋商从小商贩的短期利己主义到大商人长期导向的诚信为本的一次跨越。

2. 从借助政策依靠政府到独立经营创新求变

晋商的兴起有政策因素，晋商的发达也有政府因素，明初的开中制提供了兴起的机遇，清初的皇商待遇提供了发达的机会。从谋生的小商人成为借助政策快速发家的富商，从张家口战乱纷飞的角斗场讨生活的小商人成为被清廷钦点的皇商，晋商作为一个商帮整体，其中不乏这样的富商巨贾，但从历史逻辑来看，这些晋商在500年灿若星辰的晋商大贾中，应当属于光芒万丈却倏忽消逝的流星。那些能够支撑起"天下第一商帮"称号的，是像乔致庸、雷履泰、李宏龄这些独立经营、创新求变的晋商。因此，**不是从单一的晋商及其家族传承的角度，而是从晋商整体发展脉络来看，从借助政策依靠政府到独立经营创新求变是晋商从谋生观偶然崛起到事业观必然成功的一次跨越**。

3. 从独善其身经营谋利到兼济天下主动担当

晋商乔家是明清晋商的典范，第一代创业者乔贵发是千万个前往包头经商谋生的农民中的一个，在经商致富之后，主动周济乡亲，并为子弟定了家规，训诫家族子弟要"亲贤乐善、忠信不欺、持身谨饬、退让谦和、克俭克勤"；第二代接班人乔全美少年时就去包头商号学习历练，掌管商号后为商号定了号规，载明"信义为本、慎待相与"；第三代接班人乔致庸是读书人出身，在使家族产业突破日杂经营的范畴并以联号方式实现了业务与规模双重扩张的同时，经商信条是：首曰信、次曰义、三曰利；荒年赈灾时，百姓评价乔家的粥"插上筷子不倒，解开布包不散"；八国联军入侵后，对给予出逃路上的慈禧、光绪慷慨捐输三十万两白银的分号经理嘉许褒奖。乔家三代人用行为注解了晋商对"滴水之恩当涌泉相报、成由勤俭败由奢、助人就是助己、积善之家必有余庆"这些最朴素的伦理道德观的秉持。

如果说，乔家的行为仅仅是对独善其身的超越，是出于为商业经营的长远利益消除可能的不确定因素的话，那么，代表了晋商超越利润目标，通过经

商兼济天下主动担当的，是祁县的渠家。

渠家通过经营茶叶和票号成为晋商巨贾，领导渠家经营票号使家族生意走上顶峰的是渠源浈。渠源浈是商人，却有报国的理想，曾在光绪初年通过纳捐做过刑部员外郎，就任之后，他向当时中国最好的两位律法专家学习，不仅学中国律例，也学西方法律；却因非科场出身，不受重用。所以虽有报国理想，却对官场灰心失望，对官员的骄横也深恶痛绝。渠源浈的儿子渠本翘自小接受儒家教育，在光绪十四年，16岁时即中举人；光绪十八年，中进士，任内阁尚书，走上仕途，曾任中国驻日本横滨副领事、山西大学堂学监、山西商会会长，官至正二品的典礼院直学士。在他中进士后回家探亲时，渠源浈劝诫儿子："科名本身外之物，智者当务其远大，慎勿以一第自封。"渠本翘与其父不同，相信仕途经济，忠君爱国，对清廷腐败"每以隐忧致疾也"，创立了山西最早的民族工业企业，在光绪三十一年的保矿运动中，资助并向其他晋商票号筹资帮助政府收回了被英商攫取的煤矿开采权，成立了保晋矿务公司，并出任第一任总经理。在此期间，渠源浈主持的渠家几大票号不但出巨资入股保晋公司，而且还曾帮助保晋公司发行、募集股票。渠家父子都是亦官亦商，虽政见不同，但实业救国、为国为民的理想是一致的。

经商不是简单地算计每一笔买卖的盈亏，还要给自己营造一个能够安心经营的环境；在国家民族大义面前，商人也能不计得失，担当作为；从谋生观到事业观，从小商人到大商帮，这应当是晋商思想上最大一步的跨越。

（二）从无组织到完备的治理系统

1. 组织化的东掌制和身股制及联号制和分号制

要使小商人的生意能够长久持续，必然要突破商人自身的局限；要使小生意越做越大，则需突破资本和空间约束。晋商从无组织、无管理的小买卖发展为商业组织——商号，首先发展出了突破个人局限的东掌制。与现代企业制度的两权分离一样，所有者称为财东，经营者受雇称为掌柜。财东是所有者，有些完全不参与商号决策，只坐收盈余，大多数财东则是仅对重大事务进行决策；掌柜是代理者，受财东委托对商号的经营管理全权负责。但与现代两权分离下的委托代理机制不同的是晋商独创的身股制，号内从掌柜到伙计依据对商号的贡献均可获得以身顶股的股权，除约定的薪酬外，按比例获得分红，且只负盈不负亏；身故后还给予家属一定年限内的"故身股"，使财东与掌柜和伙计们成为共同为商号发展分工合作的利益共同体。其次是建立了突破资本和空间约束的联号制和分号制，要做大生意，既需要资本，又需要市场，晋商通过与不同财东合作成立不同的商号，称为联号制，既能多种经营，也能一业多号；通过在不同地区建立分号，扩大市场范围，称为分号制，既能开拓市场，又能储备人才。

2. 与熟人社会相适应的人力资源管理系统

梁启超曾评价："鄙人在海外十余年，对于外人批评吾国商业能力，常无辞以对，独至此，有历史，有基础，能继续发达之山西商业，鄙人常自夸于世界人之前。""各省钱业唯山西汇号流通最广，生意亦最久。其资本系合股而成，而所以能广其久者，则在号中用人之法。"明清晋商所处的农耕社会，商业文明尚未出现，国家制度层面也没有促进商业发展的制度机制，要建立起保障商号持续发展所需的优秀人才储备、供应和产出机制，晋商建立起一套与熟人社会相匹配的人力资源管理系统。以晋商乔家为例，在东掌制下，从掌柜到伙计的选聘标准都是德才兼备，一般掌柜层的经理人员都是从小伙计做起，通过努力，一步步得到升迁。招聘小伙计则是先从七八岁的本乡优秀子弟中选拔学徒，学徒成年出徒后才可担任小伙计。招募和甄选学徒有四项原则和措施：一是只选本地人，二是上查三代，三是保人制，四是以穿铁鞋方式谢绝关系户。只选本地人和上查三代，是利用熟人社会的人际信任和家族信誉保障所招学徒的品行；保人制是指人选必须由有名望的人举荐，以保人的信誉为被保人的德才作保，但规定财东不得向本家商号举荐人选；为避免关系户，以穿不上铁鞋为借口谢绝。学徒招来后，要在商号从事最底层的洒扫庭除、端茶倒水的工作，之后才给予工作技能培训。技能培训之前主要的培训内容是立品行——立五品：行有行品、立有立品、坐有坐品、食有食品、睡有睡品；备四件：有耳性、有记才、有血色、有和颜。一旦出徒成为小伙计，一直到（如果有才有德）升迁至大掌柜，除非有不端行为，一般终身雇佣；若因不端行为被商号辞退，其他商号也不会再录用。在职期间，除获得与从事其他工作相比不菲的薪酬待遇以外，还可获得身股，与商号共赢，即使商号亏损，身股只负盈不负亏，退休以后，还有退休金。平时对小伙计的考核除了例行的业务考核之外，还有各种随机性的德行考核。"远则易欺，远使以观其忠；近则易狎，近使以观其敬；烦则难理，烦使以观其能；卒则难办，卒使以观其智；急则易夹，急使以观其信；财则易贪，委财以观其仁；危则易变，告危以观其节；杂处易淫，派往繁华以观其色。"一整套的人力资源管理制度构成一个严密的系统，既保障了商号发展所需的人才可以德才兼备、绵延不绝，也以优厚的待遇和终身雇佣制度使员工与商号结成利益共同体，激励员工为商号的创新发展贡献聪明才智。

3. 与社会互助相帮的儒家伦理型商帮文化

明代一位山西著名商人王现说过一段话："夫商与士，异术而同心，故善商者，处财货之场，而修高明之行，是故虽利而不污，故利以义制，名以清修，天之鉴也。"这是对明清晋商以义制利、诚信经营、洁身自好的概括。起步于小商贩的晋商，随着财富的积累，无论是财东，还是雇佣的大掌柜、小伙计，一代代新旧更迭，晋商的商号逐渐成为优秀读书人的聚集地，他们或是科举失利，或是读书后子承父业，或是"生子有才可做商，不羡七品空堂皇"。只读圣贤书的读书人，在圣贤书的熏陶下，逐渐将商与士的品行操守合二为一，形成了与社会互助相帮的儒家伦理型商帮文化——利以义制，名以清修。除了那些有关诚信经营、扶危济困、为国担当的案例故事，遍布全国的山西会馆作为历史遗存，也成为晋商互助互利、抱团发展、成就商帮荣耀的见证。

二、从走西口到荣归故里

从个体视角来看，明清晋商的发展史既是一部充满财富和荣光的发家史，也是一部充满艰辛和进取的奋斗史，从走西口到荣归故里，被世人冠以精神符号的晋商特征，就从一幕幕的晋商往事里，跃然而出。

(一)走出去开阔了眼界,孕育了开拓进取创新求变的种子

1. 思想开放、积极进取

地狭人稠难以谋生,外部条件提供了机会,为了讨口饭吃,众多山西人离开家乡,去口外打工或经商。在安土重迁且交通不便的农耕社会,走出去不是一件容易的事。下定决心走出去,就抱着混出点样子来的志气,做成功了,能够衣锦还乡荣耀乡里;失败了,则无颜回乡见父老乡亲。所以,跨出杀虎口,就只能一往无前。但一步跨出,外面的世界有信息、有机会、有人缘,摸爬滚打,逐渐开阔了视野。打开了眼界,就打开了思路,有了思路,就有了进取的底气。祁县务农的乔贵发,先到包头给人拉骆驼、做豆腐,到与人合伙创业,开了广盛公草料铺,发展到二代、三代,独资开设复盛公,增开复盛全、复盛西等数十个门面,开大德诚、大德兴茶庄,开大德通、大德恒票号,成为祁县最大的富商。原本务农的乔氏家族,因为乔贵发走出口外,打开了眼界,所以才有了思想开放、积极进取的成果。

2. 博采众长、创新求变

走出去就看到了外面的天,生意做大了,生意伙伴也越来越多,原有的业务领域就能一生二、二生三,众人的智慧和资源,都能为我所用,就有了博采众长、创新求变的可能,新的商业模式、新的管理制度就在借鉴、尝试、应用的迭代中产生了。日升昌是中国第一家票号,在那以后的一百年时间里,陆续由晋商开办的这些票号曾一度控制了整个大清国的金融流通,晋商票号因此被梁启超称为"执中国金融界牛耳"。从此,晋商有了一个既省力又赚钱的行当,并以信誉和资本实力为竞争者竖起了壁垒。晋商创建的东掌制、身股制也为晋商建立了将财东与优秀经营管理人才结成利益共同体的机制,为晋商兴旺发达提供了深厚的人力资源基础。

(二)山高路远背井离乡,培育了吃苦耐劳、笃学勤思的精神

1. 不畏艰险、不怕吃苦

走出杀虎口,开辟了万里茶路的晋商,是在九死一生的颠沛流离中艰苦

创业的榜样，山高路远，风餐露宿，漫漫驼道上，有数不尽的凶险和意外；背井离乡外出赚钱，也有来自人生地不熟的风险；无法与家人团聚的孤独和煎熬，加上做生意本身的商业风险；可谓前路坎坷，逆流而上。成功的晋商毕竟凤毛麟角，失败的才是多数，一朝出口，甚至不知是死是活，但正是因为有了不畏艰险、不怕吃苦的千千万万个晋商，才有了日后兴旺发达的晋商商帮。

2. 勤奋学习、殚精竭虑

经商既是一项需要勇气和意志的工作，更是一项需要知识和智慧的工作。走出口外的晋商，开阔了眼界，看到了商机，因为付出了远超他人的辛劳，只有以聪明才智不断超越他人和超越自我，才能抵补太过艰苦的付出，才可能使从事的营生能尽量地少一些辛苦。唯有鸡鸣即起，勤奋学习，向书本学，向实践学；冥思苦想，殚精竭虑，为一个想法、一个做法。功夫在诗外，正是这些用在背后的功夫才成就了日升昌脱颖而出，晋商票号汇通天下。日升昌的大掌柜雷履泰和二掌柜毛鸿翙都是自律勤学的经理人，为解决分号之间现银调度的押运风险问题，想出了汇兑的方法，但从汇兑方法中看出商机到设计出完整精妙的票号运营模式，并在实践中不断完善且开发出汇兑以外的其他业务，则经过了无数次的思虑、讨论和学习的循环。凭借一张自家发行的纸票兑换真金白银，在没有信用制度的农业社会，既能使顾客相信一张纸的信誉，又能在一张纸上做出花样，杜绝冒用，还能以此营利；没有笃学勤思的精神，不可能横空出世。

（三）异乡谋事业，培养起以义制利、互利共赢的经营理念

1. 信义为先、以义制利

在农耕社会，信息被空间阻隔，人与人之间的信任主要靠熟人关系做保障，所以才有了费孝通所说的中国社会结构以血缘、亲缘、地缘为纽带的"差序结构"，每个人都有一个以自己为中心的"圈子"，越往外，关系越薄，信任度越低。晋商异乡谋事业，除了尽量依靠同乡互相扶持（这也是那时外出经商的商人包括晋商都愿意结成商帮的根源）以外，最主要的客源和生意伙伴、朝廷官员等利益相关者还是外乡陌生人，如何在陌生人的"圈子"

里长久做生意，只能依靠信义积累信任，建立商业圈子，谋求长久利益，这也与儒家文化中的伦理观一致，所以晋商将忠勇义气的本乡人关羽尊奉为武圣、关帝，将信义为先、以义制利作为经营理念，也通过践行这样的经营理念积累起晋商群体的信誉，最引以为傲的票号所取得的卓越成就也来源于票号业务与晋商信誉的相互成就。

2. 广结人缘、互利共赢

在陌生人的社会里以信义建立信任，不是基于感性，而是基于商人的理性。要将事业越做越大，就要不断发展越来越多的"朋友圈"。首先是与本乡本土人的圈子，晋商走南闯北，被称为"有麻雀的地方就有晋商"，遍布全国各地的山西会馆、山陕会馆就是晋商建立"朋友圈"和发掘商机、扩展业务的场所；其次是与各种合作伙伴的圈子，与财东们发展圈子，通过合资可以扩大资本规模扩展商业版图，著名的蔚字五联号就是单个晋商与不同财东合资迅速扩大经营规模的例子；与上下游的伙伴发展圈子，通过合作取长补短、扩大经营范围，节约经营成本，曾享誉欧洲的川字牌砖茶，就是晋商与福建商人合作的成果；当然，在封建社会皇权至上、等级森严的官僚体制下，晋商作为皇权统治下的末流商民，即使腰缠万贯，也需与各级各类官员处理好关系。广结人缘、互利共赢的经营理念使晋商突破了血缘、亲缘、地缘的人际关系纽带，通过商业的利益纽带将各种资源为我所用，构筑起越来越大的商业帝国。

（四）荣归故里，高墙大院束缚了进取的雄心

1. 守业有责、畏首畏尾

以决绝的勇气跨出杀虎口，克服了艰难困苦，磨炼了意志和胆识，积累了才学和能力，一代又一代苦心经营，无论是商业模式、治理体系还是规章制度，都在日臻完善，财东和掌柜们都有了荣归故里的资本。一处处高墙大院既向父老乡亲们展示着光宗耀祖的成就感，也成为晋商运筹帷幄决胜千里的指挥所。已经建立起足以睥睨天下的产业根基，已经打造出严丝合缝的商业模式，已经构筑起运转自如的管控系统，坐在"祁太平"的深宅大院里，遥控调度着分布各地的人财物，一切似乎成竹在胸。如果世界永远安稳，晋商的事业可能

就江山永固。但外部环境变化太快，既有战乱动荡，也有外洋银行竞争，曾经开拓进取的晋商，享受着高墙大院的荣耀与满足，面对不断被蚕食、被盘剥、被裹挟、被蒙骗的事实，面对迅速变化的商业环境，却宁愿守着成法，期待环境早日复归安稳，不愿革新，畏首畏尾，患得患失，进取心渐失。

2. 闭目塞听、坐失机遇

在健全成熟的商业体系下培养起来的一代又一代晋商，大多是百里挑一的商界精英，能够在错综复杂的商业环境中审时度势，灵活机变。但为什么在清末社会大变革时期丧失了判断力？后人对晋商的衰败有各种归因，有人归于宿命论，认为社会动荡是不可抗力，人不能跟命斗，三十年河东三十年河西，时运不济谁也没办法；有人归于市场萎缩，如对票号来说，兵荒马乱，人对未来的预期不好，自然不会再存钱，以汇兑和存放款营利的票号自然既没了财源也丢了市场；有人归于清廷腐败，晋商与清廷之间的种种联系，导致树倒猢狲散。但从更积极、对未来更有建设性的意义上来说，我们更应将其归为内因。李宏龄，一个既具远见卓识又赤胆忠心的优秀晋商，在清末社会大变革时期，曾任蔚丰厚票号设在北京、上海、汉口等地的分号掌柜，因为处在社会变革最前沿的城市，所以率先倡导票号改革。为说服远在平遥的大掌柜接受变革的建议，曾几次三番写信恭敬邀请总号掌柜们来北京看看，到汉口走走，还煞费苦心地在信里给掌柜们寄去繁忙热闹的武汉风景明信片，期望他们走出平遥看看外面已今非昔比的世界，但总号掌柜们却一次也没有回应，李宏龄提出的建议自然也被束之高阁。高墙大院里的掌柜们走不出大院，走不出"祁太平"，曾经执中国金融界牛耳的晋商票号，在清政府户部筹办大清银行时，拒绝参加，致大清银行改由江浙绸缎商筹办，从此中国的金融业渐被江浙商人控制。高墙大院束缚了思想，闭目塞听，坐失机遇。

三、从改变自己到改造社会

晋商出发的时候，是为了生计，为了改善自己的生活，改变家族的命运；晋商行走的过程，登顶的结果，不但改变了自己，也改造了社会。晋商称雄商界五百年，纵横欧亚九千里，时空跨度上的宏大气魄被世人赞叹的同时，晋商为社会发展、文明进步做出的贡献也应被后人记取。

（一）培养了山西社会的重商观念

中国自古以来的官本位文化，形成了学而优则仕的价值观，读书人寒窗苦读圣贤书，只为仕宦一途。一元化的价值标准，使所有有志有才的读书人都拥挤在科举的独木桥上，虽然为治理国家选贤任能提供了优质的生源，但一元标准也导致了人才的浪费。独木桥上被挤下来的人为了受到社会的认可，一心科举，屡败屡战，空耗了大好时光，无法产出社会价值，甚至有人为了夺取功名，"两耳不闻窗外事、一心只读圣贤书"，成为只会咬文嚼字的孔乙己。

山西，因为有了晋商，丰厚的收入和待遇为寻常百姓改变自身处境提供了科举以外的出路，山西巡抚上奏雍正皇帝时说："山右积习，重利之念甚于重名。子弟俊秀者多入贸易途，其次宁为胥吏。至中材以下方使之读书应试。"然而入职晋商商号的门槛虽不像读书入仕那样难以高攀，却也不是不读书可以跨越的。所以"子弟俊秀者"通过竞争选拔进入晋商商号，通过辛勤努力和聪明才智从小伙计做到大掌柜，既能丰衣足食，又能光耀门楣。在使晋商借助优秀人才发展发达的同时，也使山西社会逐渐形成了重视从商做实事的观念。当然，在社会大环境的四民价值序列主导下，读书求取功名仍然是主流，但山西在晋商影响下的这种重商观念的形成，是对社会一元标准的突破，不但因此为社会创造了物质财富，在社会发展终将走向多元标准的趋势下，也是一次以开明务实的观念开风气之先的思想解放。

（二）推动了城市文明的发展与进步

城市是通过人口聚集发展社会生产力和人类文明的重要节点，在人类社会的发展历程中，城市化通过将乡村零散分布的劳动力向非农产业集中地聚集形成城市，成为社会经济发展的必经之路和必然结果，城市化率和城市文明的发达程度也是经济发展和社会进步的主要衡量指标。

晋商走出家门艰苦创业，足迹遍布大江南北，哪里有商机，哪里就有晋商，哪里有晋商，哪里就有市场，有了市场就有了城市发展的基础。一是通过发展商业，促进商品流通，吸引人口聚集，原来的偏远乡村逐渐发展成商品流通发达的城市，"先有复盛公，后有包头城""先有大盛魁，后有归化城"的民间说法就是对此的注解；二是晋商通过票号业务，使整个社会的商业发展摆脱了支付环节的掣肘，大大加快了商品流通的速度，更进一步推动了城市的发展和繁荣；三是经商致富后，除了在老家修建宅院，晋商普遍都重视对子弟的文化素质教育和培养，晋商一代一代传承接续，随着整体文化素质的不断提升，也带动晋商所在的城市在商业发达的同时，城市文明也达到了当时社会的较高水平。从今天我们看到的保存下来的晋商大院和平遥古城、太谷古城风貌来看，当年的城市文明在大院和古城中都有遗留。

（三）促进了中国与世界的交流互鉴

明清时期，中国一直是自给自足的自然经济，而西方世界的经济和科技进入迅猛发展时期；清朝从中后期开始，与西方世界逐渐隔绝。随着西方世界由工业革命所推动的工业文明迅速兴起，中国与西方世界的差距开始拉大。因此，以开放的眼光与世界交流互鉴是经济社会发展的必由之路。

明清时期，中国的对外贸易主要是出口农产品和手工业产品如茶叶、丝绸、瓷器等，其中，由晋商所开辟的以贩运茶叶为主的万里茶路，南起福建武夷山，经江西、湖南、湖北、河南、山西、河北、内蒙古，从伊林进入蒙古，穿越沙漠戈壁，经库伦（现乌兰巴托）到达中俄边境的通商口岸恰克图，成为联系中国与欧洲的陆上大通道，对促进中俄两国、中国与欧洲之间的交流互鉴发挥了重要作用。

第二章

晋商精神的现代意义

　　明清晋商的发展轨迹，展示了特定的时空背景下晋商从崛起、发展到兴盛、衰落的过程中，其核心特征的生成与浮现逻辑及其社会贡献。世易时移，时空流转，如何以理性的逻辑思维，审视当代晋商所处的时代，拨开明清晋商令人炫目的耀眼光环，萃取其本质特征，实现晋商精神跨越时空的迁移和再造，为新晋商崛起提供精神养料，为社会发展提供来自晋商的推动力，这就是晋商精神的现代意义。

一、晋商精神的内涵

"山西自古就有重商文化传统,形成了诚实守信、开拓进取、和衷共济、务实经营、经世济民的晋商精神",这是站在经济社会发展的宏观视角,从社会发展的启示意义上对晋商精神的高度概括,也是指引当代晋商如何在风起云涌的历史发展潮流中传承和发扬晋商精神。企业作为经济社会发展的微观基础,只有站在企业经营管理和社会责任的视角,从明清晋商的发展轨迹中,解析和提炼微观视角下晋商精神的内涵,才能卓有成效地践行晋商精神。

(一)永无止境的创业精神

1. 创业精神是一种行为特征

创业精神(Entrepreneurship),也称企业家精神,是指主动寻求变化、对变化做出反应并将变化视为机会的精神。因此,创业精神是一种行为特征,不是个性特征。创业不是仅指创办一个企业,而是一种通过识别机会、把握机会,将各种社会资源整合加工并输出为社会价值的行为。任何社会组织都需要创业精神来使组织保持高度的灵活性与自我更新的能力。

明清晋商之所以从小商贩发展到大商帮,最初的出发点是环境所迫,但当其度过了谋生阶段,原来的投机买卖需要面对随时变化的市场结果和顾客选择,原来依靠政策红利或政府优待的发展模式会面临政策变化和政府意志转移的风险,原来的独善其身会受到外部环境中各种不确定因素的影响而不可持续,原来的无组织也需要主动形成秩序,不断扩大的经营空间遇到了现银押运的风险问题。所有这些变化,晋商都是通过主动寻求改变,并将这些变化视为机会去努力,才使晋商脱颖而出,通过从零到壹的突破,做出了大商帮的成就。因此,晋商的这些行为特征是一种创业精神。

2. 创业过程是实验与运行循环迭代的过程

创业一般是从小规模做起，一边实验，一边灵活地运行。因为创业是通过寻求变化，对外界变化做出反应并将变化视为机会的过程；而变化本身难以捉摸，所以创业本身充满不确定性。是否真是机会，能否从机会中获得预期成效，都是不确定的，而一旦尝试就需付出成本却是确定的，也使创业充满了难以预知的风险。因此，创业的实践过程一般是先从小规模做起，一边实验，一边随时调整，并循环往复不断迭代。

明清晋商发展的时代是农耕时代，国家对商业发展既无成熟的法律法规，也无发展商业的稳定环境，且商人的社会地位也处于末等，面对各种变化中可能蕴藏的机会，如开中法实施带来的机会、边镇地区与中原地区商品需求差异的机会、国家开放边贸和《尼布楚条约》签订带来的机会、本商号分号之间汇兑中蕴藏的机会，都是从小规模尝试，到不断在运行中调整，才一步步做大做强的。

3. 守业的过程是不断创业的过程

创业并不仅仅是创办一个企业，而是通过识别机会、利用机会创造价值的过程。在企业存续期间，如果停止了创业，也就失去了从机会中获利的根本。无论企业之前的发展多么辉煌，一旦不再创业，就为今后发展埋下了衰落的雷。

在明清晋商五百年的发展历程中，一代又一代晋商代代相传，正是在不断创业的过程中实现的。如清代晋商中最长寿的乔家，从第一代乔贵发做投机买卖开始，第二代乔全美定下了防范风险的号规，第三代乔致庸将茶庄转向更具价值的票号；每一代及贯穿在整个事业传承过程中的每一个阶段都是在创业中不断推动家族事业向前发展的。当然，晋商最终的衰落，也是在守业的过程中不再创业，萧规曹随、患得患失、坐失机遇导致的。创业永无止境，晋商发展发达的过程是一个在不断创业的过程中传承发展的过程。

（二）奋发图强的敬业精神

1. 敬业是一种有意识的奋斗行为

管理理论将敬业（Engagement）分为三个维度：生理投入、认知投入、情感投入（Kahn，1990）。通俗地说，就是为了这个职业或事业一是不怕吃苦、呕心沥血；二是全力去钻研并理解与此相关的问题；三是乐此不疲，是一种投入的爱，痛并快乐着。所以，敬业是一种为了职业或事业有意识地主动去努力奋斗的行为。

明清晋商出外谋生、谋事业，最初是被动的，但如果从希望改变现状、改变命运，决绝走出去的勇气来说，也有某种主动的成分。走出去，干了这一行之后，吃苦耐劳笃学勤思的精神，是对其生理投入和认知投入的诠释。主观上来说，尽管晋商在当时的小农经济时代有其历史局限性，经商就是为了致富，为了光宗耀祖，衣锦还乡；但在此过程中的全情投入，也可以认为是一种对商业的热爱和执着。

2. 敬业是一种发于至诚心的实践行为

中国儒家经典《中庸》教人如何通过致力于一个方面达到可以预知未来的境界，有一段论述："其次致曲，曲能有诚。诚则形，形则著，著则明，明则动，动则变，变则化。唯天下至诚为能化。至诚之道，可以前知。"其中的"曲"可以理解为一个行当，通过致力于一个行当，可以培养起对这个行当的至诚心，有了至诚心，就会通过行为表现出来，表现出来慢慢就成为一个突出的特征，成为一个突出特征后，就会明白地展示出来，展示出来就会产生影响，以此引发变化，由变化形成对社会的改造。因此，通过专注于一个行当生成至诚心，能够由至诚心生发出实践，产生对社会发展的影响，就可以预先洞察商机，预知结果。

明清晋商之所以能够在充满不确定性且对商业发展并不利好的环境中取得辉煌成就，是因为他们无论遇到什么样的环境变化，都在这条经商的路上开拓进取，一往无前，动脑子、想办法，由此逐渐形成了对行业、对商业发展趋势的深刻洞察力，这种精神就是一种生发于至诚心的实践行为。

（三）独立机变的创新精神

1. 寻找创新机遇

熊彼特（1912）指出，创新是一种颠覆性的破坏，破坏之前的规则，破坏之前的市场，使这个世界变得更好。所以本质上来说，创新是一种破旧立新的活动，目的是使世界变得更好。如果没有破旧立新，如果没有产生使世界变得更好的结果，就不能称其为创新。因此，创新首先来源于从旧的一切里寻找机遇。

明清晋商的崛起始于开中法带来的机遇，而能够从国家政策中看到机遇并利用机遇是晋商崛起的内在根源，但如果仅仅依靠这样的机遇，当政策变化或消失后，晋商可能就化为乌有，所以寻找创新机遇的前提是要有独立意识，能借外力则借外力，失去外力仍能找到其他机遇才能长久。晋商因盐业贸易而走上经商之路，但很快便找到了边镇地区除盐以外的其他军需品和民用品短缺的机遇，并在其后找到了来自产茶区茶叶销不出去与游牧民族饮食可以借助茶叶促进消化二者之间供需不协调中的机遇，找到了现银押运问题中的机遇。首先要有独立意识，其次是能发现机遇，才能利用机遇做出改变现状的行为。

2. 将创意发展为可行的事业

德鲁克曾这样评价：许多高科技公司，仍然只是发明家而非创新家，是投机家而非创业家。这意味着企业创新既不仅限于发明创造，企业家精神或创业精神也不是只利用机遇谋取私利。创新首先是从当前的问题或矛盾中寻找机遇，从机遇中发展出创意，更重要的是要将创意发展为可行的事业，如果跨不到这一步，要达到使世界变得更好的结果，就无从实现。其中关键的问题是，发明创造打算卖给谁？如果无法清楚地回答这个问题，那由发现机遇所带来的创意就仅限于创意，不是创新，高科技公司就只是发明家而非创新家。

明清晋商走出山西所发现的各种机遇，都是经由实践使之发展为事业，也就是找到了使创意发展为可行的事业的解决方案，解决了社会问题。如通过开辟万里茶路、将不好保存的茶叶加工为砖茶等一整套方案解决了南方茶叶销往北方草原地区的问题，通过解决白银成色问题、汇票防伪等问题解决了现银押运风险问题，扩大了商品流通的范围并使商业可以通过资金融通解决资本约束问题。

（四）以义制利的经营理念

1. 信义为本是一种人际交往的原则

社会交换理论认为，人与人之间存在着互惠关系，当对方给予自己好处，自己也会回馈于对方好处。中国古代的伦理道德观也将"礼尚往来""来而不往非礼也"作为人际交往的原则。人与人之间的关系如果以信为保障，以义为原则，就有了可以长期交往的基础。

明清晋商所处的时代是费孝通所说的乡土中国时代，要在异乡与陌生人建立信任关系，形成了信义为先的交往原则。这种理念既是对人际关系互惠原则的体现，也符合儒家伦理道德观"礼"的要求。

2. 以义制利是一种以互利共赢为核心的经营理念

利益相关者理论认为，企业要在竞争中胜出，要对利益相关者的利益诉求做出回应，可以减少外部环境中的不确定性。汉代大儒董仲舒也说过："天之生人也，使人生义与利；利以养其体，义以养其心。"因此，信义为本、以义制利的经营理念，从企业逻辑来看，是一种通过与利益相关者建立信任关系，尽可能满足其利益需求，使企业与利益相关者互利共赢的理念。从儒家伦理观来看，追求利是为满足人的生理需求，追求义是为了满足人的心理需求；二者相容于人的一身，也是表达一种人应当义利合一的思想。

明清晋商广结人缘、互利共赢的经营理念在前文第一章第二部分已有详述。

（五）家国天下的责任担当

1. 为政府分忧解难是企业利益相关者管理的重要内容

政府是企业最重要的利益相关者之一。从企业视角来说，第一，政府是依法对整个社会实行统一领导和管理的社会组织，企业既是为整个人类社会创造财富和价值的组织，也是所属国家国民经济的细胞，是国家竞争力的组成部分，服从政府的统一领导和管理，使企业利益与国家和社会利益相一致，是企业的责任；第二，支持和帮助政府解决国家和社会问题，可以使企业赢得政府与民众的支持；第三，政府的支持、帮助和嘉许是企业发展的强大推动力。因此，为政府分忧解难是企业利益相关者管理的重要内容。

明清晋商所处的时代是农业经济时代，工商业不是社会的主流部门，晋商在这样的时代背景下，能够在做好商号内部经营管理的同时，主动为政府分忧解难，如为政府筹集军饷，帮助政府赈灾接济贫民，为逃难的朝廷提供资助等，都是通过主动配合和支持政府解决社会问题进行利益相关者管理的做法。

2. 企业作为社会组织的使命是满足社会需要

企业是社会组织，虽以盈利为目标，但企业之所以能存在，不是因为它能够为股东带来收益，而是因为它能满足社会的某种需要。所以，忽视或忘记了社会需要，企业也就失去了存在的根基。满足社会需要是企业作为社会组织的使命。

明清晋商由小商人到大商帮的过程伴随着企业由追求盈利到为国家兴衰、民族利益、人民福祉主动担责的过程。穷则独善其身，达则兼济天下，既是儒家学子门生的修身之道，也是士商一体的儒商的一种自觉。晋商渠家兴办民族工商业、为保护国家矿权不计得失，就是以实业报国谱写家国天下情怀，主动担当作为的典范。

二、晋商精神对新晋商崛起的启迪

时代变迁，明清晋商的舞台早已落幕。新晋商所处的工业文明和市场经济时代的舞台上，正锣鼓喧天地上演着一场场争先恐后的比赛。以史为鉴，从明清晋商留下的精神财富中汲取营养，既有来自晋商精神对企业发展的启示，也有来自晋商精神对经济社会发展的启示。什么样的理念和行为能使新晋商崛起于市场经济时代？什么样的政策和措施能使新晋商为社会发展建功立业？

（一）开放发展是企业兴旺发达的第一密码

晋商永无止境的创业精神发端于走出家门的那一刻，晋商衰落的伏笔埋藏于高墙大院封闭禁锢的砖瓦里。在封建社会信息不畅的背景下，走出去就获得了信息，就看到了机遇，就学得了新知。在如今信息浩繁、流量就是资源的背景下，似乎不出家门也可遍知天下事，掌握了流量就掌握了话语权。但当信息的洪流泥沙俱下，流量获得的话语权瞬间又被流量反噬；在这个喧嚣的社会，能让自己静下心来辨识和捕捉铺天盖地的信息中一星半点的金子的，能让自己在流量的海洋里站定方位不随波逐流的，永远是视野和见识。高层管理者最需要的是概念和技能，而概念和技能就蕴藏于信息与知识的识别与积淀中。站得高才能望得远，见得多才能辨得清。在这个物质丰裕的时代，新晋商已经没有了明清晋商走出去时的迫不得已和窘迫，走出去开阔眼界，是一个观念问题。世界很大，走出去才能突破原有产业的局限，才能在更大的世界发现更多的可能性。兴旺发达的第一密码就藏在自己的眼界里。

（二）勤奋专注是企业与时俱进的不朽阶梯

能够发现机会是创业的第一步，但创业的过程需要面对各种各样的不确定性，晋商能够纵横商界五百年，有一种奋发图强的敬业精神，即艰苦卓绝的奋斗精神和发于至诚心的专注精神。干的是什么，就钻研什么；多一些勤奋，少一些投机。所谓十年磨一剑，就是任正非说的："要敢想敢做，要勇于走向孤独。不流俗、不平庸，做世界一流企业，这是生命充实激越起来的根本途径。"要做这个事业，就要弯下腰来，躬身入局、挺膺负责。在市场机会初起时，可能只需把产品做出来，不需勤奋专注，轻松就可赚钱；但当市场机会吸引来越来越多的竞争者时，只有通过勤奋专注，研究自己的行业，研究竞争对手，向对手学习，勤琢磨，在一个点上扎下深功夫，才能把企业做精；只有做精，才能在行业竞争中为自己确立核心优势。明清晋商的时代，正是由勤奋和专注打造出了新的商业模式和管理模式并持续优化，才使晋商在500年的时间里，任凭外部环境不断变化，但晋商却长盛不衰。勤奋和专注是一种行为习惯，需要持久的耐心和坚强的意志，既要能抵御各种诱惑，又要能独立自持，不受外界干扰。勤奋专注，一步一个台阶，不被时代洪流裹挟，才能拾级而上，与时俱进。

(三) 资源积聚是企业飞腾高远的隐形翅膀

创新精神是企业在竞争中培育和保持竞争优势的必要条件，晋商之所以能在没有多少技术含量的行业中越做越大、越做越强，正是来源于总是能发现创新机遇并能将创意发展为事业的创新精神。但要发现创新机遇，要将创意发展为事业，明清晋商有经过严格筛选历练的大掌柜，有各有分工、同样经过严格筛选和培训的二掌柜、三掌柜及各层次的大、小伙计们；有吸收他人资本突破自有资本约束的联号制；有与上至朝廷下至地方政府再到普通百姓建立和谐关系积攒而来的社会资源。虽然是集权化管理，但内部严密的人力资源管理制度既能保障人力资源后继有人，又能有效激发现有人员的潜能；虽然从小商号起家，但能借助资本的力量迅速扩大业务规模和经营范围；虽然是农业文明时代不受重视的商人，但依靠熟人社会的社会资源既可获得政策利好，又能聚拢市场人气。所以，要培育企业的创新精神，使企业始终保有竞争优势，通过资源积聚，可为企业插上发展的翅膀，助力企业飞得更高，飞得更远。

(四) 合作共赢是企业做大做强的必由之路

人的精力、智力和财力都是有限的，要将企业做大做强，必须突破企业的边界，与企业外的人合作共赢。晋商在乡土社会差序格局的文化环境下，就是靠合作共赢抱团发展，靠合作共赢赢得利益相关者的支持，才能突破自身资源的约束，发展为举世瞩目的商帮。当代新晋商所处的环境是早已超越了熟人社会的血缘、亲缘、地缘关系而有信用制度的社会，企业更可能在信用制度的保障下，寻求与各类合作伙伴互利合作共赢。当然，虽然有信用制度，但是总会有投机主义者，因此合作共赢首先要以信义为本的人际交往原则为基础。仅靠单打独斗，在当今信息便捷的时代，无疑会因受制于资源约束，在与能够通过合作共赢做大做强的企业的竞争中落后或被淘汰。

(五) 解决社会问题是企业作为社会组织的终极目标

企业是社会组织，是为了满足社会的某种需要而存在，不是为了满足股东利益而存在。晋商在自给自足的小农经济时代，尚且能够以社会视野去关注社会需求，因为能够关注和主动回应社会利益诉求而持续发展。在如今的市场经济时代，虽然企业与社会管理机构各有分工，但在服务社会的本质属性上，因各有所长很难严格分工。加之中国文化与西方文化不同，中国社会仍然是脱胎于乡土社会的人情社会，企业如果只按市场机制办事而与社会问题分离，则难以受到社会的认可和支持，也就失去了生存发展的根本。所以，即使是民营企业，即使是完全独资的民营企业，企业家也应有社会视野，在投资领域选择、转型发展、二代传承、服务社会、公益事业等方面都应以超越自身利益的社会视野，主动担当作为，将解决社会问题作为企业的终极目标。

（六）宽松的环境与适切的政策是企业建功立业的强大推力

企业发展的根本在于内在驱动，但外部的源头活水，是滋养企业发展的土壤和养分。明朝初年晋商能够崛起，是得益于开中法实施，政府对盐业贸易的开放；清朝时，晋商能够将茶叶长途贩运到俄罗斯和欧洲，也是得益于政府对俄罗斯贸易的开放；晋商能以票号业务汇通天下，也是因为政府对汇兑和存放款业务未加限制。正是因为这些政策所提供的机会，才使晋商有所作为，也为国家经济发展和社会进步做出了贡献。企业是创造社会财富的组织，明清晋商的成就从社会影响上来说，既培养了山西社会的重商观念，又推动了城市文明的发展和进步，并为国家的国际贸易做出了贡献。但这些成就的根源在于，晋商始于生计需求的经商动机，在社会演化的过程中，逐渐成为发展地方经济的强大生产力，不但在当地营造出浓厚的创业氛围，而且也改变了农业社会以农业为主的产业结构，形成了城市，培育了商业文明。在今天的工业经济、信息经济、新经济时代，主动为企业发展提供适宜的土壤，为强化企业创业动机构建灵活高效的机制，为产业兴旺添加助力减少羁绊，通过产业兴旺为地方经济发展提供源头活水，是推动企业为社会发展建功立业，实现乡村振兴、科技强国、民族复兴的强大动力。

现状篇

世界晋商发展报告
——崛起中的新晋商

第三章

新晋商企业的发展现状

　　改革开放 40 余年，以新晋商企业为代表的山西民营经济从无到有、从少到多、从小到大、从弱到强，取得了长足发展，成为财政增收、安排就业、产业优化、经济高质量发展的重要推动力。总结改革开放以来山西民营经济发展的历程，探索发展过程中的得失，有助于山西民营经济明确未来发展方向，坚定前行的力量；梳理近十年来山西民营经济发展的特征，总结成功经验与不足，有助于明晰"家底"，增加高质量发展的"底气"，增强转型发展的"志气"，努力改变山西经济落后面貌，尽早"扬眉吐气"。

一、新晋商企业的发展历程

中华人民共和国成立后，实行了对生产资料私有制的社会主义改造，到1956年基本完成，个体私营经济不复存在，商人不复存在，晋商亦不复存在，自此中国仅剩下全民所有制与集体所有制。1978年，党的十一届三中全会召开，在改革开放和发展社会主义市场经济的方针政策指引下，个体私营经济如雨后春笋般获得新生，努力地汲取阳光雨露，快速地茁壮成长，形成了当下民营经济蔚为壮观的发展局面。

（一）从无到有（1978—1991年）

在党的十一届三中全会精神的指引下，山西省个体工商经营开始恢复和发展。1982年《中华人民共和国宪法修正案》通过，确立了个体经济的法律地位，1983年中共中央在《当前农村经济政策的若干问题》的通知中，允许农村剩余劳动力从事个体工商经营。在政策的指引下，个体经济迅猛发展，并出现了一些个体工商大户。

1988年，《中华人民共和国私营企业暂行条例》通过，明确了私营经济是社会主义公有制经济的补充，取缔近30年的私营企业得以正名，大量私营企业开始登记注册。到1991年年底山西私营企业发展到3350户，从业人员达7.46万人；个体工商户达34万户，从业人员达56万人。

（二）从少到多（1992—2001年）

1992年，山西省委、省政府贯彻邓小平同志视察南方重要谈话精神，制定了《关于进一步解放思想，加快改革开放，促进经济发展的意见》，明确提出将个体、私营经济发展作为振兴山西经济的一个战略重点。本着"先发展，后规范"、"多方便，不为难"和从实际出发灵活运用现行法规的指导思想，政府为个体、私营经济发展创造了良好的环境，推动了全省个体私营经济的快速发展。

1997年党的十五大报告明确指出："公有制为主体，多种所有制经济共同发展，是我国社会主义初级阶段的一项基本经济制度。""非公有制经济是我国社会主义市场经济的重要组成部分。对个体、私营等非公有制经济要继续鼓励、引导，使之健康发展"。在党的十五大精神指引下，山西省委、省政府制定下发了《关于加速发展民营经济的若干意见》，发展民营经济的思想更加解放，政策更加放宽，步子迈得更大了。在这期间，民营企业家紧紧抓住中小国企和乡镇企业改制的契机，通过联营、承包、租赁、购买国有、集体中小企业等形式积极参与国有集体企业改制，进行优势互补、共同发展，壮大了私营企业的实力。

这一阶段，民营经济快速成长，在全省经济中所占的份额提高到1/3，表现出非公有制由社会主义经济的"必要补充"真正转为"重要组成部分"。到2001年，山西私营企业从1991年的3350户增加到2.8万户，增长了7.4倍；从业人员从7.46万人增加到43.76万人，增长了4.9倍。

（三）从小到大（2002—2011年）

在党的十六大及十六届三中全会之后，非公有制经济理论和政策的诸多重大突破，促进了山西民营经济总量和企业规模进一步扩大。这一阶段初期，经济逐渐走出亚洲金融危机的影响，国企产权改革及"抓大放小"政策逐渐落实，国有经济和民营经济都得以进一步发展。

经过前期的资本积累与快速发展，民营企业的规模逐渐扩大。如图3-1所示，2011年，全省年营业收入亿元以上的民营企业达到823家，数量是2005年的2倍多；10亿元以上的民营企业102家，数量是2005年的近6倍；50亿元以上的民营企业有11家，而2005年只有1家；100亿元以上的民营企业3家，而2005年一家也没有。

经过连续几年的关小上大、兼并重组，煤、焦、铁等传统优势产业企业数量减少，产业素质得到提升，开始从资源粗加工向资源深加工转变，形成了一批煤—焦—化，煤—焦—铁—钢—材，煤—焦—气—电，煤—铁—铸造等循环经济产业链。新兴产业快速发展，初步形成乳制品、食用醋、小杂粮、粮油、饮料、果蔬、畜禽等农产品加工企业集群。在继续发展壮大餐饮服务、商贸流通、集贸市场等传统第三产业的同时，旅游业、文化娱乐业、信息中介服务业等迅速发展起来。高新技术产业发展步伐加快，全省初步形成生物制药、精细化工、磁性材料、新型建材、信息科技等产业雏形。

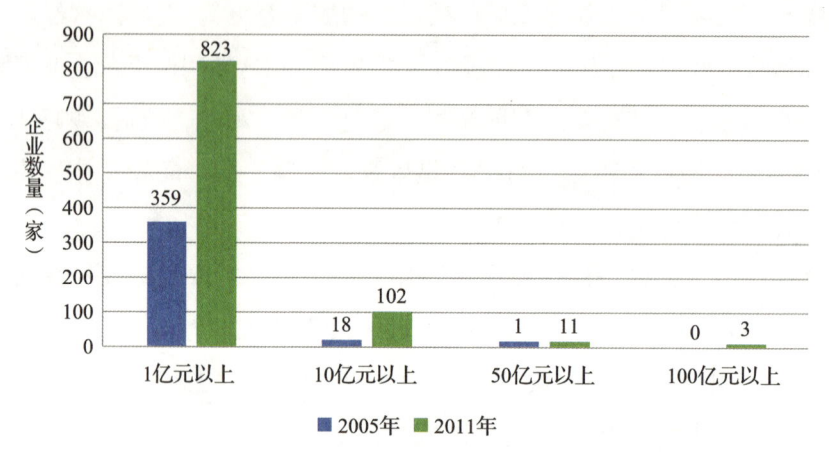

图 3-1　2005 年与 2011 年不同规模企业数量对比

（四）从弱到强（2012—2021 年）

2012 年 8 月，国务院印发《国务院关于山西省国家资源型经济转型综合配套改革试验总体方案的批复》（国函〔2012〕98 号），标志着我国首个国家资源型经济转型综合配套改革试验区建设进入全面实施阶段。2017 年 10 月，党的十九大提出"我国经济已由高速增长阶段转向高质量发展阶段"。这一时期山西民营经济由弱变强，形成传统产业内涵式发展、战略性新兴产业蓬勃涌现的局面。

传统优势产业向内涵集约发展转型。煤炭、钢铁、焦化、装备制造等传统优势产业的发展模式由外延粗放式向内涵集约式转变，企业投入产出水平不断提高。如山西建龙、晋钢集团、山西建邦、晋南钢铁等钢铁行业民营龙头企业率先开展智能化、数字化、绿色化改造，延长产业链条，提升创新能力，市场竞争力不断提高。

战略性新兴产业发展优势凸显。响应山西省政府的产业布局规划，众多民营企业投身于战略性新兴产业的发展中，涌现出了一批优势企业。如凯赛生物、山西百信、大运九州、美锦集团、振东集团等一批民营企业积极投身生物基新材料、信创、新能源汽车、通航产业、大健康等战略性新兴产业，转型转出新优势。

二、新晋商企业发展的总体状况

2012年至2021年是山西民营经济转型发展的十年，这一时期山西民营经济在规模、结构、发展质量等方面都有较大提升，以下通过具体数据对山西民营经济的发展状况进行全方位探析。

（一）民营经济撑起山西总体经济的半壁江山

从2012年到2021年，山西民营经济增加值由6348亿元增长到10390.6亿元，增长了63.7%。其中，2013年至2016年，民营经济增加值持续缓慢下降，2017年实现扭转，自此步入稳步提升阶段。2021年，民营经济迅猛发展，增加值同比增长21.3%，突破万亿大关。

由图3-2可知，10年来民营经济占全省GDP的比重一直维持在50%左右，撑起山西总体经济的半壁江山。2015年以前，高于50%，之后略有下降，并一直低于50%，2021年占比为近10年以来的最低值，降至46%。

图3-2 2012—2021年山西民营经济增加值及占全省GDP比重情况

（二）民营经济市场主体户数八年间翻番

2020年山西民营经济主体户数达266.31万户，与2012年的114.35万户相比，户数翻番。其中，2012年到2020年间私营企业户数逐年递增，除2013年和2019年增幅较低外，其余年间增长率均在20%左右，2020年私营企业户数达到71.78万户；个体工商户户数在2012年到2020年间同样逐年递增，在2015年增长率最高，达到15.5%，2020年个体工商户户数达到194.53万户，如图3-3与图3-4所示。

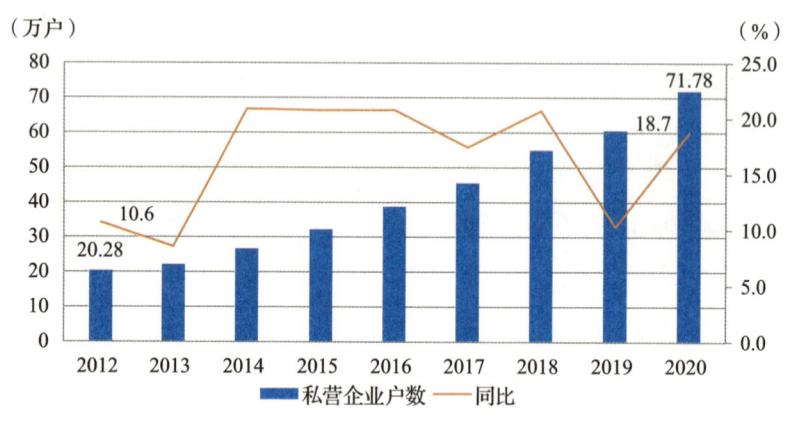

图3-3　2012—2020年山西私营企业户数及增长情况

图3-4　2012—2020年山西个体工商户户数及增长情况

从每万常住人口拥有私营企业户数来看，2020年达到205.7户/万人，相比 2012 年的 57.2 户/万人，增长了约 3.6 倍。其中，2013 年同比增长 8.9%，随后年份跃升至 20% 左右，直到 2019 年增速放缓，降至 10.4%，2020 年增速恢复为 18.9%，如图 3-5 所示。

图 3-5　2012—2020 年山西每万常住人口私营企业户数及增长情况

（三）民营经济税收贡献在 60% 上下波动

如图 3-6 所示，从 2012 年至 2021 年，山西民营经济缴纳税收由 1589.6 亿元增至 1921.3 亿元，增长了约 20.9%，民营经济税收占总税收比重基本维持在 60% 左右。2012 年与 2018 年民营经济税收占比达到两次高峰 68.6% 和 67.1%，其余年份均在 60% 以下，2012 年至 2016 年，占比持续下滑，经过两年的增长后，又出现连续小幅下滑，至 2021 年时税收占比为 53.0%。

图 3-6　2012—2021 年山西民营经济税收及占比情况

（四）民营经济就业贡献从 55% 增加到 70%

如图 3-7 所示，2012 年至 2020 年，山西民营经济就业人数逐年递增，从 386.2 万人增加到 697.5 万人，增长了约 80.6%。民营经济就业人数占城镇就业人数的比重自 2012 年的 55.3% 增加到 2020 年 70.0%。2019 年占比达到最高值 72.1%，2020 年受新冠疫情影响，略有下滑。

图 3-7　2012—2020 年民营经济就业人数及占城镇就业人数比重情况

（五）产业结构变化不大，服务业占比一直在 50% 左右

多年以来，山西省民营经济三次产业结构变化不大，一、二、三产业的比例大致为 1∶4∶5。第一产业由 2015 年的 12.8% 下降到 2020 年的 11.0%；第二产业略有增加，由 2015 年的 36.5% 增至 2020 年的 40.6%；第三产业在 2019 年以前均保持 50% 以上，但是受新冠疫情影响 2020 年第三产业占比降至 48.4%，如图 3-8 所示。

图 3-8　2015—2020 年山西省民营经济产业结构变化情况[①]

---

① 2019 年数据缺失，故图中无 2019 年柱状图。

（六）区域民营经济发展差距扩大

如图 3-9 所示，2015 年至 2020 年，山西省各市民营经济都有了一定程度的发展，太原市增幅最大，达 67.1%，临汾与朔州增幅较小，只有 14% 左右。值得注意的是，5 年来各市之间民营经济不平衡发展的差距在扩大，2015 年，11 个市民营经济增加值的标准差为 211.8 亿元，到了 2020 年，标准差扩大为 344.6 亿元。另外，5 年来各市的排名变化不大，太原、运城一直保持领先地位，晋中、吕梁、大同、晋城的排名略有上升，而临汾、长治、朔州、忻州的排名有所下降，阳泉一直处于最后一名。

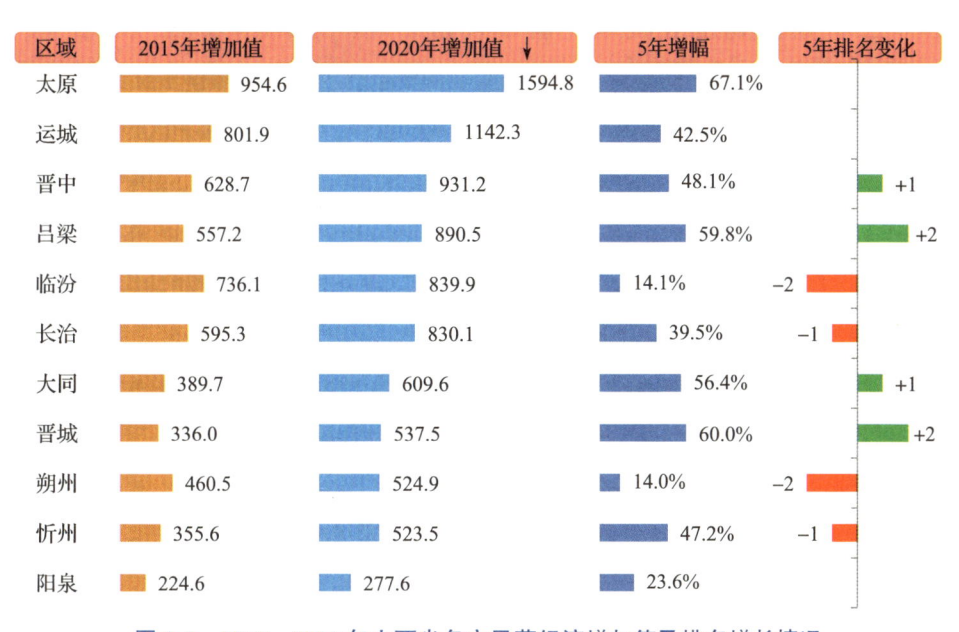

区域	2015年增加值	2020年增加值 ↓	5年增幅	5年排名变化
太原	954.6	1594.8	67.1%	
运城	801.9	1142.3	42.5%	
晋中	628.7	931.2	48.1%	+1
吕梁	557.2	890.5	59.8%	+2
临汾	736.1	839.9	14.1%	−2
长治	595.3	830.1	39.5%	−1
大同	389.7	609.6	56.4%	+1
晋城	336.0	537.5	60.0%	+2
朔州	460.5	524.9	14.0%	−2
忻州	355.6	523.5	47.2%	−1
阳泉	224.6	277.6	23.6%	

图 3-9　2015—2020 年山西省各市民营经济增加值及排名增长情况

如图 3-10 所示，从各市民营经济占全省 GDP 比重来看，2015 年至 2020 年，变化较大的是大同与临汾两市，大同民营经济占比由 37% 增至 44.5%，增加了 7.5%；临汾民营经济占比由 63.4% 降至 55.8%，减少了 7.6%，其他各市虽有连续增长（如太原）或连续下滑（如朔州），但占比变化不大。2020 年仅有 5 个市的占比超过 50%，撑起半壁江山，其中运城、晋中占比超过 60%；在低于 50% 的市中，太原、晋城、阳泉三个市的占比均在 40% 以下。

年度	2015	2016	2017	2018	2019	2020
运城	68.3	68.8	67.4	68.4	70	69.5
晋中	60.1	59.7	59.6	60	64.9	63.4
吕梁	58.3	56.9	58.3	56.9	58.2	57.9
临汾	63.4	62.4	59.6	57.2	56.2	55.8
忻州	52.2	51.9	50.5	50.1	51.9	50.6
长治	49.8	52.2	52.5	49.8	49.4	48.5
朔州	51.1	50.6	52.5	51.1	48.6	47.7
大同	37	40.5	42.6	44.4	45.1	44.5
太原	34.9	35.2	36.2	38.1	38.5	38.4
晋城	32.3	34.1	34.9	35.8	38.4	37.7
阳泉	37.7	38.3	36.8	36.5	37.3	37.4

图 3-10　2015—2020 年山西省各市民营经济增加值占 GDP 比重情况

三、新晋商企业发展的基本特征

2012 年以来，世界经济在深度调整中曲折复苏，我国经济也进入新常态，表现出速度变化、结构优化、动力转换三大特点。受国际国内宏观经济形势及自身产业结构的影响，山西总体经济和民营经济的发展也遇到了不小的挫折，经历了较大的转型困难。山西经济在全国的排名在 2012 年是第 21 位，2014 年到 2016 年排名第 24 位，2021 年恢复到第 20 位，民营经济的发展与之相同，亦处于全国排名的下游区域中，通过纵向比较，总结其发展特征如下。

（一）山西民营经济占 GDP 比重多年在 50% 左右徘徊不前

从前面数据可见，10 年来山西民营经济占全省 GDP 比重一直维持在 50% 左右，最高时为 2013 年的 55.4%，最低时为 2021 年的 46%，且 2012 年至 2016 年，山西民营经济增加值总体表现为下滑趋势，占全省 GDP 比重也在 2015 年跌破 50%，此后的几年一直未能再次突破 50%，持续低于全国民营经济总体占比水平（51%～54%[①]）。

民营企业和个体工商户是推动经济社会发展的重要力量，促进民营经济市场主体的数量和质量的提高，是壮大经济社会发展的重要举措。虽然近

---

① 根据中国民营经济发展报告统计计算。

年来，全省实施了"双创"、简政放权、助企纾困、推进政银企对接等一系列相关政策，民营企业及个体工商户主体数量从 2012 年的 114.35 万户增长到 2020 年的 266.31 万户，但"民营经济就业人数占城镇就业人口比重约为 70%"（全国水平为 80%），"每万常住人口拥有私营企业户数为 205.7 户"的实际情况（浙江为 402.0 户／万人），与全国平均水平及发达地区相比有较大的差距，民营经济主体数量仍然偏少且实力不足。所以全省各个层面应树立对民营企业社会贡献的正确认知，改善营商环境，多方面鼓励和扶持民营企业的发展，激发民营经济的活力，促进民营经济尽快走出多年徘徊不前的窘境。

（二）过度依赖煤炭资源，但资源型产业高质量发展成效显著

自改革开放以来，山西作为国家能源重化工基地，一直支持着全国的经济发展，一煤独大的产业格局是优势，也是魔咒。煤炭形势好则整体经济兴，煤炭行情萧条则整体经济疲弱。与国有企业结构趋同，山西民营企业大多是依托当地煤炭资源发展起来的，这一点从民营企业 100 强的行业分布上也可以看出，集中于煤焦冶电等传统产业的企业数量占比达到 2/3 以上。同时，山西民营企业中还有大量的中小企业嵌入国有煤炭企业中逐渐成长，衍生出一批化工材料、煤机制造等民营企业。所以不论是规上民营企业还是中小微企业，源于山西整体经济的格局和民营企业选择的惰性，普遍形成对煤炭资源的过度依赖。

但煤炭毕竟是山西的优势，传统产业的发展特色已经形成，将之做精做深做细才能真正变强。作为山西民营经济主力军的传统资源型企业，经过整合和重组、产业链延伸、设备更新、技术改造、自动化升级等，产业高质量发展已取得显著成效。如潞宝集团，建设了全球大型领先智能化焦炉项目，在以焦化副产品作为原材料的精细化工产品开发和产业链延伸上位居行业前列，已将企业打造为智能高端的精细化工产业园区；晋钢集团聚焦产线智能化、生产低碳化和产品高端化，以转型升级为目标，谋划出"三位一体"高质量发展的战略布局；阳光集团打造研发中心，引进先进设备，建设节能项目，探索出了一条以碳基产品与特色精细化工产品高度协同、互为资源、综

合利用的焦化循环经济发展道路。

（三）区域民营经济发展显著不平衡

近年来，山西省各市市委、市政府把民营经济发展摆在了重要位置，纳入了重要议事日程，相继制定出台了一系列有关促进民营经济发展的政策制度等，各市民营经济呈现出了经济规模不断扩大、市场活力显著提升的良好发展态势。但各区域发展明显不平衡，且区域发展的不平衡态势继续扩大。

2015 至 2020 年期间，太原民营经济增加值增幅最高，达到 67.1%，朔州最低，为 14.0%，增长差距较大。

2020 年民营经济增加值排在前三位的是太原、运城与晋中。**太原**是省会城市，有相对较好的政策和人力资源优势，民营经济增加值一直处于领先地位；**运城**虽然没有煤炭资源，但民营经济一向发达，一直以来处于第二名的位置，2020 年山西省百强民营企业中，有 14 家来自运城市，排名第二；在百强榜的前 15 强企业中，运城市共有 5 户入围，且建龙实业排名第一；**晋中**毗邻太原，交通及地理区位优势明显，且资源丰富，因此民营经济发展活跃。2020 年山西省百强民营企业中，有 17 家来自晋中市，排名第一。近五年一直排在最后的是忻州与阳泉，2020 年忻州与阳泉两市民营经济增加值分别为 523.5 亿元与 277.6 亿元，与前两名太原、运城上千亿的民营经济增加值相比差距较大，与 11 市的均值 791.1 亿元相比也有较大差距。

（四）当前产业结构不符合未来产业发展的趋势

山西长期依赖煤炭资源的产业结构产生两种负外部性：一是造成生态的极大破坏；二是产生大量的碳排放。维护绿水青山和实现"双碳"目标是未来产业发展的硬性要求。

2020 年，初步核算全省碳排放量合计约 5.05 亿吨，排在全国前列。从人均碳排放量来看，2015—2019 年，30 个省份中有 10 个省份的人均碳排放量开始波动下降，而山西等 4 省份的人均碳排放量仍在上升，实现"双碳"目标任务非常艰巨。

产业结构和工业结构失衡是山西省碳排放量较高的主要原因。山西省第二产业占比高，2021年占比达49.6%，排名全国第一。煤炭资源禀赋及丰富的矿产资源使得山西省第二产业中又以重工业为主，集中在煤炭、氧化铝、焦炭、钢铁、电力等能源行业和高耗能行业，而轻工业全国占比不足1%。为实现"双碳"目标，需要能源系统和制造业的颠覆性变革，从化石能源为主转向可再生能源为主，优化能源结构、推进绿色发展，已成为产业生存和发展的必然选择。

碳达峰、碳中和对于山西省民营企业来讲，既是挑战，也是机遇。作为碳排放的主体，同时也是落实碳中和目标的主体，广大民营企业需要自觉扛起责任，在绿色消费、绿色生产、绿色流通、绿色创新、绿色投资等方面，广泛形成绿色生产方式，确保实现碳达峰、碳中和目标，助力山西转型发展蹚新路再上新高地。

（五）新旧动能转换迫在眉睫

经过30多年高速增长之后，中国经济发展进入了新常态，本质上就是要实现新旧动能的转换。如果说供给侧改革倾向于供给端——去产能、去库存、去杠杆、降成本、补短板，那么新旧动能转换则是在这个基础上实现产业革命和升级转型的主要路径。

山西民营经济产业结构相对单一，长期依赖煤炭资源及投资拉动实现经济增长，与沿海发达省份依靠新经济、新业态、新模式等新引擎相比，山西有较大的差距和压力，对传统动能较高的依赖程度，使经济面临增长乏力的窘境，新旧动能转换迫在眉睫。

为此山西民营企业要推进企业转型升级，大力促进企业技术创新，数字化改造，发展智能制造，线上与线下加快融合，促进传统产业"老树长新芽"，通过新动能的增量来对冲传统动能的减弱，实现数量增长型向质量增长型、外延增长型向内涵增长型、劳动密集型向知识密集型、过度依赖自然资源向更多依靠技术创新等经济增长方式转变。

第四章

新晋商企业发展的横向比较

在中国商业史上,明清晋商曾经"纵横欧亚九千里,驰骋商界五百年",谱写了一段可歌可泣的商业传奇。改革开放以来,新晋商经过40多年的发展,也取得了不俗的成绩。但是,历史已经过去,现在才是起点。只有客观判断新晋商目前所处的历史地位,才能为未来发展找到现实的起点。为此,我们选取了浙商和徽商作为横向比较对象。首先是因为浙商、徽商与晋商一样,都是明清时期颇负盛名的商帮,其次,改革开放以来,浙商已经成为中国民营企业发展的翘楚,徽商[①]与山西同处中部地区,禀赋条件和历史积淀接近,但依靠科技创新和新兴产业聚集,也已成为中国经济发展最具成长性的模范生。从历史传承和地理区位上的可比性及向上比较的积极意义考虑,与浙商、徽商比较,更有利于找准新晋商未来发展的着力点。

---

① 明清时期的徽商指徽州商人,而徽州包括歙县、休宁县、祁门县、黟县、绩溪县、婺源六个县,其中,前五个县现属安徽省,婺源县现属江西省。这里所指的徽商,主要指安徽商人。

一、总体维度

纵向来看，山西民营企业发展无论从规模上，还是从整体国民经济贡献率上，已有长足进步。山西民营经济增加值由2000年的650亿元增长为2021年的10390.6亿元，增长了近16倍，在国民经济中的占比也由39.5%增长到46.0%，为山西的经济发展做出了卓越贡献。横向来看，与安徽和浙江相比，山西民营经济发展与之有较大差距。2021年安徽民营经济增加值为山西的2.5倍，而浙江的这一指标更达到山西的4.7倍。安徽和浙江的民营经济增加值在国民经济的占比分别达60.8%和67.0%，成为国民经济的重要支柱；与之相比，山西的民营经济发展尚有较大的提升空间。

（一）民营经济增加值

1. 增加值虽大幅增长，但同安徽、浙江有较大差距，且差距在逐渐扩大

2011—2021年山西、安徽、浙江三省民营经济的增加值，如表4-1所示。

表4-1　2011—2021年山西、安徽、浙江三省民营经济的增加值

单位：亿元

年度	2011	2012	2013	2014	2015	2016	2017	2018	2019	2020	2021
山西	5046	6348	6982	6890	6372.2	6231.1	7300.3	8149.9	8333.8	8563.6	10390.6
安徽	7788	9618	10843	11946	12648	13857	15917	20490	22421	23400	26000
浙江	20381	22111	23500	26112	27868	30810	33831	36800	40112	42800	49200

资料来源：《中国民营经济发展报告》《山西省民营经济发展报告》。

2011年、2016年、2021年，山西、安徽、浙江三省民营经济增加值比较，如图4-1所示。

由图4-1比较可知，山西民营经济增加值从2011年的5046亿元增加至2021年的10390.6亿元，增长了1倍多。与山西相比，安徽同期的民营经济增加值从7788亿元增加至26000亿元，增长了约2.3倍；从2011年为山西

的 1.5 倍扩大为 2021 年的约 2.3 倍。浙江同期的民营经济增加值从 20381 亿元增至 49200 亿元，增长了 1.4 倍；从 2011 年为山西的 4 倍扩大为 2021 年为山西的 4.7 倍。因此，山西民营经济增加值在这十年间虽大幅增长，但是同安徽、浙江有较大差距，并且这种差距在逐渐扩大。

图 4-1　2011 年、2016 年、2021 年，山西、安徽、浙江三省民营经济增加值比较

2. 增加值占 GDP 比重与安徽、浙江有较大差距，且低于全国总体水平

2011—2021 年山西、安徽、浙江三省的民营经济增加值占本省 GDP 比重如表 4-2 所示。

表 4-2　2011—2021 年山西、安徽、浙江三省民营经济增加值占本省 GDP 比重

单位：%

年度	2011	2012	2013	2014	2015	2016	2017	2018	2019	2020	2021
山西	45.5	52.3	55.4	54.0	49.8	48.2	48.8	48.5	48.9	48.5	46.0
安徽	50.90	56	57	57.3	57.5	57.7	57.8	57.8	60.4	60.6	60.8
浙江	63.1	63.1	63.0	65.0	65.0	65.2	65.4	65.5	65.5	66.3	67.0
全国	48.74	51.40	51.50	54.74	52.87	53.60	51.37	51.52	54.46	—	—

资料来源：《中国民营经济发展报告》《山西省民营经济发展报告》。

2011 年、2016 年、2021 年，山西、安徽、浙江三省民营经济增加值占比比较如图 4-2 所示。

由图 4-2 比较可知，山西民营经济增加值在本省总体 GDP 中占比由 2011 年的 45.5% 增加至 2021 年的 46.0%，变动不大。与其他两省相比，与安徽的

60.8%、浙江的 67.0% 有较大差距。需要特别说明的是，由于 2021 年全国总体数据缺省，我们以 2019 年全国总体水平增加值的数据同山西增加值相比，发现山西低于 54.46% 的全国总体水平。因此，山西民营经济增加值占比与安徽、浙江相比，有较大差距，并低于全国总体水平。

图 4-2　2011 年、2016 年、2021 年，山西、安徽、浙江三省民营经济增加值占比比较

（二）民营主体数量

1. 主体数量获得大幅增长，同安徽、浙江有较大差距

2011—2020 年山西、安徽、浙江三省的民营经济主体数量如表 4-3 所示。

表 4-3　2011—2020 年山西、安徽、浙江三省民营经济主体数量

单位：万户

年度	2011	2012	2013	2014	2015	2016	2017	2018	2019	2020
山西	107.16	114.35	122.1	135.39	157.73	178.91	192.21	217.85	240.64	266.31
安徽	170.02	182.3	203.2	233.05	262.03	308.98	363.1	424.37	492.62	553.0
浙江	302.08	327.39	352.8	395.63	446.96	504.75	569.71	629.44	699.09	775.0
全国	4724.15	5144.99	5690.20	6530.43	7316.15	8239.15	9305.66	10471.84	11777.42	—

资料来源：《中国民营经济发展报告》《山西省民营经济发展报告》。

2011 年、2016 年、2020 年，三省民营经济主体数量比较如图 4-3 所示。由图 4-3 比较可知，山西民营经济主体数量从 2011 年的 107.16 万户增

至 2020 年的 266.31 万户，增加了约 1.5 倍。与安徽相比，民营经济主体数量从 170.02 万户增加至 553.0 万户，增加了约 2.3 倍；安徽该主体数量从 2011 年为山西的约 1.5 倍增加为 2020 年的约 2 倍。与浙江相比，该主体数量从 302.08 万户增至 775.0 万户，增加了约 1.6 倍；浙江该主体数量从 2011 年为山西的 2.8 倍增加为 2020 年的 2.9 倍。因此，山西的民营经济主体数量得到大幅增长，但同安徽、浙江仍有较大差距。

图 4-3　2011 年、2016 年、2020 年，山西、安徽、浙江三省民营经济主体数量比较

2. 主体数量在全国民营经济主体数量中占比与安徽、浙江有较大差距

2011 年、2016 年、2019 年，山西、安徽、浙江三省民营经济主体数量占比比较如图 4-4 所示。

图 4-4　2011 年、2016 年、2019 年，山西、安徽、浙江三省民营经济主体数量占比比较

由图 4-4 比较可知，山西民营经济主体数量在全国民营经济主体数量中占比由 2011 年的 2.3% 到 2019 年的 2.3%，没有变化。与安徽相比，安徽该值由 2011 年的 3.6% 增加至 2019 年的 4.7%，比山西高 2.4 个百分点。与浙江相比，浙江该值由 2011 年的 6.4% 增加到 6.6%，比山西高 4.3 个百分点。因此，山西民营经济主体数量在全国民营经济主体数量中占比与安徽、浙江有较大差距。

（三）民营经济税收

1. 税收总额大幅增长，但同安徽、浙江民营经济纳税能力仍有较大差距

2011—2021 年山西、安徽、浙江三省的民营经济税收总额如表 4-4 所示。

表 4-4 2011—2021 年山西、安徽、浙江三省民营经济税收总额

单位：亿元

年度	2011	2012	2013	2014	2015	2016	2017	2018	2019	2020	2021
山西	1189.0	1589.6	1200.0	997.0	977.3	912.8	1432.4	1939.4	1855.7	1653.9	1921.3
安徽	1397.0	1543.0	1941.4	2065.6	2190.4	2154.5	2599.6	2896.0	2987.9	2944.0	3213.3
浙江	3500.0	4377.62	4754.1	5181.3	5628.6	5666.0	5246.0	8001.32	8470.82	8686.13	10082.74

资料来源：《中国民营经济发展报告》《山西省民营经济发展报告》。

本书选取 2011 年、2016 年、2021 年，山西、安徽、浙江三省民营经济税收总额的数据进行比较，如图 4-5 所示。

图 4-5 2011 年、2016 年、2021 年，山西、安徽、浙江三省民营经济税收总额比较

由图4-5比较可知，山西民营经济税收总额从2011年的1189.0亿元增加至2021年的1921.3亿元，增加了约0.6倍。与安徽相比，该数值从2011年的1397.0亿元增加至2021年的3213.3亿元，增加了约1.3倍；安徽该税收总额从2011年为山西的约1.1倍增加为2021年为山西的约1.6倍。与浙江相比，该数值从2011年的3500.0亿元增加至2021年的10082.74亿元，增加了约1.9倍；浙江民营经济税收总额从2011年为山西的约2.9倍增加为2021年为山西的约5.2倍。因此，山西民营经济税收总额获得大幅增长，但同安徽、浙江民营经济的纳税能力差距不断扩大。

2. 税收在全省税收中贡献度有一定增加，但与安徽、浙江有一定差距

2011—2021年山西、安徽、浙江三省的民营经济税收总额占全省税收比重如表4-5所示。

表4-5　2011—2021年山西、安徽、浙江三省的民营经济税收总额占全省税收比重

单位：%

年度	2011	2012	2013	2014	2015	2016	2017	2018	2019	2020	2021
山西	52.6	68.6	53.0	52.95	52.7	51.0	57.9	67.1	59.6	58.3	53.0
安徽	65.2	60.9	69.9	66.9	68.2	64.2	68.0	68.8	68.8	68.1	68.6
浙江	45.0	47.0	69.09	69.9	63.3	65.3	70.7	73.28	74.38	73.9	73.4

资料来源：《中国民营经济发展报告》《山西省民营经济发展报告》。

本书选取2011年、2016年、2021年，山西、安徽、浙江三省民营经济税收总额占全省税收的比例情况进行比较，如图4-6所示。

图4-6　2011年、2016年、2021年，山西、安徽、浙江三省民营经济税收占比比较

由图 4-6 比较可知，山西民营经济税收总额在全省税收总额中的占比由 2011 年的 52.6% 增加至 2021 年的 53.0%。与安徽相比，安徽该值由 2011 年的 65.2% 增加至 2021 年的 68.6%，比山西高 15.6 个百分点。与浙江相比，浙江该值由 2011 年的 45.0% 增加到 2021 年的 73.4%，比山西高 20.4 个百分点。因此，山西民营经济税收在全省税收中贡献度有一定增加，但与安徽、浙江有一定差距。

（四）民营经济就业

1. 就业人数成倍增长，但同安徽、浙江相比，差距较大

2011—2019 年山西、安徽、浙江三省民营经济就业人数如表 4-6 所示。

表 4-6　2011—2019 年山西、安徽、浙江三省民营经济就业人数

单位：万人

年度	2011	2012	2013	2014	2015	2016	2017	2018	2019
山西	317.9	386.19	425.23	471.95	497.30	553.39	592.02	642.77	693.25
安徽	598.5	643.22	705.06	816.42	919.35	1056.18	1232.68	1410.02	1571.15
浙江	1479.5	1546.22	1760.63	1970.81	2417.6	2565.7	2695.81	2643.09	2778.84
全国	18298.90	19924.40	21857.30	24975.00	28077.10	30859.20	34106.97	37412.99	40524.43

资料来源：《中国民营经济发展报告》《山西省民营经济发展报告》。

本书选取 2011 年、2016 年、2019 年，山西、安徽、浙江三省民营经济就业人数的数据进行详细比较，如图 4-7 所示。

图 4-7　2011 年、2016 年、2019 年，山西、安徽、浙江三省民营经济就业人数比较

由图 4-7 比较可知，山西民营经济就业人数从 2011 年的 317.9 万人增加至 2019 年的 693.25 万人，增加了约 1.2 倍。与安徽相比，安徽民营经济就业人数从 598.5 万人增加至 1571.15 万人，增加了约 1.6 倍；安徽民营经济就业人数从 2011 年约为山西的 1.9 倍增加为 2019 年为山西的 2.3 倍。与浙江相比，浙江民营经济就业人数从 1479.5 万人增加至 2778.84 万人，增加了 0.9 倍；浙江民营经济就业人数从 2011 年是山西的 4.6 倍变为 2019 年为山西的 4 倍。因此，山西民营经济就业人数获得了成倍增长，但同安徽、浙江相比，民营经济就业人数绝对数量上仍有较大差距。

2. 就业人数在全国民营经济总就业人数中占比变化不大，与安徽、浙江有较大差距

2011 年、2016 年、2019 年，山西、安徽、浙江三省民营经济就业人数在全国民营经济总体就业中的比较，如图 4-8 所示。

图 4-8　2011 年、2016 年、2019 年，山西、安徽、浙江三省民营经济就业人数占比比较

由图 4-8 比较可知，山西民营经济就业人数在全国民营经济总就业人数中的占比由 2011 年的 1.73% 到 2019 年的 1.71%。与安徽相比，安徽该值由 2011 年的 3.3% 增加至 2019 年的 3.9%，增加了 0.6 个百分点，比山西高 2.2 个百分点。与浙江比较，浙江该值由 2011 年的 8.1% 降至 2019 年的 6.9%，比山西高 5.2 个百分点。因此，山西民营经济就业人数在全国民营经济总就业人数中占比变化不大，与安徽、浙江有较大差距。

二、中国民营企业 500 强维度

"中国民营企业 500 强"是中华全国工商业联合会在上规模民营企业调研的基础上，以营业收入总额为参考指标发布的排序结果，是了解我国大中型民营企业发展情况的权威渠道。通过对山西、安徽、浙江三省在中国民营企业 500 强中的表现比较，可以分析出山西大型民营企业发展中存在的一些问题。

（一）数量与营业收入

1. 上榜数量高于安徽，与浙江差距较大

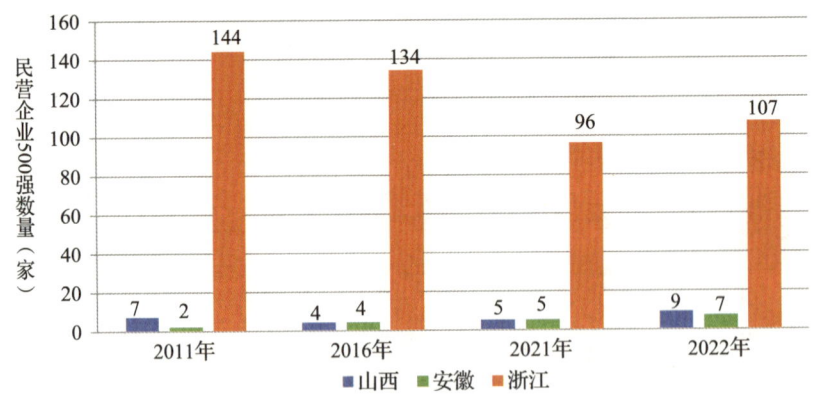

2011 年、2016 年、2021 年、2022 年，山西、安徽、浙江三省上榜中国民营企业 500 强企业数量比较如图 4-9 所示。

图 4-9　2011 年、2016 年、2021 年、2022 年，山西、安徽、浙江三省上榜中国民营企业 500 强企业数量比较

由图 4-9 比较可知，山西上榜中国民营企业 500 强榜单的企业数量在 2022 年达到最高（9 家），其中只有山西潞宝集团四年均上榜，其他企业有进有出，稳定性不足。与山西相比，安徽在 2011 年虽然只有 2 家上榜，比山西少 5 家，但 2016 年、2021 年上榜企业数量均与山西持平，分别为 4 家、5 家。2022 年安徽上榜企业数量较 2021 年增加 2 家，但低于山西的 9 家。浙江在 2011 年上榜 144 家，达到山西的 20 倍多，即使 2011—2022 年上榜数

量不断下降，2021年上榜数量也达到山西的19倍多，2022年上榜数量达到山西的11.9倍。因此，山西上榜全国民营500强企业的数量高于安徽，但与浙江差距较大。

2. 上榜企业营收高于安徽，与浙江有巨大差距

2011年、2016年、2021年、2022年，山西、安徽、浙江三省上榜中国民营企业500强企业营业收入比较如图4-10所示。

图4-10 2011年、2016年、2021年、2022年，山西、安徽、浙江三省上榜中国民营企业500强企业营业收入比较

由图4-10比较可知，山西上榜中国民营企业500强企业的营业收入从2011年的567.3亿元增加到2022年的3875.58亿元，增加了约5.8倍。山西上榜企业营业收入虽逐年递增，但缺乏"冒尖"企业，规模基本持平。与安徽相比，该数值在2011年为237.7亿元，2022年达到2500.43亿元，增加了约9.5倍，上榜企业整体营业收入水平低于山西。与浙江相比，浙江该数值从2011年的16316.6亿元增加到2016年的32482.9亿元，再增加到2022年的78762.85亿元，较2011年增长了约3.8倍，达到山西的约20倍。因此，山西上榜全国民营500强企业的营业收入高于安徽，与浙江有巨大差距。

（二）产业结构

首先，对企业所属产业进行分类，得到产业分类表（见表4-7），其中新兴产业依据《国务院关于加快培育和发展战略性新兴产业的决定》所得。其次，根据产业分类，对2011年、2016年、2021年，山西、安徽、浙江三省民营企业500强企业的产业结构、营收入进行统计分析，如图4-11、图4-12、图4-13所示。

表4-7 产业分类[①]

编号	产业名称	传统或新兴	编号	产业名称	传统或新兴
1	采矿业	传统	9	食品制造业	传统
2	房地产业	传统	10	其他传统产业	传统
3	纺织服装、服饰业	传统	12	电气机械、仪器仪表	新兴
4	黑色金属冶炼及压延加工业	传统	13	化学原料及化学制品制造业	新兴
5	土木工程建筑业	传统	14	信息传输、计算机服务和软件业	新兴
6	交通运输、仓储和邮政	传统	15	医药制造业	新兴
7	批发和零售业	传统	16	汽车制造业	新兴
8	石油、煤炭等	传统	17	互联网和相关服务	新兴

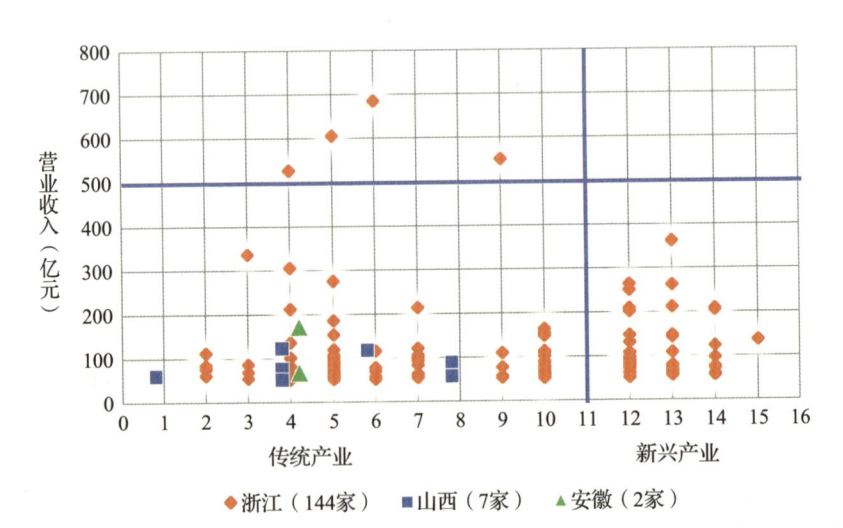

图4-11 2011年山西、安徽、浙江三省民营企业500强产业结构、营业收入比较分析

---

① 图4-11中，横坐标11处用于画纵向分割线，故表中11无对应产业。

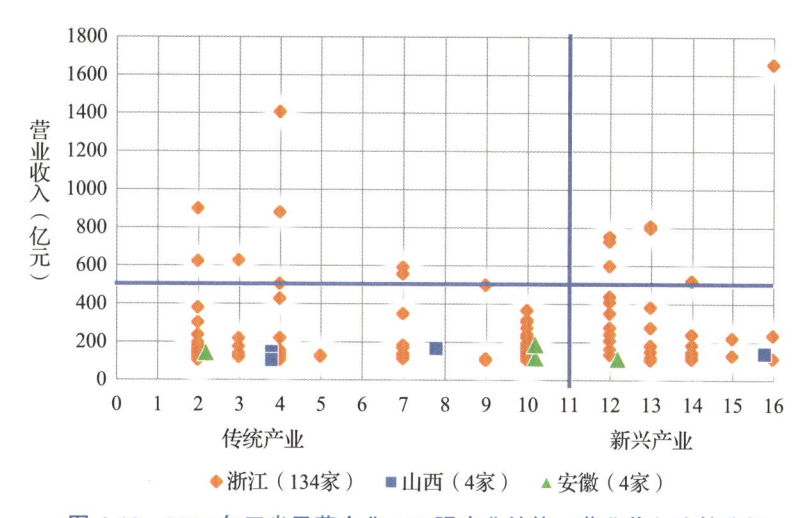

图 4-12　2016 年三省民营企业 500 强产业结构、营业收入比较分析

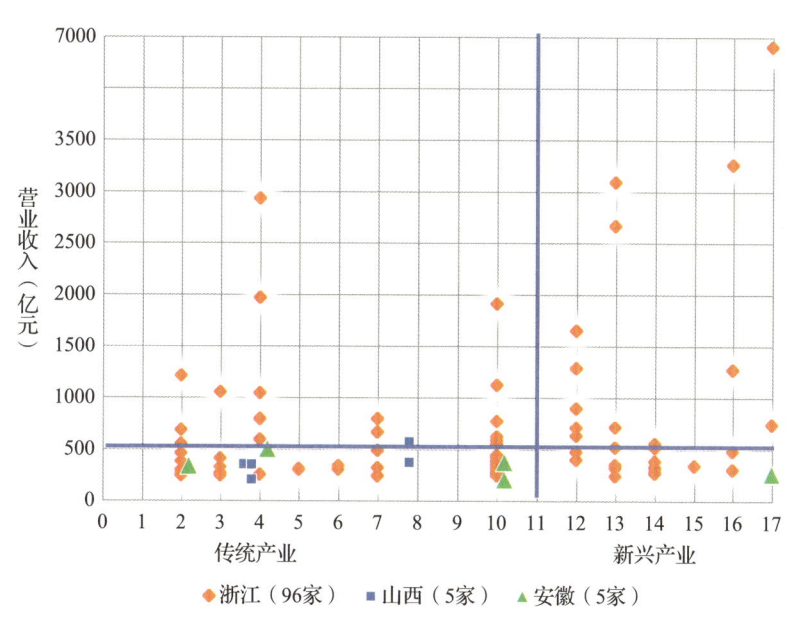

图 4-13　2021 年三省民营企业 500 强产业结构、营业收入比较分析

通过对图 4-11 至图 4-13 的对比分析，可以得到如下结论。

山西省上榜企业以传统产业居多，十年来变化不大。安徽省略有变化，浙江省变化翻天覆地。自 2011 年以来，山西省上榜企业的产业有：黑色金属冶炼及压延加工业、石油加工、炼焦加工业、汽车制造业，其中只有山西通达（集团）有限公司的汽车制造业属于新兴产业，而其他企业均属于传统产业。然而，该企业只有 2016 年上榜，2011 年和 2021 年两年均未上榜。安徽 2011 年与山西一样，均为传统产业，但是 2011 年和 2021 年两年均有新兴产业企业上榜，2016 年为安徽蓝德集团股份有限公司，2021 年为合肥维天运通信息科技股份有限公司。值得注意的是，安徽近年来大力布局"芯屏汽合，急终生智"等新兴产业链，已取得一定成绩。同浙江相比，浙江很早就布局了新兴产业，2011 年就已有 43 家，然而相比传统产业，其规模并不突出，营业收入均在 500 亿元以下。但是，从 2016 年开始，新兴产业中有 7 家企业的营业收入超过 500 亿元，浙江吉利控股集团有限公司以 1653.04 亿元营业收入荣登上榜企业榜首，是山西当年榜首的 10 倍。到 2021 年，超 500 亿元营业收入的企业达 15 家，增加了 1 倍多，阿里巴巴（中国）有限公司营业收入达 6442.08 亿元，是山西当年榜首企业的 11 倍。

三、民营上市企业维度

上市公司是市场主体的优秀代表，是国民经济的生力军和支柱力量。上市公司的数量和质量，决定着区域经济的规模和高度，是一个区域最硬核的品牌资产。本部分选取山西、安徽、浙江三省民营上市公司在 2011 年、2016 年、2021 年三年的数据，从上市公司数量、总资产、营业收入、利润总额、资产负债率、税金六个维度展开研究，将各省民营上市公司数据进行省际比较，力图全方位、多角度地展现三省民营经济发展的趋势与特征。

（一）上市公司数量

1. 数量同安徽、浙江有较大差距，且差距逐步扩大

2011 年、2016 年、2021 年，山西、安徽、浙江三省民营上市公司数量比较如图 4-14 所示。

由图 4-14 比较可知，山西民营上市公司数量从 2011 年的 12 家增加至

2021年的16家，增加幅度不大。与安徽相比，安徽民营企业数量从2011年的30家增加至88家，增加了约1.9倍；安徽该数量从2011年为山西的约2.5倍增加为2021年为山西的约5.5倍。与浙江相比，该数量从161家增加至482家，增加了约2.0倍；浙江该数量从2011年山西的约13.4倍增加为2021年为山西的约30倍。因此，山西民营上市公司数量同安徽、浙江有较大差距，特别是与浙江有量级上的差距，并且这种差距在逐步扩大。

图4-14　2011年、2016年、2021年，山西、安徽、浙江三省民营上市公司数量比较

2. 数量占比略有增长，但与安徽省、浙江省相比差距明显

2011年、2016年、2021年，山西、安徽、浙江三省民营上市公司数量在本省上市公司总数量中的占比数据，如图4-15所示。

图4-15　2011年、2016年、2021年，山西、安徽、浙江三省民营上市公司数量占比比较

由图 4-15 比较可知，山西民营上市公司数量在本省所有上市公司总数量中占比由 2011 年的 34.19% 增加至 2021 年的 40.00%，但仍然与安徽的 59.86%、浙江的 80.20% 有较大差距，并且低于全国总体水平（63.07%）。因此，山西民营上市公司数量占比虽然有一定增长，但与安徽、浙江相比仍有较大差距，并低于全国总体水平。

（二）营业收入

1. 山西民营上市公司营业收入大幅增加，但与其他两省相比差距较大

2011 年、2016 年、2021 年，山西、安徽、浙江三省民营上市公司营业收入比较如图 4-16 所示。

图 4-16　2011 年、2016 年、2021 年，山西、安徽、浙江三省民营上市公司营业收入比较

由图 4-16 比较可知，山西民营上市公司营业收入得到了长足发展，从 2011 年的 144.53 亿元增加至 2021 年的 1037.24 亿元，增长了约 6.2 倍。与安徽相比，安徽该值从 726.13 亿元增加至 7252.64 亿元，从 2011 年为山西的约 5 倍增加到 2021 年为山西的约 7 倍。与浙江相比，浙江该值从 4156.82 亿元增加至 25219.70 亿元，从 2011 年为山西的约 28.8 倍增加到 2021 年为山西的约 24.3 倍。因此，山西民营上市公司营业收入增长幅度较大，但同其他两省的差距绝对值也在增大。

2. 山西民营上市公司营业收入在本省所有上市公司营业收入中占比大幅增加，但与其他两省相比差距较大，特别是同安徽的差距大幅度拉大，且低于全国水平

2011 年、2016 年、2021 年，山西、安徽、浙江三省民营上市公司营业收入在本省所有上市公司营业收入中的占比数据，如图 4-17 所示。

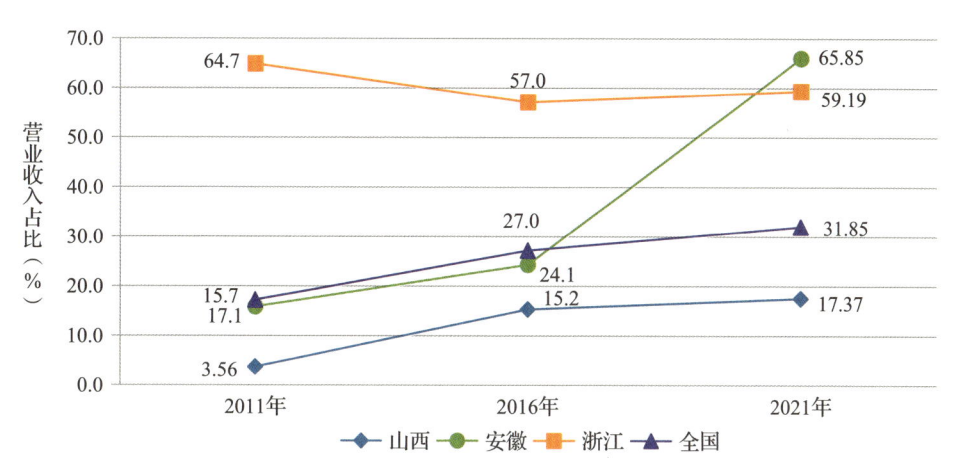

图 4-17　2011 年、2016 年、2021 年，山西、安徽、浙江三省民营企业上市公司营业收入占比比较

由图 4-17 比较可知，山西民营上市公司营业收入在本省所有上市公司营业收入中占比由 2011 年的 3.56% 增加至 2021 年的 17.37%，增幅明显，但仍然与 2021 年安徽的 65.85%、浙江的 59.19% 有较大差距，并且低于全国总体水平（31.85%）。需要特别说明的是，安徽在 2021 年上市公司的营业收入超过了浙江上市公司的营业收入，达 65.85%，这可能与安徽近些年积极的产业政策和良好的营商环境构建有关。

（三）总资产

1. 山西民营上市公司总资产获得长足增长，但与安徽、浙江的差距较大，特别是与浙江的差距变得更大

2011 年、2016 年、2021 年，山西、安徽、浙江三省民营上市公司总资产比较如图 4-18 所示。

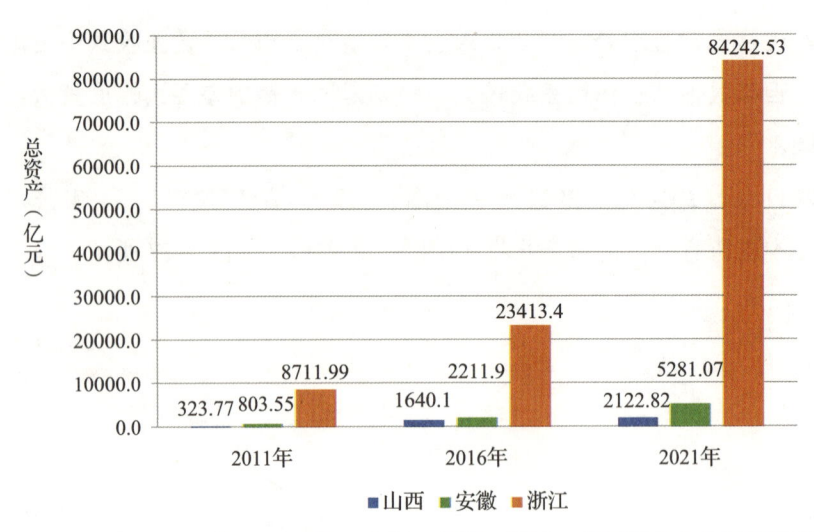

图 4-18 2011 年、2016 年、2021 年，山西、安徽、浙江三省民营上市公司总资产比较

由图 4-18 比较可知，山西民营上市公司总资产得到了长足发展，从 2011 年的 323.77 亿元增加至 2021 年的 2122.82 亿元，增长了约 6.5 倍。与安徽相比，安徽该值从 803.55 亿元增加至 5281.07 亿元，2011 年、2021 年均为山西的约 2.5 倍。与浙江相比，浙江该值从 8711.99 亿元增加至 84242.53 亿元，从 2011 年为山西的约 27 倍增加到 2021 年为山西的约 39.7 倍。因此，山西民营上市公司总资产获得长足增长，但与安徽、浙江的差距较大，特别是与浙江的差距在十年后变得更大了。

2. 山西民营上市公司总资产占比有较大增长，但与安徽、浙江相比仍有较大差距，并低于全国总体水平

2011 年、2016 年、2021 年，山西、安徽、浙江三省民营上市公司总资产在各自本省所有上市公司总资产中的占比数据，如图 4-19 所示。

由图 4-19 比较可知，山西民营上市公司总资产在本省所有上市公司营业收入中占比由 2011 年的 7.13% 增加至 2021 年的 18.86%，但仍然与安徽的 28.93%、浙江的 72.82% 有较大差距，并且低于全国总体水平（21.26%）。因此，山西民营上市公司总资产占比虽然获得了较大增长，但与安徽、浙江相比仍有较大差距，并低于全国总体水平。

第四章　新晋商企业发展的横向比较

图 4-19　2011 年、2016 年、2021 年，山西、安徽、浙江三省民营上市公司总资产占比比较

（四）利润总额

1. 山西民营上市公司利润总额同其他两省仍有差距，但差距在缩小

2011 年、2016 年、2021 年，山西、安徽、浙江三省民营上市公司利润总额对比如图 4-20 所示。

图 4-20　2011 年、2016 年、2021 年，山西、安徽、浙江三省民营上市公司利润总额对比

由图 4-20 比较可知，山西民营上市公司利润总额从 2011 年的 5.56 亿元增加至 2021 年的 114.49 亿元。与安徽相比，安徽民营上市公司该值由 2011 年的 50.09 亿元增加至 2021 年的 272.17 亿元，增加了约 4.3 倍，是山西 2021 年该值的约 2.4 倍。山西与安徽该值的差距由 2011 年的约 9 倍缩小到 2021

年的约 2.4 倍。与浙江相比，浙江民营上市公司该值由 2011 年的 450.73 亿元增加至 2021 年的 2950.52 亿元，增加了约 5.5 倍，是山西 2021 年该值的约 25.8 倍。山西与浙江该值的差距由 2011 年的约 81 倍缩小到 2021 年的约 25.7 倍。总的看来，山西民营上市公司同其他两省仍有较大差距，但差距在缩小。

2. 山西民营上市公司利润总额在本省所有上市公司利润总额中占比大幅增加，但与其他两省相比差距较大，且远低于全国上市公司平均水平

2011 年、2016 年、2021 年，山西、安徽、浙江三省民营上市公司利润总额在各自本省所有上市公司利润总额中的占比数据，如图 4-21 所示。

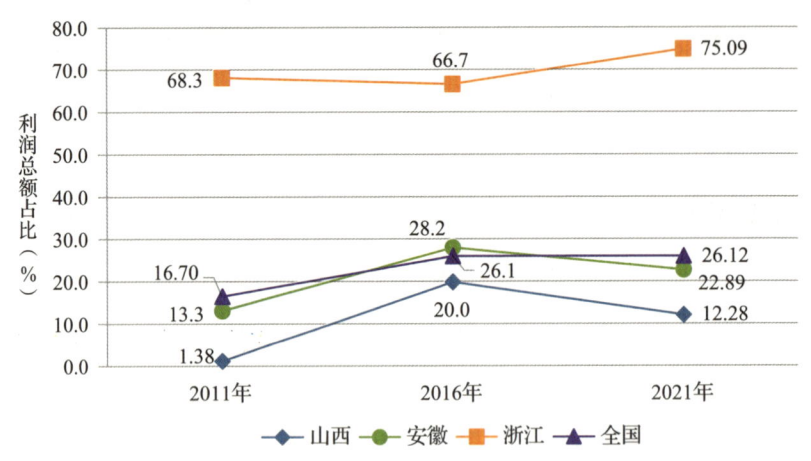

图 4-21　2011 年、2016 年、2021 年，山西、安徽、浙江三省民营上市公司利润总额的占比比较

由图 4-21 比较可知，山西民营上市公司利润总额在本省所有上市公司利润总额中占比由 2011 年的 1.38% 增加至 2021 年的 12.28%，均低于安徽的 22.89%、浙江的 75.09%。需要指出的是，在 2011 年该占比值均低于全国水平（16.70%），经过 10 年之后，在 2021 年该值仍低于全国水平（26.12%）。因此，山西民营上市公司利润总额在本省所有上市公司利润总额中占比大幅增加，但与其他两省相比差距较大，且远低于全国上市公司利润总额水平。

（五）资产负债率

2011 年、2016 年、2021 年，山西、安徽、浙江三省民营上市公司资产负债率比较如图 4-22 所示。

图 4-22　2011 年、2016 年、2021 年，山西、安徽、浙江三省民营上市公司资产负债率比较

由图 4-22 比较可知，山西民营上市公司资产负债率从 2011 年的 79.54% 降至 2021 年的 41.54%。与其他两省相比，安徽从 2011 年的 38.54% 增加至 2021 年的 40.05%，浙江从 2011 年的 39.07% 增加至 2021 年的 40.16%，均是略有增长，变动不大。但是山西该值在 2011—2021 年却有 38 个百分点的降幅（79.54%～41.54%），需要特别指出的是，三省民营上市公司资产负债率与全国民营上市公司资产负债率水平表现相当，基本持平。

（六）税金

1. 山西民营上市公司缴纳税金十年间无明显增长，且与安徽、浙江相比，差距越来越大

2011 年、2016 年、2021 年，山西、安徽、浙江三省民营上市公司税金比较如图 4-23 所示。

由图 4-23 比较可知，山西民营上市公司所缴纳税金由 2011 年的 14.87 亿元增加至 2021 年的 16.90 亿元，增长了约 0.14 倍。需要指出的是，缴纳税金在 2016 年出现了下降情况，降至 6.84 亿元。与安徽相比，虽然安徽民营上市公司 2011 年处于最低值 3.36 亿元，但是经过 10 年的持续增长，在 2021 年达 35.11 亿元，增长了约 9.4 倍，是山西的两倍之多。与浙江相比，浙江经过10年发展，该值从2011年的62.27亿元增加至2021年的262.91亿元，增长了约3.2倍，是2021年山西该值的约15.6倍。

图4-23　2011年、2016年、2021年，山西、安徽、浙江三省民营上市公司税金比较

2. 山西民营上市公司缴纳税金占本省所有上市公司税金比例有所增加，但与浙江、安徽差距不断加大，且低于全国总体水平

山西、安徽、浙江三省民营上市公司缴纳税金在本省所有上市公司缴纳税金中的比例，如图4-24所示。

图4-24　山西、安徽、浙江三省民营上市公司税金占比比较

由图4-24比较可知，山西民营上市公司缴纳税金与本省所有上市公司缴纳税金比例从2011年的3.16%增加至2021年的8.80%。与安徽相比，安徽

该值从 8.9% 增加至 28.16%。与浙江相比，该值在 2021 年浙江达 80.95%。需要指出的是，山西民营上市公司在税金占比方面低于全国总体发展水平，通过图 4-24 对比可知，全国总体缴纳税金水平由 2011 年的 8.49% 增加至 2021 年的 17.13%，远远高于 2021 年山西的 8.80%。

四、民营企业 100 强维度

本书为了更加客观地、具体地分析新晋商、新徽商、新浙商的总体发展状况，选择了山西、安徽、浙江的民营企业 100 强数据作为研究数据，并选择了入围门槛、营业收入情况、利润情况作为比较指标，通过比较分析得出差距与前进的方向。

（一）入围门槛

随着整体中国经济的发展，山西、安徽、浙江三省民营企业 100 强的入围门槛均有增长，为了准确地描述入围门槛变动情况，选择了入围门槛绝对值、入围门槛增长率两个指标描述。

1. 入围门槛绝对值不断提升，但与安徽、浙江入围门槛差距在拉大

山西、安徽、浙江三省民营企业 100 强入围门槛对比如图 4-25 所示。

年份	山西	安徽	浙江
2016年	3.0	18.67	119.49
2017年	7.4	24.0	124.0
2018年	14.0	31.0	109.7
2019年	16.1	36.9	119.4
2020年	18.2	42.0	149.78

入围门槛（亿元）

图 4-25　山西、安徽、浙江三省民营企业 100 强入围门槛对比

由图 4-25 分析可知，山西民营企业 100 强从 2016 年到 2020 年逐年增加，但是安徽和浙江的入门门槛绝对值也保持稳定增长。从入围门槛绝对值差距来分析，山西民营企业同安徽、浙江的差距越来越大。以 2016 年到 2020 年变动值为例，2016 年安徽入围门槛比山西高 15.67 亿元，而 2020 年该值却达到了 23.8 亿元；同样，2016 年浙江入围门槛比山西高 116.49 亿元，2020 年该值却达到了 131.58 亿元。因此，虽然山西的入围门槛值在不断增加，但与安徽、浙江的差距却在加大。

2. 入围门槛增长率总体跌幅较大，增长不稳定

为了准确描述山西、安徽、浙江三省入围门槛变动情况，引入入围门槛增长率指标。2016—2020 年山西、安徽、浙江三省民营企业 100 强入围门槛增长率对比如图 4-26 所示。

图 4-26　2016—2020 年山西、安徽、浙江三省民营企业 100 强入围门槛增长率对比

由图 4-26 分析可知，山西民营企业 100 强入围门槛增长率在 2016 年、2017 年、2018 年这前三年均高于安徽和浙江，其中 2017 年甚至达到了 145.18%，而在 2018 年浙江出现了负增长（-11.6%）。2019 年、2020 年，山西入围门槛增长率却从 2019 年的 89.83% 急速回落到 14.91%，并在 2020 年增长率稳定在 13.16% 的，连续三年增长率出现了下降。与安徽、浙江的增长率曲线图相比，发现安徽、浙江表现较为稳定，如安徽从 2016 年的

11.93%增长为2020年的16.39%,而浙江从2016年的10.66%增长为2020年的25.50%。由此可以看出,其他两省并未出现山西一样的大起大落,基本是稳步增长。

(二)营业收入

1. 山西总体营业收入逐年增长,但与其他两省相比差距不断加大

2016—2020年山西、安徽、浙江三省民营企业100强营业收入对比如图4-27所示。

图4-27 2016—2020年山西、安徽、浙江三省民营企业100强营业收入对比

由图4-27分析可知,山西、安徽、浙江三省民营企业100强营业收入在五年期间均获得了相当的增长。如果与安徽、浙江横向比较,仍具有较大差距。与安徽比较发现,2016年两省民营企业100强营业收入差额为2603.1亿元,2020年该差额达5297.67亿元。同样,与浙江比较发现,2016年两省民营企业100强营业收入差额为29065.24亿元,2020年该差额为44058.2亿元。需要说明的是,2020年山西民营企业100强营业收入超过500亿元的有2家,安徽2家,而浙江高达25家,并且有2家营业收入达3000亿元,11家达到1000亿元,浙江民营企业的高原和高峰已经形成。由此可知,山西民营企业100强营业收入逐年增加,但是同安徽、浙江的差距在逐年扩大,有高原而无高峰。

2. 营业收入增长率稳定性较差

2016—2020 年山西、安徽、浙江三省民营企业 100 强营业收入增长率对比如图 4-28 所示。

图 4-28　2016—2020 年山西、安徽、浙江三省民营企业 100 强营业收入增长率对比

由图 4-28 分析可知，山西民营企业 100 强营业收入增长率在 2016—2018 年实现了 40% 以上的高位增长，甚至在 2018 年达 44.06%，但是在 2019—2020 年却直线下降到 20% 以下，甚至在 2019 年降到 13.86%。反观安徽和浙江的数据，安徽在 5 年内实现了平稳增长，增长率从 2016 年的 15.7% 逐年增加到 2020 年的 26.8%；浙江从 2016 年的 11.0% 增加到 2020 年的 16.9%，需要指出的是，2019 年浙江营业收入增长率一度降到 3.85%，该变化反映了 2018—2019 年浙江外向型经济受到国际经济环境变化的影响。

（三）净利润

1. 净利润总体稳步增长，与安徽水平相当，但与浙江差距较大

2016—2020 年山西、安徽、浙江三省民营企业 100 强净利润对比如图 4-29 所示。

从民营企业 100 强利润情况来看，2016 年山西民营企业 100 强的利润只有 111.59 亿元，2020 年增加到 396.38 亿元，除了在 2018 年从 498.5 亿元下降到 2019 年的 366.79 亿元外，整体实现了稳步增长。与安徽横向比较，其民营企业 100 强净利润从 2016 年的 311.82 亿元增加到 2020 年的 467.44 亿元，两省总体相当，没有量级上的差异。与浙江横向比较，其民营企业 100 强净利润从 2016 年的 1133.73 亿元增加到 2020 年的 2022.0 亿元，达到山西净利润的约 5.1 倍。

图 4-29　2016—2020 年山西、安徽、浙江三省民营企业 100 强净利润对比

2. 净利润增长率不稳定，增长性呈下降趋势

通过净利润增长率来分析民营企业 100 强的净利润变动情况，2016—2020 年山西、安徽、浙江三省民营企业 100 强净利润增长率对比如图 4-30 所示。

图 4-30　2016—2020 年山西、安徽、浙江三省民营企业 100 强净利润增长率对比

从图 4-30 分析可知，山西民营企业 100 强净利润增长率从 2016 年的 54.21% 下降到 2020 年的 8.06%，特别是从 2017 年的 169.44% 下降到 2019 年的负增长 -26.42%。相比而言，安徽和浙江的民营企业 100 强净利润增长率比较平稳。比如，安徽该指标从 2016 年的 20.2% 下降到 2020 年的 9.97%；浙江该指标从 2016 年的 32.0% 下降到 2020 年的 23.8%。由此可知，山西民营企业盈利能力整体速度在放缓，且极不稳定，这极大可能是受到山西高度资源依赖的产业结构所影响。

（四）产业结构

1. 山西民营企业表现为第二产业占主体、第三产业较弱的总体产业结构特征

从山西三次产业分布看，2020 年山西民营企业 100 强中，第二产业仍占主体地位，入围 76 家；第一产业入围 2 家；第三产业入围 22 家。整体产业结构仍延续了以往第二产业占据绝对主体地位的趋势。但是，2020 年浙江 96 家民营企业 100 强企业均分布在第二、第三产业，产业结构呈现不断优化态势，第二产业中的制造业以 57 家仍保持主导地位，第三产业比重持续增加，达 39 家。与同处中部的安徽民营企业 100 强相比，2018 年，安徽百强中第二产业入围数量由 82 家减少至 70 家，第三产业由 15 家增加至 26 家，产业结构不断优化。由此可知，山西总体产业结构中第三产业发展偏弱，第二产业占比偏大。

2. 山西民营企业主要集中于传统煤焦冶铁等行业，新兴产业与高端制造产业缺乏

为了更加微观地分析山西民营企业产业结构的内部问题，以山西、安徽、浙江三省民营企业 100 强榜单数据为依据，对三省 2020 年新兴产业和传统产业分布状况进行分析，如图 4-31 所示。

由图 4-31 分析可知，2020 年山西民营 100 强企业中只有 15 家新兴产业企业进入，而 85 家处于传统产业。对比安徽和浙江，安徽和浙江在 2020 年民企百强中均有 58 家新兴产业企业进入，而传统产业企业只有 42 家。综上，山西民营百强企业的产业分布仍以传统产业为主体、新兴产业占比较少，而安徽和浙江以新兴产业为主、传统产业为辅，山西与另外两省产业分布结构正好相反。

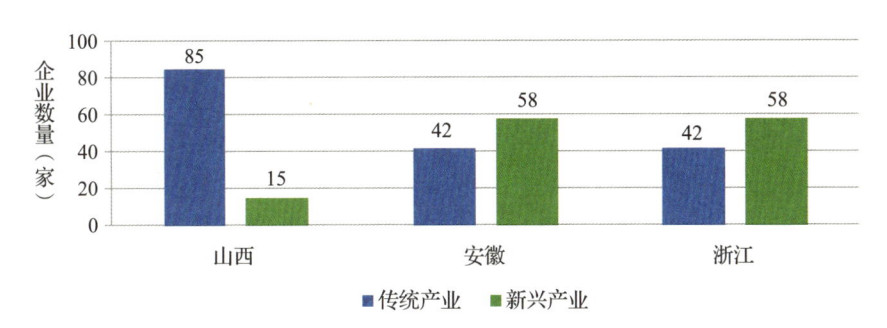

图 4-31 山西、安徽、浙江三省民营企业 100 强新兴产业和传统产业分布比较

资料来源：根据《山西省 2021 年民营企业 100 强榜单》《安徽省 2021 年民营企业 100 强榜单》《浙江省 2021 年民营企业 100 强榜单》整理。

这种产业结构分布有其演变过程，分别如下。

山西民营企业 100 强在 2016—2020 年产业分布变化不大。以 2020 年为例，山西民营企业 100 强主业涉及 25 个产业门类。入围企业仍以制造业为主，无论是营业收入还是企业数量，排名前 5 的为黑色金属冶炼和压延加工业，石油加工、炼焦和核燃料加工业，煤炭开采和洗选业，汽车制造业，共有企业 63 家，营业收入总额达 5318.9 亿元，占百强企业营业总收入的 73.12%，具体如图 4-32 所示。

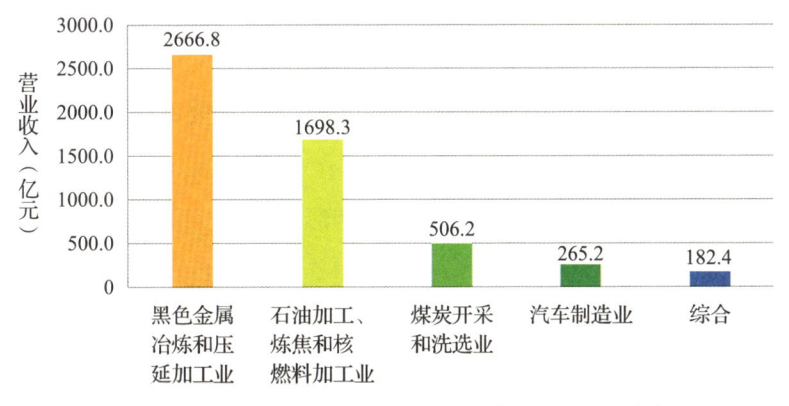

图 4-32 2020 年山西民营企业 100 强营业收入前 5 大行业

对比浙江民企百强的行业分布，浙江每年均有新兴产业企业入围，同时也有传统产业企业出局。以 2020 年榜单为例，2020 年制造业入围数量由 2019 年的 63 家减少到 57 家，向服务业释放了空间。2019 年，有 19 家传统企业未进入榜单，19 家新入围企业几乎是新兴产业和高端装备制造企业。在其他行业中，软件与信息技术服务业、科学研究和技术服务业及综合有 13 家入围，建筑房地产业有 12 家入围，批发和零售业有 9 家入围，租赁和商务服务业有 5 家入围。这种结果不是一蹴而就的，是前期的主动调整带来的。2016 年，浙江民营企业百强入围企业的前五大行业分别是：综合行业 33 家，房地产业 20 家，机械设备制造 8 家，汽车制造业 5 家，计算机、通信和其他电子设备制造业 5 家。其中，正是综合行业中的这些企业提前布局新兴产业，最终成长为现在的新兴支柱产业，其中不乏像海亮集团、传化集团、正泰集团等巨型企业。

对比安徽民营企业百强的行业分布，产业门类变动特别大，落后产能淘汰幅度较大。以 2020 年为例，民营企业百强入围企业中有 58 家来自十大新兴产业，其中包括智能家电产业 10 家、新一代信息技术产业 7 家、节能环保产业 6 家、新能源汽车和智能网联汽车产业 6 家、高端装备制造产业 5 家、绿色食品产业 5 家等。这种行业的更替，很大程度上来自安徽十大新兴产业"双招双引"政策的深入开展。

由对比分析可知，山西省民营企业高度依赖于传统资源成长，主要行业结构没有太大变化，其原因主要来自两个方面：一方面的原因是大型企业的新产业布局能力和创新能力；另一方面的原因是政府及整个社会对于产业政策的设计与执行能力。在对比分析中，第一方面的原因更多被浙江民营企业百强的行业分布变化所支持，第二方面的原因更多被安徽民营企业百强的行业分布变化所支持。

3. 山西民营企业产业升级较慢，新动能形成能力有限

以浙江民营企业百强来分析，浙江民营企业已形成内在创新能力与产业布局能力。浙江民营企业百强入围名单在 2016 年、2018 年、2019 年有较大幅度调整，大量新企业加入，同时大量传统企业退出。2016 年，21 家新企业进入当年百强名单，其中一部分来自新兴产业和高端装备制造产业、电子通信系统等产业，另外一部分来自传统制造企业通过并购、投资等方式进入信息、环保、健康、旅游、时尚、金融等产业。而退出榜单企业主要集中在建筑房产、纺织和鞋服产业，共计16家，其他产业4家。2018年，有11家新企业进入当年榜单，主要集中在信息、环保、健康等万亿元产业中。2019年，有19家新企业加入百强榜单，主要集中在新兴产业和高端装备制造产业，包括制造业10家，批发和零售业4家，建筑业2家，信息传输、软件和信息技术服务业1家，交通运输、仓储和邮政业1家，租赁和商务服务业1家。同时退出的19家企业大多为浙江的传统产业。可以看出，浙江民营企业已经逐步培养起了运用兼并等经营方式获得创新的能力，也不断加大研发投入升级为高端制造业，已经进入了依靠内在创新能力获取新动能的新阶段。

以安徽民营企业百强来分析，安徽民营企业新兴产业和产业升级正在形成。2016年到2019年，安徽省民营百强企业主要以制造业、建筑业、房地产业为主，其中制造业主要在化学原料和化学制品制造业、有色金属冶炼和压延加工业、专用设备制造业等产业。在2020年榜单中，大量新兴产业企业进入榜单，主要集中在智能家电、新一代信息技术、节能环保、新能源汽车和智能网联汽车等产业。需要说明的是，计算机、通信和其他电子设备制造业由2019年的第六大产业上升为第一大产业。这主要得益于近年来安徽省委、省政府围绕培育壮大战略性新兴产业出台的一系列有力政策措施。对于安徽这样一个产业基础并不好的民营经济体而言，自身内在创新能力与产业布局能力并未真正形成，在政府的引导下可以有效地集聚产业和创新要素，为形成新动能积蓄力量。

可喜的是，山西民营百强企业也在新动能形成方面开始行动。一方面通过传统产业不断升级走向高端制造业，如潞宝集团、晋南钢铁、安泰集团、泰宝科技等；另一方面也在布局战略性新兴产业，如鹏飞集团、教场坪集团、美锦能源等。通过与浙江和安徽民营百强企业在产业升级与新动能方面的比较分析，客观地说，山西民营百强企业在该方面同浙江的差距巨大，同安徽也有一定差距，民营企业尚未形成内在创新能力与产业布局能力，需要百倍努力，迎头赶上。

五、国家级专精特新维度

2011年9月，工业和信息化部《"十二五"中小企业成长规划》明确提出中小企业要走专精特新的发展道路。国家"专精特新中小企业培育工程"鼓励专业化发展、鼓励精细化发展、支持特色化发展、支持新颖化发展。专精特新企业中超过80%的企业属于战略性新兴产业及相关服务业，是保障我国产业链、供应链稳定的重要支撑，在我国产业关键领域发挥着"补短板""填空白"的关键性作用。国家级专精特新"小巨人"企业是中小企业的佼佼者，代表着中小企业的创新能力。我们抽取2019年、2020年、2021年、2022年共四批国家级专精特新"小巨人"企业名单数据，全国共计9119家上榜企业，排名前八位的省份依次为浙江、广东、山东、江苏、北京、上海、安徽、湖北。山西、安徽、浙江三省上榜的国家级专精特新"小巨人"企业数据比较分析如下。

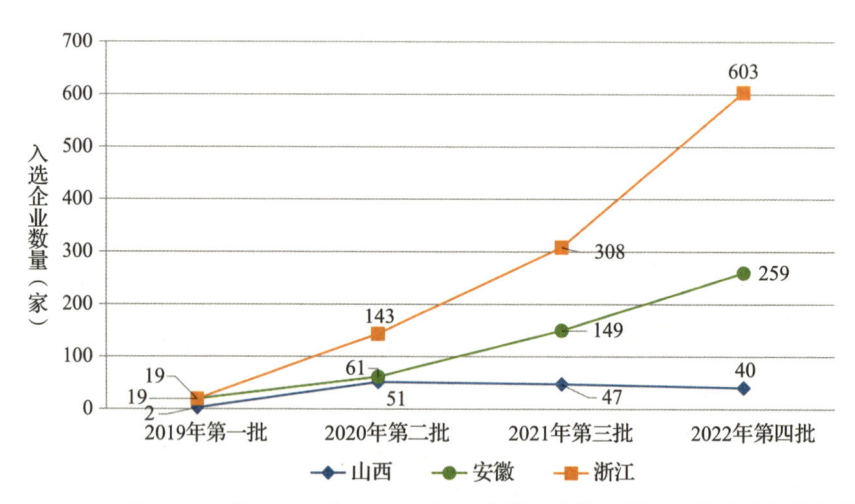

（一）上榜企业数量

2019年、2020年、2021年、2022年，山西、安徽、浙江三省国家级专精特新"小巨人"企业数量如图4-33所示。

图4-33　2019年、2020年、2021年、2022年，山西、安徽、浙江三省国家级专精特新"小巨人"企业数量

由图 4-33 分析可知，浙江以总量 1073 家专精特新"小巨人"企业位列榜首；安徽 488 家，排名第七；山西省上榜企业为 140 家，总体数量不多，与浙江和安徽均存在较大差距。从四批的数量分布和趋势来看，山西国家级专精特新上榜企业数量增长放缓，具有较大的提升空间。但是对比安徽和浙江，增长强劲，以第四批为例，两省的上榜数量均接近其第三批的两倍。由上述对比分析可知，山西民营企业的内在科技创新能力较为薄弱，技术投入较少，亟须增强。

（二）上榜企业数量在全国的占比

全国国家级专精特新"小巨人"企业共发布四批，一共有 9119 家企业上榜。山西、安徽、浙江三省国家级专精特新"小巨人"企业在全国占比如图 4-34 所示。

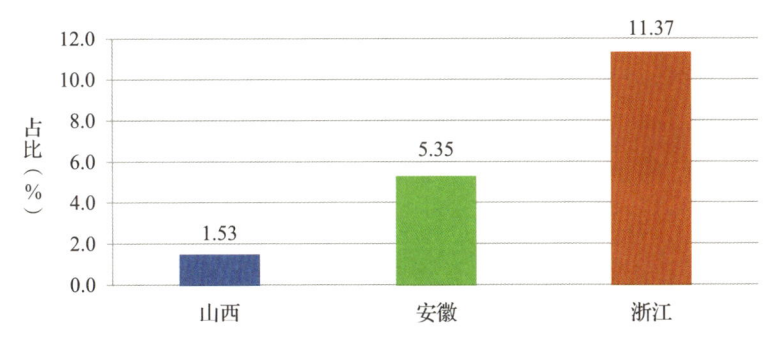

图 4-34　山西、安徽、浙江三省国家级专精特新"小巨人"企业在全国占比

从图 4-34 可知，山西 140 家上榜企业占全国总量的 1.53%，而同处中部地区的安徽的 488 家上榜企业占全国总量的 5.35%，浙江以 1073 家上榜企业占全国总量的 11.37%。因此，山西中小企业的创新能力需要奋起直追，无论是与全国领先水平，还是中部兄弟省份，均有较大差距。

六、基本结论

（一）整体实力有待增强

一是无论是整体民营经济增加值，还是代表性企业营业收入规模、资产规模，水平都比较弱。2021 年，山西民营经济增加值达 10390.6 亿元，低于安徽和浙江，差距较大。2019 年，山西民营经济增加值在本省 GDP 中占比 48.9%，不仅低于安徽和浙江的 60.4%、65.5%，甚至低于全国平均水平（54.46%）。从全国民营企业 500 强榜单、上市公司名单两方面，可知代表性企业的营业收入规模、资产规模都较小。以上市公司数据为例，2021 年山西民营上市公司总资产为 2122.82 亿元，与安徽、浙江的 5281.07 亿元、84242.53 亿元差距较大，山西民营上市公司总资产在本省上市公司总资产中占比不仅低于安徽、浙江两省，还低于全国平均水平。2021 年，山西民营上市公司总营业收入情况与之类似。二是盈利水平较弱。以 2021 年山西民营上市公司利润总额为例，利润总额为 114.49 亿元，低于安徽的 272.17 亿元，更低于浙江的 2950.52 亿元。比较利润总额在本省上市公司利润总额中的占比，山西以 12.28% 不仅低于安徽、浙江，更低于全国平均水平（26.12%）。三是龙头型企业较少。无论是入选中国民营企业 500 强企业，还是民营上市企业数量，发展水平均比较低。以 2022 年中国民营企业 500 强中山西上榜企业数量为例，达到山西历年最高的 9 家，比安徽上榜企业数量略多，与浙江上榜企业数量 107 家有巨大差距。以民营上市公司数量为例，2021 年山西仅有 16 家，在全省上市公司中占比只有 40%。具体到本报告的入围门槛、营业收入、净利润三方面来说，主要结论如下：入围门槛绝对值不断提升，门槛增长率总体跌幅较大；营业收入逐年增长，营业收入增长率稳定性较差；净利润总体稳步增长，但净利润增长率呈下降趋势。

（二）源头活水有待补足

从民营主体数量来看，山西民营经济主体数量从 2011 年的 107.16 万户增加至 2020 年的 266.31 万户，但与安徽该主体数量 553 万户、浙江该主体数量 775 万户相比，仍然有较大差距。从民营主体数量在全国民营主体数量中占比来看，山西民营经济主体数量在全国民营经济主体数量中的占比，2011 年与 2019 年没有变化，均为 2.26%。与安徽相比，该值由 2011 年的

3.59%增加到2019年的4.69%，浙江该值由2011年的6.39%增加到2019年的6.58%，山西民营经济主体数量在全国民营经济主体数量中占比与安徽、浙江有较大差距。

（三）产业结构有待优化

一是第二产业中高端制造业占比较少，第三产业发展较弱。2020年山西民营企业100强中，第二产业仍占主体地位，入围76家；第一产业入围2家；第三产业入围22家。整体产业结构仍延续了以往第二产业占据绝对主体地位的趋势。与浙江的39家第三产业企业相比，仍有差距，特别是第三产业中的商务服务等新型服务业占比太小。二是新兴产业占比太小。无论是全国民营企业500强中山西上榜企业，还是山西民营企业100强上榜企业，其产业结构中的新兴产业占比均太小。以2020年山西民营100强上榜企业为例，只有15家进入了新兴产业，而85家仍处于传统产业。与安徽和浙江相比，安徽和浙江在2020年民营企业百强中均有58家企业进入新兴产业，而传统产业企业只有42家。

（四）创新能力亟待提高

一是创新型企业数量少。以2019年、2020年、2021年、2022年共四批国家级专精特新"小巨人"企业名单数据来看，山西上榜企业为140家，与浙江的1073家、安徽的488家存在较大差距。山西140家上榜企业占全国总量的1.53%，而同处中部地区的安徽该占比为5.35%，浙江为11.37%。从四批的数量分布和趋势来看，山西国家级专精特新上榜企业数量增长放缓，具有较大的提升空间。二是研发投入少。据不完全统计，山西2021年企业研发投入为200亿元，2018年、2019年山西企业研发投入比较接近，约为180亿元，其中包括非民营企业研发投入。安徽民营企业100强在2018年、2019年、2020年的研发投入分别为117.54亿元、148.54亿元、201.22亿元，2019年、2020年研发增长率分别为26.37%、35.47%。浙江民营企业100强2018年、2019年、2020年的研发投入分别为584亿元、697亿元、813亿元，

2019年、2020年研发投入增长率分别达到19.47%、16.60%，保持了稳定快速的增长。新晋商企业整体创新能力还较弱，需要快速提升。新晋商企业需要持续增加创新投入，发挥民营企业创新的机制优势。

（五）社会贡献能力有待提升

一是纳税总体规模仍较小。2021年，山西民营经济税收总额为1930亿元，与安徽的3213.3亿元、浙江的10082.74亿元相比，有较大差距。安徽民营经济税收总额从2011年为山西的1.1倍增加为2021年为山西的1.6倍，浙江民营经济税收总额从2011年为山西的2.9倍增加为2021年为山西的5.2倍。二是民营企业容纳就业能力仍有较大的提升空间。山西民营经济就业人数从2011年的317.9万人增加至2019年的693.25万人，在全国民营经济总就业人数中占比在2019年达1.71%，与安徽的3.87%、浙江的6.58%相比，具有较大差距。总之，民营经济和企业越是发展壮大，则纳税总体规模越大，容纳就业的能力越强。

分析篇

世界晋商发展报告——崛起中的新晋商

第五章

新晋商群体画像

　　新晋商是指改革开放以来，在中华人民共和国波澜壮阔的历史进程中活跃在经济领域的山西籍商人、企业家和在山西发展的民营企业创业者和经营者。作为个体，他们每个人都是一部载满故事的书，呈现鲜活、生动的形象。作为整体，他们又具有某些共同的、有别于其他地区的商人、企业家的性格特征和行为习惯。这些性格特征和行为习惯的形成，既有自然、地理的因素，也有历史和文化的因素，还有行业和时代的因素。抽象和提炼这些特征，为新晋商描绘一个整体的画像，既能为新晋商认识自我、超越自我提供一个用以观照的镜面，又能为其他人了解新晋商、认识新晋商提供一个参照，还能为新晋商崛起提供一些借鉴。

一、新晋商的性格底色——既精明又厚道

旧时外地人对山西人有个称谓叫"老西儿",一是指地理上山西在太行山西边;二是说山西人爱吃醋,老西儿其实是"老醯(xi)儿",醯即醋的别称;三是专指山西人尤其是山西商人有钱舍不得花,显得寒酸,跟醋一个味儿,"老西儿"也就是"老抠儿"的意思。前两个意思是表面的,一般一说"老西儿"就是说山西人精打细算的"老抠儿"特征。新晋商在各种因素共同塑造下,"老西儿"的特征仍在,但也融入了一些新的成分。

(一)不让别人占便宜,也不占别人便宜

山西人的性格特征呈现一种典型的农耕文明特质:农民的智慧、"狡黠",农民的质朴、憨厚。不让别人占便宜,也不占别人便宜。

农业社会"吃不穷、穿不穷、计划不到就受穷"的生活经验是"老西儿""老抠儿"性格的来源,本质上来说,是一种生存智慧。明清时晋商去少数民族地区拿铁锅换皮货,皮货放满锅,锅归牧民,皮货归晋商,双方都觉得对方傻,这又是一种自以为是的"狡黠"。跟人打交道,一家一户的农业生产单位,在家里老老少少,到外面也都是叔伯兄妹、邻里乡亲,自然有一种亲切感;互相之间抬头不见低头见,谁爱占别人的便宜,也就没人愿意与之交往了;互相保持一个基本的礼尚往来,谁也别占谁的便宜,大家相安无事;有事互相帮助,谁都难免有依靠自己的力量办不了的事情;就自然而然、约定俗成地表现为"质朴、憨厚"了。

与如今商业文明时代的山西"老抠儿"们交谈,谈到生意,他们很多是从当年的苦日子讲起,给人拉煤,每车几元钱;出去谈业务,几天不睡觉;遇到煤价下跌,几乎一夜白头。谈到对二代的培养,很多人强调的是,不会让他们高消费,会安排他们先去打工历练,再回企业任职锻炼;谈到响应政府号召,他们说,一些官员让做的不一定是企业能做的,如果经不

起企业论证研究，绝对不会去做。

除了对艰苦生活的记忆，很多老板也对困难时受人接济记忆犹新，可能只是几百元的资助，一辆自行车提供的方便，几句提示和鼓励等；跟客户打交道，说话算话，从不占客户的便宜；企业发展了，要让员工在不愁吃、不愁穿的基础上也能买一辆车；让当年跟随自己一同创业的伙伴们不吃亏，亏了自己亏，赢了大家分；挖了当地的煤，就要给当地百姓一个满意的交代，哪怕超过了企业的能力，也想勉力做到；对营商环境中的各种不合理做法，有抱怨，有恨不能解决的无奈，但总是感叹还是党的政策好，政府遇到难题，总会力所能及地捐款捐物。一个保安，智力有缺陷，但一辈子在企业做保安，能牢牢守住企业的大门；村里有个企业，百姓们就有了每户一套装修齐备、楼上楼下的房子，费用也不用自己交。

"不让别人占便宜"首先是从创业艰难中积累下来的精打细算生存法则，也是"老西儿""老抠儿"的遗留；其次是商人本性中对利润的守护和执着，也有几分与人周旋中的机灵和"狡黠"；故谓之"精明"。"不占别人便宜"首先是农业社会自然生成的质朴，其次是为人处世上的"礼"，有感恩戴德、扶危济困、良知正道的节操，有做人不能钻到钱眼里的本分；还有就是先有人缘、后有财源的商道智慧，所谓"财散人聚、财聚人散"的道理，故谓之"厚道"。

"不让别人占便宜"——精明，实际表现出来的层次又有不同，有的表现为人人看得见的精明，有的表现为大智若愚的精明，前者是一种低层次，后者是一种高等级。"不占别人便宜"——厚道，实际表现也有张有弛，有的表现为憨厚，倾向于本性里的质朴，人为塑造的成分少些；有的表现为忠厚，倾向于伦理道德塑造下的"礼"；前者是一种自愿，后者是一种自觉。

新晋商既精明又厚道的性格在不同人身上的表现是介于精明与厚道之间的一条斜线（见图5-1）。在这条线上，有的精明的成分多些，厚道的成分少些；有的精明的成分少些，厚道的成分多些。不同的人大概都能在这里找到自己的位置。

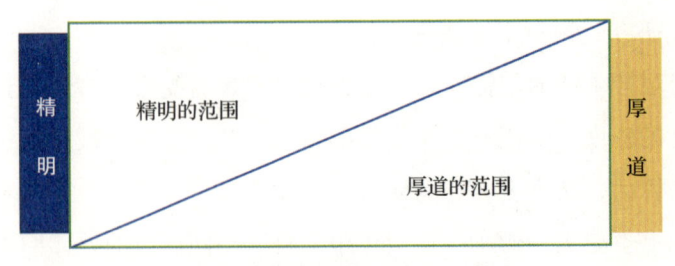

图 5-1　新晋商的性格底色示意图

（二）既会筹谋又本分自守——性格底色的来源

地处中部的地理位置和经济条件决定了山西自古就是人文荟萃的地方，一代又一代历史演化造就了山西人相对聪明的头脑；同时受文化传统影响，山西人也普遍注重对子女的文化素质教育，因此也塑造了山西人较为正统的伦理道德观。但对山西人性格有最直接影响的是山西地理条件上的特殊性，历史上山西因高原地形和临近中原的位置成为北部边疆地区向中原进犯的天然屏障，定都北方的封建王朝大都派重兵驻守山西，因此，山西人有了进退有据、伸缩自如的空间，有利时可以向外进取，无机会也可退回关内。所以，历史上既有英雄豪杰从这里起兵起家，也有寻常百姓在这里安分守己。相对重要的地理位置，一方面锻炼了山西人审时度势、权衡利弊的智慧，另一方面也提供了安心耕读、修身齐家的有利环境。所以，山西人骨子里既有农业社会人与自然相互作用下形成的善于从环境中找机会的智慧，也在权衡利弊中习得了与人周旋的"狡黠"；同时，在男耕女织、邻里互助的田园生活中养成了安于现状、乐天知命的心态，且"日出而作、日入而息，帝力于我何有哉"的小农生活也培养了山西人质朴的秉性，乡土社会的熟人圈和耕读传家塑造了他们礼尚往来、遵教守礼的伦理观，加之受人文环境熏陶和头脑聪明，共同造就了山西人**既会筹谋又本分自守的性格基调**。

到了明朝初年，因地理条件的相对优越性，山西成为人口聚集区，人多了，有限的土地难养众口，"土陋而民伙"激发了山西人从环境中找机会的意识和智慧，开中法提供了一个契机，晋商由此崛起。作为一个商人群体，晋商极具开拓性和创新性的精神正是山西人善于筹谋的性格展现，同时晋商以义制利的经营理念也源自山西人本分自守的性格基调。

中华人民共和国成立后，为了快速发展国民经济，在计划经济体制下，山西被确立为工业基地，通过基础建设奠定了以煤、电、化工等为主的重型化工产业基础。改革开放之后，山西逐渐发展成为国家的能源重化工基地，以煤为基的产业结构在为国家经济发展做出重大贡献的同时，也使山西企业逐渐与煤炭资源深度绑定。因为有了可以赖以发展的煤炭资源，新晋商随着国家煤炭管理体制和政府对煤炭产业的调整整合，主要依靠煤炭及其相关产业发展起来。在此过程中，山西人善于筹谋的性格主要表现为在以国有企业为主导的煤炭及其相关产业中既能以精打细算后的理性判断创出一片自己的天空，又能在发展中与政府部门保持疏密恰当的关系，同时在经营管理中以"老西儿"本色区别于一些企业的低效率，因称山西人"精明"；山西人本分自守的性格则主要表现为有了煤炭，守着煤炭就能赚钱，自然就用不着做别的，但"君子爱财、取之有道"，不能只顾自己赚钱，还是要本分一些，不能因为赚钱忘了做人，本分自守就成了"厚道"。

（三）精明与厚道的二元悖论及其平衡

既精明又厚道的二元性格赋予了新晋商能筹谋、会算账、有节制、重情义，既重赚钱也会做人的秉性，表现为一种"亦商亦侠"的特质。二元的两端看似是相互矛盾的两个极端，实则既相互联系又相互制约，既有互相促进、循环增固的整合性，也有相互冲突、互为掣肘的冲突性。因此，精明与厚道是一个悖论，也与中国道家文化"一阴一阳之谓道"相契合。

精明，本质上来说，是一种经商的禀赋和素质，也是一种智慧，符合企业追求利润的逻辑。德鲁克说：企业首要的"社会责任"是为弥补未来的成本创造足够的利润，如果这一社会责任没有完成，那么其他的社会责任也就无法实现。因此，有了以"精明"守护和筹划来的利润，才有可能通过让出利益表现出"厚道"。同时，如果为人厚道，又能宽以待人，通过广泛的人缘使"精明"更有用武之地。精明与厚道互相促进，循环往复，增益加固，阴阳相生，成为使企业与社会良性互动的源泉。

但精明与厚道也有作为二元两端的矛盾之处，精明的人往往因为被利益牵绊，无法豪爽直白地获取利益或利润，表现为讨价还价、盘算周旋的诡谲和隐秘性，显得与光明磊落的"厚道"相背离，精明是对厚道的损耗；同时，厚道的人则因为受来自伦理道德观的信义和良心的感召，表现为孟子所说的"怵惕恻隐之心"，在面对利益的时候，往往会感性大于理性，不会计较得失，因此与"精明"背道而驰，厚道也成为对精明的伤害。二者互相消耗、互相制约，阴阳相克，成为影响企业发展的内耗源泉。因此，既不能太精明，也不会太厚道，就决定了新晋商的性格是在精明与厚道之间那条线上的一个平衡点，或偏向精明多一点，或偏向厚道多一点。

新晋商既精明又厚道的性格特征是一种内隐的力量，由此生发和外显为两种突出的行为特征。

二、新晋商的行为特征

精明的性格底色，有的表现为显见的投机取巧，有的表现为藏拙的大智若愚，决定了新晋商在行为上或者因利乘便或者深谋远虑，形成了守成有余而创新不足的行为特征。厚道的性格底色，既表现为天然质朴的憨厚，也表现为伦理教化的忠厚，决定了新晋商在行为上既有做好人、不做坏人的意识，也有践行儒家伦理观格物致知、诚意正心、"修身、齐家、治国、平天下"的自觉，形成了格局宏大而行为谨慎的行为特征，如图5-2所示。

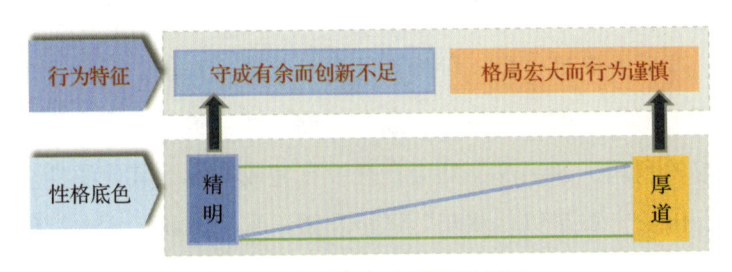

图5-2 新晋商行为特征示意图

（一）守成有余而创新不足

1. 开放时代不开放，创新时代不创新

省内新晋商企业经过了改革开放之后从小到大、从规模扩大到质量和效益提升的发展过程，但与发达地区的企业相比，大部分省内新晋商的发展区域都局限于本地。尽管规模扩大了，可扩大的方式基本上是多了几座煤矿，多了几条生产线，多了几个产业，都不离本地；尽管质量和效益提升了，可提升的途径是提升了设备的智能化水平，提升了生产过程的集约化管控，但因为缺乏人才和技术无法提高盈利能力和对市场的反应能力，更没有掌控市场的能力。在开放发展、创新发展的时代，省内新晋商偏安一隅，既无法以开放的眼界看到机会，也无法以创新的思想跟上市场快速变化的节奏。

省内新晋商对煤炭资源的认知，就像山西人对醋的钟爱一样，似乎离开了煤炭就难以证明自己是山西人，就难以让人认可是明智的山西企业老板。煤炭业内老板们与外地人、业外人交流，常常会以一种成功者的自信和掌控者的资格讲出"山西人，把煤炭文章做好就行了"这样似乎无可争议的"共识"。外地人来山西投资，成为山西省内晋商之后，如果做的是跟煤炭有关的产业，也会有一种自认为高明的优越感，有时对一些做其他产业的人还有些居高临下的不屑。依靠煤炭，似乎才是方向正确。

依靠煤炭资源的先天禀赋就可以既简单又快速地产出利润，何必去煤炭以外找饭吃？煤炭资源是不可再生的自然资源，当然会越用越少，而且会破坏生态、污染环境，但如果这些可以通过内在的设备更新、工艺流程改造和智能化管控等方式尽量缓解，是要比从外面无依无靠的环境中寻找和挖掘机会更有胜算，那何必放下确定的去抓不确定的呢？当然，煤炭资源是山西企业最主要的依靠，除此以外，新晋商在其他领域的发展也大致秉持这样的观念，更愿意守着现成的、既有的、确定的，去想方设法维持和延续，不想为未来的、未知的、不确定的去多做探索和尝试。

除了对煤炭及其相关产业的迷恋和自信以外，一些在转型发展中走在同行业前列的企业，或者选择在现有产业的基础上，通过产业链延伸衍生新产业，或者走面向资源保护与低碳的产业升级路线，或者寻找其他资源如旅游资源、农业资源等与原有煤炭产业多元发展，或转向煤炭资源以外的其他资源产业，新晋商眼里能看到的、能看上的还是山西的自然资源。

在方向上，依靠现成的资源，就在自己的地盘上，尽量守住已有的产业，不到资源以外、山西以外去寻找可能的突破，以免在自己不熟的产业里迷航；在路径上，转型要建立在煤炭资源或其他资源的基础上，以免在自己无法驾驭的轨道上失控。

开放时代不开放，创新时代不创新，这就是新晋商守成有余、创新不足的行为特征的表现。

2. 精明的性格底色所决定的行为逻辑

精明的性格底色，有的表现为显见的投机取巧，有的表现为藏拙的大智若愚，决定了新晋商在行为上或者因利乘便或者深谋远虑。

秉承了山西人的历史文化传承，以及安土重迁、金窝银窝不如自己的狗窝，树高万丈、落叶归根等理念，新晋商更愿意守在本乡本土，通过经营好本地的人际关系、社会资源发展自己；同时自给自足的生产方式让他们形成了安于现状、乐天知命的田园生活习惯，加上自然条件和历史发展所形成的以煤为基的行业环境，对新晋商来说，在自己熟悉的环境里利用得天独厚的煤炭资源，就能事业有成、生活富足，还用搞什么创新？由此，守着资源，就在资源上做文章，既不离开山西，也不离开资源，相对于在山西以外和资源以外寻找机会来说，就是一种来源于投机取巧的因利乘便，也符合企业理性决策的逻辑。

利用煤炭资源发展，虽然企业可以为当地政府与国家经济建设和能源安全做出贡献，也可以解决当地百姓的就业问题，而且从国家发展大局来说，煤炭工业还是国家经济发展和能源安全的支柱，但采煤对生态的破坏、对环境的污染、对当地百姓生活的干扰、对员工生命安全的威胁，对于企业来说，都不能以服务国家经济发展和能源安全及解决就业为大旗，从良心道义上为企业免责，也给企业未来发展埋下了来自这些负外部性的不确定因素，无论企业以怎样的先进设备和工艺技术尽量减小这些由煤炭产业发展所带来的负外部性，减小都不等于消除，且不可逆转。因此，在这些努力之外，企业也会尽可能为当地百姓和地方政府做出补偿，地方政府获得了税收和就业，百姓获得了实惠和福利，各安其位，互为成就。

无论是因利乘便，还是深谋远虑，根植于历史文化传承的恋乡情结，煤炭产业的资源优势，新晋商精明的性格底色，造就了其偏安一隅、保业守成、难以破旧立新的行为倾向，生成了守成有余而创新不足的行为特征。

（二）格局宏大而行为谨慎

1. 既有家国情怀又谨言慎行

汶川大地震后，振东集团把汶川县的 1260 名师生接到自己创建的慈善学校过渡复学，并负担其后 3 年的生活费；玉树地震后，又接收了玉树市 1100 多名藏族师生，让他们到慈善学校过渡复学，并聘请藏族厨师，购回藏区食品，给藏族师生提供生活便利。他们将企业名字的寓意确立为"振兴东方"，以"与民同富、与家同兴、与国同强"为价值观，向贫困地区投资 50 万亩（1 亩 ≈ 666.7 平方米）中药材产业扶贫项目；20 多年来每年以扶贫济困的形式给考上大学的贫困学生提供大学四年的学费资助。

跟山西老板们交谈，听其言、观其行，大多数老板都有一些情怀，不会只谈利润。他们会从国际、国内政治格局、经济发展、社会民生等诸多宏大命题上展开高谈阔论式的"漫谈"：大国博弈中中国应如何应对，俄乌冲突的走向如何，国家大政方针方面有哪些新的调整，周围老百姓的生活有了哪些新变化，等等，所有的主题里似乎都有一份企业的责任。但如果你认为老板们只是为自己茶余饭后找一些附庸风雅的话题而已，那接下来的谈话又会让你觉得老板们在家国天下的"风雅"里也装着对企业发展的考虑。他们把关心国际、国内局势，关心国家大事，关心群众利益，都已融入企业发展的脉络，是一种从大处着眼考虑企业未来的思路。既不同于实业救国那种义无反顾地为国担当，也不同于那些汲汲营营只关心利润的纯商人做法。这些老板们都有关心家国大事的宏大格局，但在经营管理企业的具体业务时却会为每个决策慎重考虑，务实于安身立命的本钱。比如有的老板说，我们做事情还是稳妥一些，要能看得见、把得住。有一位老板说，我们的决策是"四慢一快"——调研慢、论证慢、设计慢、拍板慢、上马快。

既有家国情怀又谨言慎行，这就是新晋商格局宏大而行为谨慎的表现。

2. 厚道的性格底色所决定的行为逻辑

厚道的性格底色，既表现为天然质朴的憨厚，也表现为伦理教化的忠厚，这决定了新晋商在行为上既有要做个好人的意识，也有践行儒家伦理观格物致知、诚意正心、"修身、齐家、治国、平天下"的自觉。

沿袭了熟人社会"憨厚、忠厚"的秉性，所以新晋商大多对邻里乡亲体恤关爱，经商致富后也主动回报乡里；同时，受儒家伦理观影响，优秀的新晋商也对家国责任有主动担当的意识和情怀，山西曾经是革命老区的历史也使他们浸染上革命英雄主义情结，中华人民共和国成立后，中国经济发展经历过严重的困难时期，第一代新晋商大多有在少年时期吃不饱、穿不暖的深刻记忆，也因此既因改革开放之后生活质量发生翻天覆地的变化而对祖国充满感恩并热情讴歌，也因曾经的艰苦对当前生活还不富裕的弱势群体心存怜悯，随着低层次需要得到满足，开始有了高层次需要，即通过纪念伟人、扶危济困、高远的志向等向社会传递敬仰先辈、富可持节、心忧天下的高远追求，将儒家伦理观内化为自我实现的需要；并且也把企业发展置于大的社会变迁中，给企业确立一个嵌入社会问题解决框架中的宏大愿景或高远目标，把企业作为自己人品、事业和理想的载体。

但厚道的性格底色也使新晋商受儒家中庸思想的影响，表现为忠厚节制有余而斗争精神不足，无论是在历史变革时期，还是和平稳定时期，循规蹈矩总是主流，没有打破常规的主动性。所以，优秀的新晋商虽然格局宏大、心忧天下，却往往行事低调、老成持重。他们深谙"出头的椽子先烂""木秀于林，风必摧之""小心驶得万年船"等道理，对看不懂的、没做过的、把握不大的，很少有主动尝试的意愿；惯于在现有的政策制度框架下，让自己去努力地适应环境，即使环境中有自认为明显不合理、不恰当的地方，宁可选择忍耐或避开，一般不会选择去改变环境。

做个好人的自愿，做个儒商的自觉，在熟人社会中养成的质朴憨厚，在伦理教化中习得的修齐治平和中庸之道下的忠厚；厚道的性格底色，赋予了优秀新晋商造福乡里、心怀家国天下，又谨言慎行、四平八稳的行为倾向，造就了新晋商格局宏大而行为谨慎的行为特征。

由既精明又厚道的性格特征所生成的两种行为特征，是由性格所决定的主观意识对行为逐渐强化和固化的结果，在行为特征的生成过程中，人的意识、能力和态度也被强化和固化。因此，两种行为特征外显为既有所长也有所短、既有所重也有所轻、既有所能也有不能的外在表现。

三、新晋商的外在表现

人是社会人，人在社会中的表现是人的意识、能力和态度在社会环境中的综合呈现，新晋商守成有余而创新不足、格局宏大而行为谨慎的行为特征，塑造出新晋商长于单打而短于合作、重视做实业而疏于搞资本、善于搞生产而拙于做营销的外在表现，如图5-3所示。

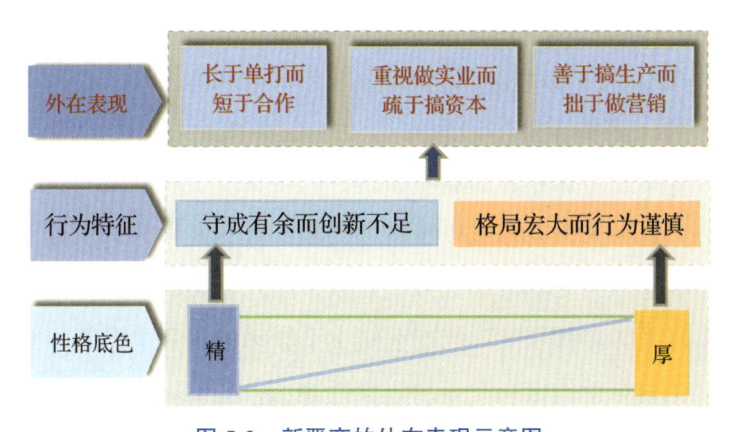

图5-3 新晋商的外在表现示意图

（一）长于单打而短于合作

1. 在商业文明时代不合时宜的自给自足

明清晋商在农业文明时代狭小的商业发展空间内，通过与其他财东合作扩大了经营规模，通过与南方商人合作将山西没有的茶叶卖到中亚和欧洲，通过与"相与"（指生意伙伴）和其他商业伙伴合作成就了票号汇通天下，通过吸纳本乡优秀子弟突破了业务扩张的人才制约。在商业文明时代法制越来越健全、规则越来越完备的开放竞争环境下，企业发展早已可以不受自有资金和资源的约束，早已突破地域的限制，企业可以在无边界的组织情境下网罗天下英才。将新晋商置于历史与现实的商业舞台上，与明清晋商相比，新晋商大多各自为战，并局限于现有产业和地域的狭小地盘，无论是股份合作，还是业务合作与招贤纳士，都与明清晋商开阔的眼界、宽广的胸怀和开放合作的精神不可同日而语；与当前国内优秀企业相比，那些通过与资本联姻、与本地同业联盟、与上下游企业分工合作、与国内外技术人才和管理人才密切联系的企业，以其专注一业的核心竞争力，将发展的触角伸向广阔的市场空间；新晋商企业则大多单枪匹马，靠一己之力或有限的合作，在狭小的市场空间内自给自足、自弹自唱，即使有合作的意愿，也只愿在自己主导、自己掌控的前提下考虑合作。

调研新晋商企业可见，一些已走出山西的，或在本地发展但能通过各种途径如引进风险投资、联系科研单位、对接新技术新设备研发机构、引进职业经理人等谋求与他人合作共赢的企业大多都有清晰的发展思路和对未来发展的规划，但大多数企业靠自我聪明才智在实现了第一阶段的创业目标之后，面临外部市场愈加紧迫的竞争压力，陷于转型发展的困境中，往前走不知路在何方，退回来又自知难以维持，局限于自身有限的认知范围内，难以突破困局。一些地区凭借资源优势发展起来的产业集群，如怀仁陶瓷、定襄法兰、汾阳白酒等，都未能形成产业链上下联动的集群式发展，而是仅限于简单重复、互相竞争的低端产业的规模性累加，即使规模大，但因没有真正的集群优势，难以获得号令或主导市场发展的竞争能力。山西长期以煤为基的产业结构，造就了一众煤炭焦化钢铁企业，但与这些企业的业务发展密切相关的煤机制造企业中却少有新晋商的身影。大部分新晋商企业都面临人才危机，在内部近亲较多的人力资源管理体系下，创新发展的源泉渐趋断流。

新晋商企业无论是股权构成上的夫妻档、父子父女档，还是走不出山西受制于资金和资源约束无法做大做强的转型困境，还有未能形成以产业链集聚产业优势、缺少外脑支持陷于内部低层次循环的发展现状，都是长于单打而短于合作的表现——商业文明时代不合时宜的自给自足。

2. 在与农业文明割不断的行为特征中孕育出的亲力亲为

在社会人构成的群体中，人的表现一般来源于三个方面，一是观念，二是能力，三是态度。新晋商守成有余而创新不足的行为特征来源于农业文明时代安土重迁的传统和自给自足的小农生产方式，形成于依靠煤炭资源生存发展的历史际遇中；新晋商格局宏大而行为谨慎的特征来源于熟人社会的礼尚往来和中庸自律，形成于事业有成之后的自我实现需要和谨言慎行的价值观。在此过程中，新晋商的观念在外在环境变化对其冲击不大的情况下自然延续下来——不去陌生的地方，对陌生人不信任，自己完成全部生产过程，以超越别人的能耐博得父老乡亲的赞誉。在这些观念主导下，新晋商大多守在本乡本土，在摸爬滚打中，从邻里乡亲的乡土社会进入了陌生人之间靠商品交易连接起来的城市化社会。企业做大了，但人的思想观念没有跟上时代进步，因为对陌生人组成的城市社会的不适应，行为上就不自觉地尽量选择回避陌生人，在自己熟悉的地方，跟熟悉的人交往，企业成就也更希望被家乡人看到，受家乡人赞赏，既守成有余又有英雄主义，既创新意识不足又行事谨小慎微，因此表现为既不愿与陌生人合作，也不愿与本地同行合作。

因为主观意识上不愿与人合作，因此在行为上就对合作不积极，对现代企业制度下的合作机制和契约精神就不清楚、不熟悉、不适应，也无法在实践中提高能力和积累经验，所以即使与人合作，也难以充分利用合作取长补短、互利共赢。遇到合作中产生的难以避免的冲突，往往会放大冲突的负面影响，将其归因于合作带来的麻烦，因此对合作失去信心，或者以自己熟悉的方法自力更生，或者对对方提出超越协议的要求，导致合作难以持续，由此表现为不会与人合作。

因为守成有余、行事谨慎，所以对不熟悉、不确定、可能有风险的合作不信任，宁愿将收益约束在可控的范围内，不愿去获取可能蕴藏在合作风险中的更大收益。此外，如果确信合作能够带来更大的收益，又会担心因为合作失去了对企业的掌控，顾虑企业今后发展是否会受制于人，因此表现为不敢与人合作。

在现代商业文明时代，不合时宜的自给自足的表现，是在与农业文明割不断的行为特征中孕育出的亲力亲为习惯所致。

（二）重视做实业而疏于搞资本

1.实实在在、一板一眼的"实干家"

新晋商依托资源，大多数都是从实业起家。他们依靠实业，一步步由小到大，在企业发展过程中，与金融有关的，只有向银行贷款或向亲友同伴筹款，所有的金融业务都是作为发展实业的手段，以钱生钱的业务既没做过，也没想过。在市场化程度高度发达的今天，货币资本雄踞天下、纵横捭阖，达到了产业资本难以企及的高度，在推动商业文明繁荣发展的过程中，以其无所不在的威力，成为经济活动中不可或缺、不容忽视的重要一极。以发展实业为主导的新晋商企业，在今天这样的商业环境中，虽不应随波逐流，但漠视或忽视资本的力量，成为资本市场上的"佛系"，既不利于本省实体经济发展，也使企业局限于实业发展范围内，坐失资本市场的发展机会。

从山西民营经济现有产业构成来看，基本上没有搞资本的企业，做贷款的多，但搞投资的少。专门的投资公司，有影响的有 2018 年成立的晋民投，但成立至今，在投资项目上进展不大；同年成立的泉民投，规模较小，也只投了一两个本地项目。在资本市场上广为人知的温州资本的炒煤团、炒房团、浙商资本、潮汕资本，在资本加持下互联网平台企业的兴起与竞争，前海资本掀起的"宝万之争"等，资本力量大显神威的地方，山西都沾不上边。华尔街上的老摩根用资本整合产业，当前我国各路资本攻城略地，山西，曾经开创票号业务、汇通天下的地方，却少见资本的身影。没有资本的力量，对内，山西实业企业只能孤军奋战，难以做大；对外，不能以资本的敏锐嗅觉和触觉把握商机，只能在竞争中陷于被动地跟随。

到山西民营企业参访调研，大部分企业会让来访者参观企业宽敞的厂房、整洁的现场、智能化生产线，交流中也对现有产业如何一步步由小到大，又如何一点点由粗到精积累起如今这样的资产规模颇多自豪。

新晋商大多由实业起家，习惯了实业就是实力的思维，对那些看不到的来源于想象力的产品和无形的资本等，或者看不懂，或者看不起，或者够不着。实实在在，一板一眼，新晋商大多都是这样的"实干家"——重视做实业而疏于搞资本。

2. 守成谨慎的行为特征所生成的实业依赖

新晋商守成有余、行事谨慎的行为特征，决定了他们惯于守在现有产业里精耕细作、顺势而为、自我驱动，并以企业实实在在的实业资产为保障，谋求企业随社会进步不断成长发展。因为长期经营实业企业，受制于认知所限，他们对先进的设备、运转自如的工艺流程、过硬的产品品质更为自信，而对无形的资本力量这种原有的认知里没有的概念不敢接受，即使尝试接受，也对其充满疑虑，认为在以往的经验里从未试验过、验证过，因此也不会用或用不好。

守成有余而创新不足的行为特征的生成过程，伴随着对新事物不敏感甚至排斥的思想观念的逐渐固化。因为不敏感难以掌握先机，因为可能受到的排斥不愿多去尝试，不多尝试就无从学习，习惯于在熟悉的产业和模式下发展，也就无从掌握运作新产业、新模式所需的知识、技能和方法等。而且，所有的新事物都需要有首创精神才能打开局面，而创新不足的行为特征决定了新晋商大多是跟在先行者的后面由模仿起步，市场机会稍纵即逝，且先行者更容易在顾客心中占据先发优势，对于后进者来说，很难快速见到成效。守成有余而创新不足的新晋商，习惯了做实业，面对新事物资本运作，既无先发的敏感度和探索欲，也没有必备的知识和技能，加上失去先发优势难以突破，所以由实业依赖外显为重视做实业而疏于搞资本的表现。

格局宏大而行为谨慎的行为特征的生成过程，也伴随着对宏伟实业的偏爱和谨言慎行的思想意识的固化。在家乡投资一些人人看得见的实业，才显得宏伟高大；老老实实做分内的事，不越雷池半步，才能稳步发展。就是这样的观念，决定了新晋商对无形的资本运作和以钱生钱的投机性的生意，既不愿也不敢涉足。因此也导致实业依赖，外显为重视做实业而疏于搞资本的表现。

（三）善于搞生产而拙于做营销

1. 既不知适应需求更不知创造需求

除了发展煤炭及其相关产业，山西历史上人文荟萃的地理条件也激发了人们对生活的情趣，所以在山西的产业构成里，除了以煤为基的重工业，也有很多本地人耳熟能详的轻工业产业，如以"汾老大"为龙头的杏花村白酒，中华老字号广誉远、双合成、美和居、六味斋等，还有民歌里唱的"平遥的牛肉、太谷的饼"，等等。这些产业和产品在山西人的日常生活里早已成为"名牌"，但在如今的消费时代，出了山西，除了汾酒，其他产品和品牌基本上都是"养在深闺人未识"。

除了煤焦钢等大宗商品以外，就省内新晋商企业生产的日用消费品在全国的知名度而言，山西做了几千年醋，第一个"醋都"的品牌却不属于山西，而是江苏的镇江；曾经享誉全国的古城乳业，在竞争中似乎已被消费者忘记；杏花村的白酒有多少个品牌，却无一个叫得响；老字号耳熟能详，却只限于山西省甚至只限于县域或区域范围。在当今时代，各种闻所未闻的新产品横空出世，星巴克卖的是情调，苹果卖的是科技带给人的便利和人文带给人的愉悦，迪士尼卖的是快乐，所有这些创造着消费需求的企业和它们的产品，早已使产品的概念超越了对产品的传统定义。但有些新晋商还是只盯着已有的产品，对消费时代的需求变化茫然不解，更遑论创造新的需求。对于顾客想要什么，能让顾客想要什么，他们还未曾多想过。

跟老板们交流，他们对自己生产的钢、管、醋、酒、肉、饼、牛奶、法兰等都特别强调工艺上如何精益求精，产品质量如何无可匹敌，但对于这些产品打算卖给谁，怎样才能卖得更好，有的说，这么好的产品，怎能卖不好？有的说，产品是好，就是市场不好，所以才卖得不好；有的说，产品是好，但我们不会卖啊……

这就是部分新晋商既不知满足需求更不知创造需求的表现——善于搞生产而拙于做营销。

2. 创新不足的行为特征所决定的想象力稀缺

营销是通过与顾客沟通打动顾客从而实现销售的活动。在短缺经济时代，无需营销，就可实现销售；但到了物质丰富的时代，营销就成为竞争的必要手段。营销的第一个层次是适应和满足顾客需求，第二个层次是创造和引领顾客需求。但在物质丰富的时代，想要找到顾客需求或开发出顾客的新需求，需要的是洞悉人的消费心理的想象力。

新晋商守成有余而创新不足的行为特征决定了他们思想观念的更新跟不上消费时代需求更新的速度。思想上仍然是产品时代的思维，想的是我们有什么，只能看到自己生产的有形产品；而不是顾客想要什么，看不到顾客心里想要的无形价值；长期陷在这样的思维里，逐渐就丧失了想象力。缺失了想象力，就无法将有形的产品与无形的需求连接起来，只在有形的产品上下功夫，不愿也不会从无形的需求里找机会，对自己产品的高品质形成执念，对顾客需求的新变化无感甚至反感，当然难以适应需求的变化，更无从去创造新的需求。因此，想象力稀缺导致自认为品质一流的产品卖不出去，在行业里各种新产品、新概念层出不穷，在眼花缭乱的纷扰中迷失了方向，找不到可以突围的出口。因为想象力稀缺，所以表现为善于搞生产而拙于做营销。

根植于山西这块土壤上的新晋商，承袭了山西人既善筹谋又安分守己的性格基调，形成了既精明又厚道的二元性格特征；由此所形成的守成有余而创新不足、格局宏大而行为谨慎的行为特征是精明与厚道二元悖论平衡的结果。由二元悖论所决定的行为特征的形成过程中，人的意识、能力和态度也被强化和固化，因此外显为新晋商长于单打而短于合作、重视做实业而疏于搞资本、善于搞生产而拙于做营销的具体表现。新晋商由内而外、由隐到显、由性格到行为再到具体表现的整体画像是从人格维度上对新晋商的一个解析。自知者明，新晋商只有充分认识到发端于自我人格中的价值及其局限性，才能在不断自省中实现崛起。

第六章

影响新晋商崛起的主要因素

改革开放之后，新晋商企业经过了从无到有、从小到大、从野蛮生长到规范发展、从数量规模型增长到质量效益型增长的发展历程，企业数量与质量有了显著增长和提高，但与历史上明清晋商所取得的成就相比，与同样有历史传承的浙商、徽商相比，新晋商的崛起之路仍任重道远。哪些因素导致了曾造就"天下第一商帮"荣耀的晋商在商业文明时代不再辉煌？其中既有内在因素，也有外在因素。探究其中的影响机制，才能追本溯源，为新晋商的崛起找到路径。

一、资源禀赋影响下的思维惯性因素

山西的煤炭资源禀赋决定了产业结构以煤炭及其相关产业为主，决定了省内新晋商企业在发展过程中形成了依赖煤炭资源并深度嵌入资源型产业的思维惯性。随着我国经济发展方式逐渐由数量增长型走向质量提升型，由投资拉动型走向创新驱动型，山西省内新晋商企业也逐步走上了转型升级的发展道路，一些成功转型的企业和高成长型的新锐企业或与时俱进或因时而起，成为新晋商企业崛起的典范。但从整体来说，长期形成的思维惯性仍然是影响新晋商崛起的主要因素之一。

（一）对资源型产业的迷恋导致发展路径被锁定

1. 资源型产业对新产业的投资挤出效应

资源型产业具有投资见效快、回报率高的特点，且国家和地方政府出于对自然资源保护、开采安全和环境保护的考虑，对相关企业的准入会有门槛限制；同时，围绕着资源开采，也会形成相关产业集聚。对于投资者来说，只要跨过准入门槛，既能快速获取收益，又有行业壁垒限制新进入者，且能够与行业内现有企业共生发展，自然优先选择资源型产业。通俗地讲，挖煤这么简单，且即刻就能赚钱，而且还能赚大钱，谁还会去做既复杂还赚不到钱的产业呢？

2. 对新产业的投资挤出效应影响企业转型发展

在对新产业的投资挤出效应影响下，因资源型产业对土地、设备的需要更甚于对技术、人才的需要，一方面导致企业对政府的依赖性强，另一方面也影响了技术和人才在本地的聚集。随着我国能源革命的持续推进，能源消费结构将发生根本改变，大力发展非化石能源已成为大势所趋。对绝大多数山西省内新晋商企业来说，能源革命的深远影响使转型发展成为企业面临的必然选择，但不具备转型发展所需要的技术和人才条件。此外，资源型产业的产品基本为大宗商品，从生产到消费的传导慢，所以产业发展表现出调节供需的周期性，企业的盈利能力极大地受到资源价格波动的影响，导致无论是资源开采企业，还是与此相关的企业，都只能被动地随周期起落；企业发展既受制于政府政策的较大影响，又难以摆脱周期的困扰。所有这些都给企业未来发展蒙上了挥之不去的阴影。行情好的时候不想转，行情不好的时候不好转，想转的时候也不知该往哪里转。

3. 企业思维惯性是导致投资挤出效应的根源

资源型产业的投资挤出效应是客观规律，但这一规律建立在对所占有的资源未来需求的稳定预期基础上。也就是说，只有当预期外部市场对此类资源的需求是刚性的且随着工业化的持续推进，对此类资源的需求会有增无减，这种资源型产业才会成为企业投资进入的优先选择。如果失去了对未来稳定预期这个前提，也就没有了这类资源型产业的投资挤出效应。因此，影响山西省内新晋商企业未来发展前景的根源在于思维惯性导致的发展路径被锁定。山西的煤炭资源作为一种不可再生的自然资源，是我国经济发展的主体能源和重要的工业原料，但采煤所带来的生态破坏和环境污染使企业未来发展面临生态保护与"双碳"目标的双重压力，在保证国家能源安全的前提下，逐步增加非化石能源的比重已成为国家能源政策的方向。但省内很多新晋商企业凭借长期形成的对煤炭及其相关产业的经验判断，故步自封，甚至认为"只要煤能挖100年，企业就可以兴旺发达100年"。若不能从根本上扭转这种观念，解锁路径依赖，旧产业对新产业的挤出效应就成为横亘在新晋商崛起路上的一座山，难以跨越。

（二）生产导向观塑造出抱残守缺的行为模式

1. 重型化产业的生产导向观

山西以煤炭及其相关产业为主的产业结构呈现偏重型化的特点，重型化产业属于资源密集型和资金密集型产业。与轻型化产业相比，其产业属性决定了企业在发展过程中逐渐形成了以获取和保持资源开采权、提高生产效率和效益、降低生产过程的负外部性等以企业端而不是顾客端为工作重心的思维惯性，企业因此形成了生产导向观。与轻型化产业的顾客导向观不同，重型化产业的生产导向观重在企业内部的生产组织管理，如通过提高生产组织效率提高劳动生产率；即使有面向市场的产品研发，但因为产品大部分为大宗商品，也无法与轻型化产业需要持续解决终端顾客的多维需求所要求的复杂性相比。因此，企业发展主要依靠资源和资金，与依靠知识、技术和人才争取和创造顾客的轻型化产业相比，经营管理相对内向封闭。

2. 生产导向观影响企业面向市场的灵活性

山西偏重型化的产业结构所形成的新晋商企业的生产导向观，使企业更倾向于面向内部的管理优化。长期浸润在这样的管理情境中，久而久之，企业面向顾客解决顾客需求问题的能力逐渐弱化。当外部市场出现较大变化时，企业对市场的灵活适应能力就面临考验。如山西的煤炭焦化企业正普遍遭遇能源市场需求的变化，钢铁企业则面临建筑用钢材需求萎缩等市场变化，转型发展势在必行。一些先行企业已通过与科研机构合作、引进人才等手段，面向市场，或寻求跨行业转型，或寻求以原有产业为依托延长产业链，开发新能源（如氢能），发展循环经济内化交易成本等，增强企业对市场的掌控和灵活适应能力。但多数企业仍在生产观主导下徘徊在转不转、如何转的路口难以定夺，或固守在旧有的生产系统里，面临被兼并、被淘汰的命运。

3. 依赖资本和智力的市场营销观是企业创造顾客的源泉

百年未有之大变局，世界早已变了模样。省内新晋商还在煤炭世界里"实实在在"地干着"重产业"时，省外晋商李彦宏已拿到了全国首批自动驾驶无人化示范运营资格；2006年诞生于深圳一间小民房的大疆已做出了在全球市场占有率达80%的无人机，腾讯靠虚拟社交软件达到近5000亿元的规模。轻型化产业靠的是轻型的资本和智力资源解决社会问题，创造顾客；省内新晋商靠的是重型的自然资源和机器设备应对"双碳"目标的压力，还没学会怎么满足现有顾客的需求，遑论创造新的顾客。但企业的宗旨就是吸引顾客，所以企业有两项基本职能：市场营销和创新。市场营销观与生产导向观的不同在于，市场营销观要解决的是"顾客想要什么"的问题，生产导向观解决的是"企业要销售什么"的问题；市场营销观解决的是社会需要问题，生产导向观解决的是企业的市场问题。在此基础上，如果企业不能满足顾客不断提出的经济需要，使顾客所需要的商品或服务或价格更低，或功能更好，或用途更广泛，或使潜在需要被激发出来，或产生新的需要，那企业也会因偏离其创造顾客的宗旨被社会抛弃。因此，只有当企业能够以市场营销观做好市场营销和创新两项工作，企业才会具有为顾客解决问题的能力，通过创造顾客，实现企业健康稳定发展。山西省内新晋商若不及早转变观念，从依赖资源和设备转向依赖资本和智力，从生产导向观转向市场营销观，在世界面临百年未有之大变局、不确定性无处不在的未来竞争环境下，将因抱残守缺无法跟上社会发展的步伐而难以崛起。

（三）温水煮青蛙消磨了人的创业精神和奋斗精神

1. 资源禀赋决定了山西靠山吃山、靠水吃水的发展模式

靠山吃山、靠水吃水是人类与自然和谐相处的生存之道，山西丰富的自然资源因此成为山西人生存发展的主要依靠；尤其是煤炭资源，不仅造就了山西的资源型经济，成为地方政府的主要财源和国家经济发展的重要支柱，也给普通百姓提供了谋生的饭碗。山西人只要守着煤炭，便可衣食无忧。在一些主要的煤炭产区，挖煤和发展与煤相关的产业成为当地人理所当然的选择。

2. 煤炭资源带来的财富与荣耀消磨了人的创业精神和奋斗精神

在2021年山西民营企业百强排行榜中，属于煤炭及其相关产业的企业占70%以上，且前8名均是能源和钢铁企业。依靠煤炭资源，一大批新晋商成为商业舞台上的佼佼者，虽然与从事其他产业相比，经营煤炭及其相关产业的过程也同样充满了风险和挑战，但显然成功的路途更为便捷。

资源禀赋决定了山西人靠着煤炭可以生活无忧，决定了企业靠着煤炭可以兴旺发达，然而，决定人生活质量和企业发展前景的从来不是外在的资源,而是内在的动力。在生活无忧和产业兴旺的另一面,是饿不死但吃不好的窘迫,是随煤炭价格起落而忽喜忽悲的焦虑和因环境与安全问题背上"黑心煤老板"的骂名。当山西人和新晋商满足于煤炭带给人的安乐和带给企业的一时名利,就会像温水煮青蛙一样,使人在安乐和名利的蒙蔽下逐渐失去了内在动力。明清晋商能够走出去并艰苦奋斗、努力拼搏,是因为地狭人稠无从谋生;温州商人能够行走江湖敢闯敢干,也是受"七山一水二分田"的环境所迫。山西省内新晋商之所以在商业文明时代不再如明清晋商、浙商一样以开放的视野开拓进取,从根本上来说,是煤炭资源的温床消磨了其创业精神和奋斗精神。山西省内新晋商若不能在当前面临的转型挑战前抛弃对煤炭资源的迷恋,重振创业精神和奋斗精神,以内在动力超越自我,新晋商的崛起就会因瞻前顾后而拖慢步伐。

二、市场竞争机制下的认知与能力因素

千军易得,一将难求。在你争我夺的战场上,领军者的认知和能力对战局走向起着决定性作用;在企业竞争中,新晋商的认知和能力同样左右着企业的发展前景。人的认知范围和水平受制于人的视野、格局、知识结构、阅历和思维方式等,人的能力来源于人的知识积累、实践训练和学习态度等。在这个开放、发展、竞争的时代,优秀的新晋商凭借超越他人的认知广度、高度和深度,以及出众的能力脱颖而出,或蒸蒸日上,或螺旋式上升,成为引领新晋商崛起的翘楚。但从新晋商整体来看,无论是与明清晋商的历史贡献相比,还是就当前新晋商与国内先进地区企业的现实差距而言,认知与能力的差距都是制约新晋商发展的主要原因。

(一)认知范围与高度局限决定了发展空间局限

1. 打开视野才能拓宽认知范围

明清晋商走出山西,看到了外面的大世界,才有了识别和捕捉机会的可能;回归晋商大院,看不到外面世界的变化,就在新旧更替当中失去了机会;

马云在20世纪90年代初去美国交流访问接触到了互联网，所以较早看到了在中国创办互联网平台企业的机会。新晋商中的远勤山、田玉成等，都是在改革开放之后远赴沿海发达地区创业，因为打开了视野，才建立了对摩托车、汽车产业的认知，才形成了经营管理企业的先进理念，才得以不依靠山西的资源禀赋，做出了山西百强民营企业中少有的非资源型企业。优秀的二代新晋商因为走出家门、走出国门，才能将国外文化与中国文化相融合，将旧产业做出新花样；才能在广阔的新天地，做出崭新的芯片产业；李猛、张晋芳等成为二代新晋商的典范。打开视野，就拓宽了认知范围，就为识别和找准机会提供了更多的可能性。

2. 放大格局才能提升认知高度

明清晋商的时代是小农经济时代，商人不被社会主流价值观所接纳，发展空间狭窄。晋商在外出经商的过程中，逐渐认识到只为自己私利、只凭一己之力做生意既不可持续，也无法做大，意识到在更广阔的空间里广结人缘才能广开财源，让出利益才能互利共赢。突破了小农意识，放大了格局，才使认知达到了新高度，才有了以义制利的经营理念、家国天下的责任担当，才有了为事业发展奠定深厚人力资源基础的东掌制和突破自有资本约束的联号制，也才有了晋商超越商业利益之外的社会贡献。市场经济时代的优秀企业家都有利润之上的使命感，不在利润里打转，才能把握企业发展的底层逻辑，高瞻远瞩，引领企业与时代同行。新晋商中的李安平、张来栓、薛靛民、路斗恒、张文泉都有超越利润追求的大格局，因此形成了对企业发展的远见卓识。李安平将经商的人分为三个层次——生意人、商人和企业家：杯子1元买进，2元卖出，赚1元，此为生意人；杯子1元买进，1.2元卖出，每个赚0.2元，以此换取更大的市场，此为商人；想办法将杯子以0.6元的成本做出，卖0.8元，以此增进社会福利，企业获得创新带来的回报——利润，此为企业家。张来栓说："给右玉县捐一个城市会客厅，是企业为社会做贡献；投资帮助儿子去发展中国的芯片产业，也是为社会做贡献；被社会认可的企业，才能越办越好。"薛靛民说："先好好做事，把钱看淡一些，把赚来的钱用于做事，企业才能长久。""国家安定，企业才能发展。""不要仗着企业有贡献，就去找政府要钱。"路斗恒说："企业发展靠的是当地的资源，为当地百姓做一些贡献，把文物发掘和修复当作自己的责任，是对社会的回报，也是企业发展的道。"张文泉说："戎子酒庄不是我的产业，是社会的产业，当作社会的产业去做，才能做出中国的酒庄。"

3.保守狭隘的认知限制企业的发展空间

人是社会人，企业是社会组织，这是管理学对人性的假设和对企业的定位。人只有融入社会，从与社会的互动中获取信息和资源，才有发现机会、利用机会的可能性。企业的目的在企业之外，企业的存在建立在解决社会问题的基础上；管理的第一项工作就是要严肃而现实地确认和预测对社会产生的影响——社会认同我们的工作吗？就新晋商企业而言，因为山西地处中部，很多企业局限于相对闭塞的环境中，"不知有汉、无论魏晋"，因此如盲人摸象，看不到世界的全貌，自然无法形成全局视野下见微知著、临机而断、因势而起、待机而变的认知，发展空间因此无从打开。很多企业都是小心翼翼地守着自己的一亩三分地，即使到了工业文明时代，仍然是农耕时代的小农意识，达不到超越企业自身的认知高度。不愿与人合作，不能从社会需求社会问题出发思量企业存在的理由，企业就超越不了生意人和小商人的边界，创新发展的空间自然受限。

中国传统文化经典《道德经》对自然万物的发展规律也有这样的论述："道生一，一生二，二生三，三生万物。万物负阴而抱阳，冲气以为和。……故物或损之而益，或益之而损。"世间万物阴阳相生，按规律行事，就能从无到有，从小到大，从少到多；有失就有得，让出了好处才会得到好处。

（二）认知程度深浅使决策表层化

1.人的知识结构和阅历影响认知的深度

如果说这个世界的人和事是一座漂浮在水面上的冰山，那么人对世界认知水平的差异就表现为对水面以下的部分认知的程度，可以称之为认知的深度。自然科学研究的是精确的自然规律，社会科学研究的是人类社会生活中的规律，心理学研究的是人的心理活动规律。科学研究探究规律，就是为了获知冰山下面的部分，掌握了这个部分，就能预知看不见的活动。但要达到掌握规律、洞悉原理，只有两条途径，一是学习，二是领悟。管理的特征是科学性加艺术性，不是艺术性加科学性；没有科学性作为基础，艺术性只会是经验主义的直觉、沿袭和模仿，难以突破、创新和升华。科学性加艺术性就是学习加领悟的结果。企业经营管理既需要自然科学中的科学技术，又需要社会科学中的人事协调，也需要心理学中的通达人性。因此，一是要不断学习，建立完整、系统的知识结构；二是要经过社会历练增进对实践的领悟，在学习与实践的不断交互中实现由知识到智慧的升华，才可能增加认知的深度。

2. 人的思维方式影响人对复杂问题的认知深度

所有社会问题的产生、发展和结果往往都有其错综复杂的成因，时间维度、空间维度、人的维度，在每一个维度下都能找到几条清晰的逻辑线，但当所有这些线条交织成一个既互相促进又彼此牵制、既有因果循环又有量变到质变、既有内在规律又受外界干扰的网络时，要理清头绪，找到解决问题的路径，就需要人能突破静态思维、单向思维、线性思维、收敛思维，建立起系统思考的思维方式。系统思考是一种全面、整体、动态的思考方式，是按照系统观，把所有的前因后果整合为一个大框架，去除繁复枝节，保留核心脉络，建立起牵一发而动全身的因果链条。系统思考既是一种思维方式，也是一种思维习惯。如果人能有意识地训练自己的思考方式朝着系统思考的方式发展，逐渐就会形成系统思考的习惯。能够系统思考，就能提高对复杂问题的认知深度。

任武贤，医学院毕业后，做过制药厂的技术员、技术科长，30岁时就接任芮城制药厂厂长，之后又获得经济管理硕士和法律硕士学位，对企业发展的历程既能理性分析其成功之处，又能客观反思成长过程中的失败案例，对与竞争者的差距也毫不讳言，对行业未来发展的判断和企业的机会，都有自己的深层次思考。正是其既有技术背景又有管理和法律知识的知识结构和30多年的药企从业经历，以及对国内外环境、医药行业和企业自身的深入思考和理解，才使亚宝药业始终以理性决策走在稳健发展的路上。薛靛民，20岁时就开始经商，跑过运输，办过洗煤厂，1992年组建阳光焦化集团，既是企业老板，也兼任省政协委员和运城市政协副主席。薛靛民所有的知识和阅历基本上都来自实践和边实践边学习的积累。他说，阳光焦化集团多年来一直就做一件事，就是研究行业。对这个行业的发展规律和未来走向有了清晰的判断后，如何做好企业，既有企业视角的战略布局，又有国家经济发展视角的政策性因素考虑，所以阳光焦化才能以理性决策，始终是新晋商企业中的佼佼者。

3. 认知深度不够削弱企业决策的理性

培根说过："实践之规则，生于因果律。"德鲁克也说过："管理从根本上讲，意味着用智慧代替鲁莽，用知识代替习惯与传统，用合作代替强制。"只有对各种现象的深层规律有所认知，对复杂的社会问题能够系统思考找到主线条，企业决策才能有理有据，才不会因为无知无觉撞上冰山，也不会因为简单思维导致顾此失彼、因小失大。对新晋商企业来说，市场竞争的规则就是优胜劣汰，可能曾经靠机缘、靠政策、靠资源积累了发展的资本，但随着游戏规则越来越多，原来的方法已过时了，只有按规则理性行事，才是王道。从改革开放之初走到今天的优秀新晋商，都有其不断积累所达到的超越别人的认知深度，才能带领企业稳步发展，少走弯路。但就新晋商整体而言，大多数新晋商都是草根起家，凭借超越他人的商业敏感度，抓住了改革开放之初的政策机遇，决策思路大而化之，在越来越多的市场竞争规则和层次越来越高的认知门槛面前，深感难以驾驭企业的未来。因此，有意识地建立起完整的知识体系，不断在实践中思考、总结和提炼，走出去增加阅历，培养系统思考的习惯，以此提高认知的深度，是新晋商必须跨越的门槛；如果跨越不了，没有理性决策做支撑，新晋商的崛起可能就遥遥无期。

（三）能力修炼不足导致既无"虎气"也无"猴气"

1. 对不确定性的掌控能力不足导致决策被动无"虎气"

明清晋商所处的时代是农业经济时代，重农抑商，经商面临着极大的不确定性，一条律令可能就时来运转，又一条律令可能就灰飞烟灭。如何熨平政策起落的波峰与低谷？时来运转时，需要有足够的能力对可能发生的变故做出预测和判断，并未雨绸缪，这种能力归根到底是一种对企业发展趋势的驾驭能力；灰飞烟灭时，需要有足够的能力面对现实并从石头里开出花来，这种能力从根本上来说是一种定力和绝处逢生的能力。晋商依靠的是对外始终耳聪目明，寻找所有的可能性；对内始终专心致志，将可能的变为可行的，也就是靠德鲁克所指的创业精神和创新精神，在守业中创业，在创新中赢得更多顾客。寻找所有的可能性，才可能驾驭趋势；专心致志做自己的事，根基牢固才能有定力；将可能的变为可行的，才可能绝处逢生。决策始终走在变化的前面，赢得主动，免于被动，就是明清晋商在不利的商业环境下长盛不衰的能力密码。

新晋商的时代是商业文明时代，无论是制度环境还是社会文化环境都与明清时期不可同日而语，但科技革命、互联网浪潮、经济危机、大国博弈、气候变化、兼并破产，在每一种变化中都蕴藏着无数的不确定性。山西省内新晋商大多处在传统煤焦冶铁行业，产业兴旺时以为自己能力出众，产业下行时埋怨市场不好，坚持不下去时就改弦更张，哪里是热点就扑向哪里。没有眼观六路、耳听八方的主动性，没有静下心来修炼内功打好人力、物力、财力基础的主动性，没有专注一行、刻苦钻研的主动性，所有的行为都浮于表面，没有积累起真功夫，不能像老虎般主宰丛林，决策总是被动的，总是来不及思考，也不会思考，就仓促潦草应战，自然没有章法，没有力量，落败就是大概率的事。所以，新晋商要在新时代崛起，首先要眼光向外；其次要积累知识；最后要有向实践学习的专注态度，积累"虎气"，练就掌控不确定性的能力。

2. 资源整合能力不足导致行动乏力缺"虎气"

明清晋商起步时，没有可以依仗的资源，为了发展只能想方设法寻找资源、构建资源和利用他人的资源，包括在产销区构建有形的供应渠道和市场渠道与无形的信誉等各种市场资源，利用合作伙伴的财力资源、人力资源、社会资源，利用政府的政治资源、公共产品资源，利用顾客和同乡的社会资源，利用本地优秀读书人的人力资源等，将所有这些资源统筹协同、互相强化，并为我所用就是资源整合能力。山西省内新晋商起步时，大多依靠自然资源，只要政策允许，能够靠社会资源拿到自然资源的使用权就万事大吉，其余的资源似乎也用不着，所以认为寻找资源、整合资源并非必选项，对资源的概念除了自然资源以外，最相信的是立竿见影的政府支持和银行贷款，对其余资源没有多大的关注度，甚至也不大相信。部分新晋商不善于与人合作，只愿将聪明才智用于自力更生，与此不无关系。有些新晋商常说的一句话是：要钱没钱，要人没人，所以空有一些想法，难以实现。这就是资源整合能力不够导致行动乏力的表现。即使心有猛虎，也难成王者。

有人将这个时代称为资本时代，资本以其杠杆撬动地球的能力已成为当代企业发展不可或缺的强大助力。新晋商只有打开思路，去借助资本的力量，突破自有资源限制，才可能在竞争中"虎气"起来，站稳脚跟。汉高祖刘邦曾问群臣："吾何以得天下？"群臣回答皆不得要领。刘邦遂说："夫运筹帷幄之中，决胜千里之外，吾不如子房。镇国家，抚百姓，给馈饷而不绝粮道，吾不如萧何。连百万之军，战必胜，攻必取，吾不如韩信。此三人者皆人杰也，吾能用之，此吾所以取天下也。"新晋商只有敞开胸怀，去网罗优秀的人力资源，才能突破自我能力的约束，以人力资源去获取和激活其他资源，以王者之力，实现创新发展。

3. 应变能力不足导致行动迟缓无"猴气"

山西地处中原，有深厚的文化积淀，所以山西人整体上有中国儒家文化的中庸观，行事不冒尖，追求四平八稳。晋商从古至今都崇尚礼义，为人低调谨慎，即使是已被贴上标签的煤老板，深入了解之后，他们身上的气质也与暴发户不沾边。但山西人的这种性格，也导致其规矩有余、灵活不够，二者在交往中互相强化，使新晋商没有闯劲，不敢冒险，安分守己做生意，甚至不愿打、不敢打也不会打擦边球。所以，即使看到了机会，也看准了机会，往往不会第一个出手，会等一个合适的时机，哪怕只赚些微利；不愿去做第一个吃螃蟹的人，即使因此可能一朝暴利。所以，与浙商、粤商相比，在机会稍纵即逝的竞争环境下，晋商显得应变能力不足，没有猴子般的机灵。

三、营商环境中的观念与机制因素

企业发展的最大驱动力来自企业自身,但企业是社会组织,是在与社会的交互影响中生存发展的,企业因为其社会贡献而存在,社会也因企业贡献物阜民丰。政府作为管理社会事务和为公共利益服务的专门组织,既承担着使其他社会组织有序发展的管理责任,也承担着促进其他社会组织增进社会福利并为其提供服务的责任。国有企业也是社会组织,国有企业既有企业属性,也有公益属性,企业属性意味着要追求国有资产保值、增值,公益属性意味着要实现国家调节经济发展的目标。对民营企业来说,作为社会组织既要接受政府的管理和服务,也要与国有企业在分工合作中互利共赢。如果把营商环境人格化,那么,营商环境的本质就是政府、国有企业和民营企业三者之间的关系。2020年由中国社会科学院财经战略研究院与中国社会科学出版社共同发布的《中国城市竞争力第19次报告》中,在所调查的291个城市的中国城市营商环境竞争力排名中,山西省排在前100名的城市为太原、大同、晋中、长治,排200名之后的城市有运城、晋城、吕梁。因此,影响新晋商崛起的外部因素主要是营商环境因素。

(一)将政企关系视为官民关系的观念限制了民营企业的发展空间

1. 重官不重商的观念导致民营企业地位低下

明清晋商的辉煌,其中一个重要的历史贡献也是其辉煌的原因就是塑造了山西社会的重商文化。"生子有才可做商,不羡七品空堂皇"的社会文化使优秀子弟以成为商号伙计为荣。但到了21世纪的今天,山西则是官本位文化。一些有才能的人想靠自己努力获得社会认可,或者选择逃离这个环境,或者无奈屈从于权力,在权力约束下在可能的空间里小心争取自己的利益。在这种文化影响下,政企关系自然就成为一种官与民的关系。如果不从根本上通过法制约束权力,将权力关到制度的笼子里,营商环境就难以从根本上得到改观。

2. 对民营企业的人性本恶假设导致监督大于服务

以官民关系为基础，一些政府官员及其工作人员就将其工作职责中的管理与服务两项职责合二为一，或为私利，或为公利，或以公利之名行私利之实，将民营企业视为如果不严加约束就会上房揭瓦的投机分子，对民营企业的监督大于服务，甚至没有服务的意识。在这种观念引导下，他们为民营企业提供服务的主动性就大打折扣，自然无法站在民营企业的立场上考虑其可能遇到的困难和需要的支持。为发展经济，招商引资也是政府部门的主要工作任务，但花费大量时间和精力的招商引资，在这种观念影响下，只有招和引，却没有后续的服务和支持，招商引资很难为发展经济发挥其本应发挥的作用。

（二）机制不健全影响民营企业健康稳定发展

1. 将政府官员和工作人员的利益与民营企业效益捆绑的激励机制不健全

人是理性的，都有趋利的动机，如果没有经济机制激励，只靠观念和道德，难以调动和激发所有人的积极性。如何评价政府官员和工作人员的工作业绩，如何使服务企业与工作业绩评价挂钩，使工作业绩与工作回报挂钩，是一个激励机制设计问题。建立起将他们的利益与所在地所负责的民营企业的效益紧密关联的激励机制，是改善营商环境，提高服务型政府工作效能的有效途径。当前，山西营商环境存在的机制问题之一就是这种激励机制有待进一步完善。

2. 对政府官员和工作人员的容错纠错机制不健全

政府官员和工作人员与企业打交道，为民营企业提供服务，由于所从事的工作性质不同，企业所需要的服务内容，工作人员未必都能清楚其中的利害关系，可能有时好心办了坏事，可能有时被不良企业蒙蔽，可能偶有遗漏或失误。如果他们的工作不容出错，一旦出错，只有惩戒机制，没有容错和纠错机制，就会出现懒政、怠政和简单粗暴的胡乱作为，或者"不求有功，但求无过"，或者宁可折腾企业，不能让我犯错，等等。这也是当前山西营商环境问题中存在的机制设计不健全的问题。

3. 国有企业与民营企业的竞争与合作机制不健全

国有企业与民营企业都是企业，在一个市场中发展，既有正常的业务往来，也有不可避免的互相竞争。但因为双方分工不同，国有企业既有企业属性，也有公益属性，所以国有企业占有的资源和从事的领域有国家对维护国家安全和保障国民经济协调发展的战略性安排，国有企业与民营企业在产业范围区分和国家资源分配上应当有明确的界限，也应有商业往来中的制度约束。如果没有界限，民营企业与国有企业因资源占有的不对等无法竞争，国有企业进入，民营企业只能退出。所以，改善山西的营商关系，建立健全国有企业与民营企业的竞争与合作机制也是必要之举。

建议篇

世界晋商发展报告——崛起中的新晋商

第七章

新晋商崛起的内在路径

前文在分析影响新晋商崛起的原因时,我们把它分为内在原因和外在原因。因此,在探讨新晋商崛起的路径时,我们也把它分为内在路径和外在路径。内在原因的核心在于"人事不修"。"人"即精神与认知,"事"即战略与组织。下面我们就按照这两条线索,从四个方面对新晋商崛起的内在路径提出对策建议。

一、大力弘扬晋商精神

习近平总书记三次来山西考察指导工作，强调要高度保护历史文化遗产，弘扬优秀传统文化。特别是 2017 年 6 月视察山西时高度评价晋商精神："山西自古就有重商文化传统，形成了诚实守信、开拓进取、和衷共济、务实经营、经世济民的'晋商精神'"。习近平总书记关于晋商精神的重要论述为新时代传承弘扬和创新发展晋商精神提供了根本遵循和行动指南。

（一）发扬晋商的诚信为本精神

诚信一直是晋商传承的内在精神品格，是成就大商巨贾的基础要求。作为崛起中的新晋商，与老晋商相比，虽所经营产业有所不同，但诚信的精神底色却不能掉色。从社会学视角来看，现代商业活动是突破旧有熟人圈层而走向生人圈层的活动。不仅要突破生人圈层，现代商业活动还是一种突破政治、宗教、文化对人的分割的活动。之所以能够实现上述目的，依赖于现代商业信用体系的建立，或者现代商业诚信的结构化和操作化。这种新时代商业信用的特征对新晋商提出了新要求。第一，要求现代新晋商要建立体系化的诚信文化，比如行业协会对会员企业的诚信约束，杜绝出现某一家企业合同违约对行业和区域企业群体品牌声誉造成损害。现代商业诚信体系的内在运行逻辑是经济要素总是往信用等级更高的组织或团体流动。第二，要求新晋商企业不仅要达到当前社会平均信用水平，甚至要构建更高的信用水平，才能从同类企业中脱颖而出。

现代市场经济的契约精神和规则意识，要求晋商诚信建设从特殊主义走向普遍主义。第一，从传统商业交易中"相与"诚信体系建设向现代契约社会中一般诚信体系建设转化。在传统晋商中，基于血缘、亲缘、地缘三缘关系构建起来的"相与"诚信体系，曾经对晋商的发展发挥了重要作用，产生了诸如"一纸之符信遥传，万两之白银立集"的商业奇迹。这种诚信体系的运行，虽然有行业协会、商会等有形组织作保障，但更多是靠三缘而形成的信誉、名声等无形社会资本来支撑。这种诚信体系是以三缘、儒家文化甚至更具体的关公文化价值体系等为前提的。当遭遇其他文化价值体系时，就会遇到很大挑战。这就要求传统晋商诚信精神与其他群体诚信精神求最大公约数，构建基于国际商法的诚信体系，完善国际法治保障的惩罚激励体系。比如，某一家晋商企业欲在俄罗斯进行投资，但由于没有防范对方商业欺诈的法律、办法等，面对巨大的商业机会也只能作罢。第二，从计划经济诚信体系建设向市场经济诚信体系建设转化。从中华人民共和国成立到改革开放，山西省一直是国家计划经济重大项目的承载省份，培育了计划经济思想与思维。计划经济的诚信体系要求"对上负责"，而市场经济的诚信体系要求"对下负责""对市场负责"，这个转化是需要新晋商进行主动调整的，对不适合市场经济要求的精神进行抛弃。第三，从山西区域化诚信体系建设向全球一体化诚信体系建设转化。从地理范围上来说，需要新晋商加入并构建全球一体化诚信体系。老晋商虽然创造了巨大的历史成就，但受制于时代局限，始终没有突破跨地理区域的民族、国家的限制。当今新晋商要在全球范围内崛起，要积极主动在国家信用体系、全球信用体系构建中发挥作用，如此才能真正为崛起保驾护航。总之，无论是从乡土社会到契约社会、从计划经济到市场经济，还是从山西区域到全球范围，都是要求新晋商诚信体系建设从特殊主义走向普遍主义。

（二）发扬晋商的开放进取精神

开放是新晋商和政府必须坚持的政策。第一，从其他先进商帮比较维度来看，要求新晋商企业"走出去"，特别是企业家一定要走出去开拓视野，寻找市场，在更大市场中寻求企业定位，当前领先民营发展潮流的浙商就是我们学习的榜样。浙商面对自然资源禀赋不足的自然条件，以及原材料和市场"两头在外"的产业条件，正是依靠发扬开放精神，在全球范围内集成资源，克服企业用地、人才、技术等方面的困难，同时又在全球范围内销售产品，从而成就了当前强大的浙商。第二，从老晋商成功经验维度来看，要求新晋商主动发扬老晋商的开放进取精神，破除当前因循守旧、封闭保守的陋习，真正地走向全国乃至全球。老晋商同样依靠开放进取精神而获得巨大商业成就。正是因为他们拥有全球的视野，才会成就汇通天下、货通天下的商业奇观。以票号业为例，这种依靠跨埠间调拨资本的大手笔，没有开放的眼光和能力是不可能完成的。新晋商应传承这种精神并将其发扬光大。第三，从省域市场及全国市场形成维度来看，就是要打破当前地方保护和区域壁垒对市场容量的限制。2022年，中共中央、国务院《关于加快建设全国统一大市场的意见》发布，对于国内市场的进一步开放具有深远的战略意义。这要求政府放开重点领域市场准入，特别是支持民营企业公平参与市场竞争。

只有发扬开放进取精神，才能让新晋商进入全面高质量发展快车道。第一，从产业升级维度来看，通过开放促进先进理念、先进技术和设备进入山西，整体提升山西产业升级水平。山西新晋商需要在新一轮开放全国性市场中积极进取，一方面要主动开放市场并进入全国市场，另一方面要主动引进、承接发达区域能够利用的新技术、新产业，完善自我产业结构。第二，从消费升级维度来看，通过开放倒逼企业进行产品与服务创新，进而激发更深层次的技术创新。将消费端日益增长的购买力通过跨境电商、全国电商等方式释放出来，破除地方市场保护，将消费权力交给消费者，通过消费端倒逼生产和研发端，实现技术创新。因此，开放为进一步的创新提供了条件。

（三）发扬晋商敢为人先的创新精神

一个商帮具备了诚信精神就有了从商的基础，具备了开放精神就有了成就大商人的精神空间，但如果缺了创新精神，就很难拥有商业史上的代表性成就，并且在时间维度上难以持续。第一，传承老晋商创新精神的历史使命，要求当代新晋商做出跨越时代的创新成就。晋商在创新精神的驱动下创造了很多商业史上的奇迹。无论是从产业资本的万里茶路到金融资本的晋商票号，还是东伙合作机制，甚至商业哲学理念，都做出了历史性创新，被马克思称之为与犹太商人、威尼斯商人媲美的世界性商帮。第二，与其他先进商帮的时代对话，要求新晋商做出创新成就。比如，与新浙商相比，新浙商在抢机遇经营新行业、创新经营管理模式、创新产品等方面具有很大成就。不论是互联网、新能源、高端制造等产业创新，还是平台经济、共享经济、数字经济等商业模式创新，新晋商需要对同时代其他商帮的发展做出回应。再如，同当前全球颇具声望的犹太商帮比较，犹太商帮不仅在产业创新方面，而且在金融投资方面的创新更是其屹立不倒的重要原因，这对新晋商既有榜样作用又有重大启示。第三，创新精神是中华民族实现伟大复兴，乃至当前全面高质量发展的内在要求。

在新时代创新精神的要求下，需要新晋商敢为人先、大胆行动，将精神落实到行动当中。第一，新晋商要勇于主动转型，以坚韧不拔的毅力孵化哺育战略性新兴产业发展。这在新晋商中有成功案例，但是比例太小，需要涌现出更多这样引领性的企业家。第二，创新精神要求新晋商从引进技术到自主创新道路上走得比其他省份更加坚决，非如此不能把当前新晋商的资源优势更好地转化为下一个技术周期的发展优势，否则当前的资源优势就会转化为"资源诅咒"。第三，新晋商要勇于金融创新，要加快资本创新和运作能力的形成。老晋商当年以卓越的资本运作能力称雄商界，但当前新晋商在该方面有待提高，严重阻碍了新晋商高质量发展的进程。第四，要勇于进行组织创新。积极利用当前晋商组织和其他市场组织力量，主动构建组织网络，特别是搭建组织网络中的结构桥，产生更大的整体效应。第五，要勇于进行营销、品牌、战略等方面的创新。

（四）发扬晋商和衷共济的合作精神

晋商在漫长的历史发展过程中形成了独特的商业文化。在多种晋商文化中，和衷共济的合作精神恐怕是精髓中的精髓。第一，晋商需要达成传统文化中对商业的认知与商业职业化的和衷共济。一方面，在明清时期由于商业的高度职业化，要求商业团体对商业具有内在精神上的绝对认同。但是，儒家传统文化的"士农工商"观念，将商业视为末流，大部分商业团体并未处理好这种内在精神上的认同要求与"士农工商"观念的冲突。晋商的和衷共济精神主动将这种等级排序抛弃掉，只将儒家文化作为人格提升的工具，最终目的是在商学方面建功立业。这是晋商和衷共济精神的伟大创举。另一方面，晋商和衷共济精神突破并融合了传统文化的义利冲突观念，提出了以义制利、以利弘义的伟大思想。直到当今社会，我们的很多观念仍然未突破或达到老晋商的精神水准。很多企业家不希望下一代继续经商，感觉经商不如从政；当代社会对商人和财富的认知仍然在义利冲突中纠缠，成为全面高质量发展的思想意识障碍。第二，晋商需要达成价值创造与价值分配的和衷共济。晋商通过"身股"与"银股"共同"顶生意"制度，最大限度地消除了资本与劳动的冲突，达成了二者的和衷共济。这种制度具有超越时代的进步性，直到现在仍被华为等高科技企业采用。新晋商企业需要灵活采纳这种新型的资本与劳动组织形态。第三，晋商需要达成自身商业与国家社会的和衷共济。一方面，晋商通过发展商业带动一方地域发展的历史故事有很多，如"先有复盛公，后有包头城"。另一方面，晋商积极参与国家行动，如晚清保矿运动。在其他社会责任与贡献方面的盛举更是不胜枚举。

学习晋商先贤、同辈俊秀，新晋商需要在四个方面让和衷共济的精神焕发时代光彩，照耀新时代"赶考人"。第一，做企业家是一辈子的崇高事业。晋商先贤可以做到坦荡从商，以商报国，以商回馈社会，实现人生价值。新时代晋商不应该在对商业和自我身份认同过程中扭扭捏捏，更不应该在商业有所成就后东张西望，甚至选择"躺平"。第二，企业家价值需要代际传承。在下一代择业过程中，除了天赋兴趣的重大转移之外，新晋商企业家主动培养接班人，让下一代坦然从商，真正将企业价值和企业家价值在代际之间得以传承，而不是戛然而止。在调研过程中，我们发现很多传承人选择经营企业是从政不成之后的次优选择，或者是其他选择不济之后的补充考虑。在该方面，日本企业家的代际传承和家族事业价值的认同具有很大启发意义。第三，企业家是企业共同的企业家，企业是企业所有人共同的崇高事业。企业应该成为企业所有人事业成功的平台，企业应该具有一种鼓励内在价值创造的机制，更应该制定一种惠及员工的分配方案，这是实现共同富裕的物理上的微观基础。第四，企业和企业家是社会的财富。细细俯身观察，在山西范围内，无论是一个社区、一条山沟，或者一个乡镇、市县，皆因某一家企业的存在，该区域人民平均收入水平、公共设施建设等方面均会高于其他没有类似企业的区域。新晋商企业家对此要有高度的自我觉知，自觉成为当地乃至全国的社会型企业家；新晋商企业家还要有高度的自我激励，成就社会即成就个人，这也是当代企业家精神中的重要追求；新晋商企业家更要有高度的自我升华，坚信经营企业神圣，造福社会神圣，造福国家神圣。

二、突破个人局限

企业家在具备了一种群体性精神品质后，突破个人局限就成为扩大企业发展边界的首要任务。

（一）突破企业家认知局限，以拓展企业发展边界

企业家是企业的核心，企业的发展无法突破企业家的认知边界。在面对产业环境越来越复杂、不确定性越来越多的外部空间，企业战略决策质量越来越依赖于企业家的认知水平。第一，企业家需要扩大认知所需信息的范围。新晋商企业家除了跟同行业进行交流外，更要借助第三方组织，如高等院校、研究机构等获取更加全面的信息。企业家还要积极借助自己企业的团队，因为团队所提供信息不仅保证信息广度，而且具有针对性。山西教场坪能源产业集团张来拴董事长如果不与自己孩子的导师接洽，是不会选择投资显示芯片行业的，认知信息的多源性提升了认知层次。第二，新晋商企业家需要将认知形成过程还原到决策"现场"，真正达到更加深刻的认知层次。比如某锻造行业新晋商企业家，通过考察老产品在客户方面的使用场景，为产品创新找到了新的风电行业应用场景，提升了自己对行业的认识与理解。第三，新晋商企业家需要提升认知高度。企业家面临越来越复杂的环境，需要处理越来越复杂的商业信息，在保证信息多源性和临场性之后，需要把庞杂的信息高度理论化、简单化，否则企业家是把握不住环境的。这个时候需要企业家同这个社会中进行深度思考的群体沟通交流，特别是有真才实学的知识分子和行业精英。比如，山西兰田集团的

领军人才策略，就使公司在面临新业务决策时能既快速又深刻地把握住行业机会。

为了突破该认知局限，新晋商企业家需要做好以下几个方面。第一，对内不断学习、思考，进而用实践去不断验证、拓展、探索新认知。之所以不断学习，是因为企业家精神要求企业家将自身看作无知，而不是无所不知的，要求企业家摒弃致命的自负。在这种精神之下，企业家需要向产业界、学界、政界学习多种知识与理念，引领企业不断开拓第二曲线。同时，由于商业环境的不确定性，还要求企业家在将知识和理念应用于商业过程时，要有怀疑精神、探索精神。比如，新晋商企业中煤炭企业能否做芯片、大卡汽车能否做广告，都是新晋商企业家用实践探索去否定、拓展原有知识和理念，从而将认知层次提升到新水平的典型例子，值得深思。第二，对外不断"走出去"，搭建有竞争力的社会关系网络。一个企业家的认知水平很大程度是由其所在社会关系网络结构决定的。在一个封闭的社会关系网络中，认知水平一定会向不断平庸化、浅层化的趋势发展，这是被不断被验证的。一方面，新晋商企业家需要搭建前瞻性的社会关系网络，这些网络节点也许是当前社会关系结构中的边缘节点，但很可能在下一个周期成为社会网络结构中的中心节点，如青年科学家、创业群体都属于这一类社会关系节点，企业家要积极与他们握手。另一方面，新晋商企业家需要搭建高质量的社会关系网络，在一个网络关系结构中，高质量节点可以改变整个网络的平庸化、混乱化趋势，而低质量节点却不能。这启示企业家必须向各行各业的领军人才学习，甚至与之合作，提升整体认知水平。最后一方面，新晋商企业家需要搭建异质性的社会关系网络，根据协同论的启示，在一个系统中，向不同的质的碰撞会产生新质。这要求新晋商企业家要向不同的行业学习，向不同的产业学习，向不同的产业技术路线学习，向商业竞争的对手学习。山西易通环能公司从做能源转型到乡村振兴中农业（农村）废弃物资源化综合利用提供商，需要具备包括环境、发热发电、机械装备等多行业、多学科的知识，并将其方案商业化，给企业家以重大启示。

（二）突破企业家思想境界，以把握企业发展趋势

未来商业的发展要求企业家从商人转变为企业家、从一般企业家转变为社会型企业家，要求企业从一般盈利型企业转变为社会型企业。企业家终究要面对"如何与社会相处、如何自处"的根本性问题。第一，企业家需要不断提升自身思想精神境界，解决如何自处的精神问题。老晋商成功地用和衷共济精神化解了很多文化观念与精神追求方面的冲突。新晋商需要重拾老晋商这种精神勇气，让经营企业成为一种具有自我神圣性、内在正当性的活动。这当然需要相应的政策、制度安排，还有社会文化氛围的重塑。第二，企业家需要坚定社会型企业家信念以解决"如何与社会相处"的问题。人是社会的人，企业家也是社会的企业家，企业是社会的企业，正像德鲁克所言，当一个企业思考其如何在社会结构中发挥职能时，它才完成了它的使命与最终目的，同时也获得了源源不断的存在价值。社会型企业家首先需要抱定为行业和产业负责的态度，做行业健康持续发展的参与者和引领者。如山西泫氏铸造在这方面表现突出，通过企业自身发展带动整个行业向高水平、高质量发展。社会型企业家还需要树立与社区、国家共荣共济的理念，并付诸行动。

为了突破思想境界，新晋商企业家需要做好以下几个方面。第一，对内通过学习和思考，将经营经验、信息、知识上升到思想高度；通过实践和探索的方式将思想做出来，而不是想出来，从而将思想实践化、哲学化。例如，以我国的近邻日本企业家为例，无论是"水坝式经营"的松下幸之助，还是"敬天爱人""阿米巴经营"的稻盛和夫，都是将经验、信息、知识上升到思想和哲学层面的企业家。这些经营思想和哲学都成为人类实践哲学花园中的一朵朵奇葩。第二，对外要"走出去"，同其他文明体系进行思想、经营哲学层面的对话。比如，同日本企业界进行对话，探索企业如何穿透历史政体更迭迷雾，达到永续经营的目的。再如，同犹太商帮对话，探索一个商帮如何确立独立经营精神并跨越民族、文化等因素的阻隔，让商业像水一样滋润人类社会，虽然他们同样面临传统环境中对财富的蔑视

与嫉妒的观念。再如，同先进的信息经济对话，探索未来产业的趋势，才能区分和界定"脱实向虚"与"实体经济向信息经济转化"的真实涵义，不至于失去下一技术周期的发展机会。如果仍坚信全球化是大势所趋，这种不同经营思想体系碰撞产生的新思想应该是应对全球化、国际化的有力工具。总之，正如新晋商企业家的思想和哲学体系决定了新晋商能否再创辉煌，这种积极开放的经营实践也是滋养新思想和经营哲学的沃土。

（三）突破企业家定位局限，以增强企业发展能力

在新时代，企业家的自我定位将决定企业能否将资源与机会转化为战略行动。一方面，企业家应该成为企业营销活动的核心。市场营销应该成为企业升级发展的原动力，这个理念首先应该在企业家头脑中建立起来。正如彼得德鲁克所言，如果企业只剩下一个区别于其他组织的职能，那就是营销。例如，山西某市的法兰锻造产业集群，企业家们不习惯往外走寻找新市场、新需求，致使企业经营日趋困难。然而，部分企业家能够跳出舒适区，亲自跑市场，便发现了法兰产品在风电市场中的新应用，打开了新市场，获得了密集增长。另一方面，企业家是对企业进行大社会营销的核心。时代发展到今天，企业的营销已非单纯的企业、消费者这两个主体能够完成的，很多知名品牌依靠多社会主体，获得了市场竞争优势。如上述某市法兰锻造产业集群，能够在行业中寻求新需求的增长点。再一方面，企业家是企业"研""销"链条的整合者。很多企业家由于个人知识背景等方面限制，擅长技术的不擅长市场营销，擅长市场营销的不了解技术。作为一个企业家，需要将这两方面真正协同起来，面向市场只能输出一种合格的结果，那就是让消费者满意的产品。

为了突破企业家定位局限，需要新晋商企业家做好以下几个方面。第一，对内不断更新自我在企业网络位置与作用的认知。当今企业社会联系越来越紧密，企业网络化已经是大势所趋，在信息化的助推下将走向更高、更异质化的水平。企业家需要从网络化的视角看待自身企业，以及企业家自身在网络中发挥的作用。第二，对外企业家要始终成为消费者在企业的代言

人。一般来讲，企业家更多的是企业的代言人，但这种观念是基于"我"的观念。无论是营销观念的要求，还是社会功能整合要求，企业家之所以还能承担这些职能，就在于其始终要成为消费者"肚里的蛔虫"，要成为消费者的代言人，特别是在企业中的代言人。这个定位应该是其他一切定位的起点。

三、突破组织局限

新晋商不仅要突破企业家个人局限，还要突破企业组织及其所在物理空间、时间、人际等方面的局限，在更大范围、领域内组织、配置、优化资源，从而获得竞争优势。以下分别从突破组织地理局限配置企业职能活动、突破组织能力局限获取优势竞争资源、突破组织治理局限吸纳社会资源参与价值创造、突破组织管理局限打造新的竞争能力来具体阐述。

（一）突破组织地理局限配置企业职能活动

1. 突破地理空间限制，在更大范围内优化布局生产、营销等环节

正像德鲁克所指出的，企业的基本功能是营销和创新，而营销更是企业的独特功能。当前新晋商在国内外营销网络建设和品牌建设方面的能力有待提高，如果同浙商中的温州民营企业做一下对比，可以发现他们有一些不同。温州民营企业依靠最初的外向型加工起步，通过"国际贸易、品牌先行"理念做引导，走出了一条品牌带动企业和区域经济持续健康发展的道路。第一，品牌经营化的大型民营企业可以将生产、销售两个环节在省外、国外进行重新布局，达到整合资源和突破当地用地、人才等因素制约的目的。这样的路径启示在老晋商崛起历程中同样可见。老晋商依靠食盐、茶叶、铁器等贸易起步，在不断开拓市场的过程中，逐渐积累起品牌第一的信念（"字号""信誉"是他们所看重的），依靠品牌再去整合全国乃至全球供应链资源。第二，企业应主动走向终端消费者和客户，了解和分析其需求结构，进而推动产业链其他环节的改进。

2. 突破地理空间限制，在更大范围内利用技术资源和研发资源

综观近代以来各国此起彼伏的经济中心转移过程，都伴随着科学技术中心的转移。当前山西并不在全国乃至全球的科学技术中心，新晋商企业天然地受到技术资源、研发资源的限制，并且随着山西产业结构的改善不足而更加恶化。为此，新晋商企业和政府在建立区域科学技术中心的同时，要拓宽思路，主动靠近当前科学技术中心，最大限度地利用技术资源和研发资源。一方面，企业可以配合政府飞地建设项目，同目的地企业、高校、研究机构建立长效技术合作。以团体的形式促进创新要素在区域间灵活流动，探索研发孵化在外地、产业化在本地的逆向技术创新模式。例如，浙江部分地市和江苏部分地市加速融入长三角，在沪、杭、宁的"科创飞地"成功实施，具有很大的启示价值。另一方面，对于资本实力雄厚的新晋商企业，由于其自身目的在于构建产业集群，可以在不同的科学技术中心区域或城市建立多种企业"科创飞地"，克服高端人才和高端项目"引进来"过程中出现的社会因素、文化因素困难，或者引进来后的水土不服问题。当前产业的跨行业、跨业态深度融合，要求企业具有虚拟产业集群的概念，利用现代信息化工具将多种技术创新要素整合起来，突破地理空间和基于地理空间限制的技术创新要素政策限制，获得新增长制高点。

3. 突破地理空间限制，发挥区域中心城市的总部人才集聚优势

人才缺乏是山西民营企业在转型升级过程中比较突出的问题。被调研企业普遍认为，由于民营企业地理位置大多在二级市县，导致高级研发人才和管理人才的缺乏、优秀大学毕业生无法留培，成为公司向全面高质量方向转型发展的桎梏。为此山西省政府及新晋商应在以下方面发力：第一，应发挥省会太原在区域总部方面的人才集聚优势。能不能长期留住高级人才、培养高级人才，需要一个区域性城市的经济活力、社会保障、文化吸引力等多因素立体化建设。从当前新晋商崛起的阶段性要求来看，在政府的强省会战略支持下，企业可以积极将自身的某些研发职能、营销职能集中到省会太原，发挥省会太原的人才集聚优势。如山西某乳品企业，由于处于县域当中，所在县域提供的生活空间与其所需高级人才的预期太远，限制了企业的转型升级。因此，该企业积极将营销中心转移到省会太原，以期获得人才支持。第二，针对一些特大型或进入国际化竞争阶段的企业，由于其所需研发、营销等人才需要更大城市平台支持，应发挥北京、上海等一线城市的"桥头堡"功能和更高密度人才集聚优势。如山西某特种车制造企业，为了抢夺产业链制高点，所需研发人才皆锚定行业领军人才，在北京建立研发中心成为其优选策略。第三，新晋商民营企业根据自身条件，可将培训等环节转移到太原、北京、上海、深圳等人才集聚城市，形成新理念和新创意的来源。

（二）突破组织能力局限获取优势竞争资源

1. 突破自身组织限制，通过产业联盟获得优势竞争地位

当前企业在市场中的竞争，不仅是单个企业的竞争，还是产业链的竞争。根据调研数据显示，山西民营企业长于单独竞争，却在产业协作方面表现平平，即"长于单打独斗，短于抱团合作"。第一，通过产业联盟的方式快速形成产业链，将零散的企业构建为多层次、多链条的网络结构，实现小企业向网络化产业链的演化。面对激烈的市场竞争，单纯依靠市场机制自然形成新型产业链比较困难，那么有意规划形成产业联盟成为一种新的竞争力来源。第二，产业联盟构建可以有效降低风险和成本，更能达到高附加值增长和提升创新力目的。例如，山西天宝集团有限公司以其过硬的法兰产品品质，积极加入风电联盟，通过上下游双向支撑，在风电塔筒等产品上获得了高附加值增长，企业可以专注于新市场领域的研发与创新，提升了其综合竞争力。

2. 突破当前组织限制，利用联盟或社会融资方式提升企业资本运作能力

调查数据显示，山西民营企业普遍存在融资难、融资贵的问题，造成该问题的原因来自以下三个方面。一是已有的多层次资本市场支撑较弱。二是民间资本市场极不发达。三是企业自身缺乏资本运作的意识与能力。针对目前的状况，新晋商企业从自身可操控的空间入手，可从民间资本市场建设、自身资本运作能力与意识培养着手。第一，民营企业应主动利用自身资金优势建设民间资本市场，形成内源式资本支撑能力。当前，山西市场的山西晋商民营联合投资控股有限公司、山西阳泉市泉民民营联合投资控股股份有限公司正在做这方面的积极尝试。第二，企业应提高自身资本运作的意识与能力。

（三）突破组织治理局限吸纳社会资源参与价值创造

1. 突破家族主义局限，构建开放的"股东—经理人"合作机制

民营企业可供选择的管理体制既有家族式管理体制，也有现代企业管理体制。根据企业家反馈，大多新晋商企业选择的是一种介于家族式和现代企业管理体制的复合型体制。每一种不同的管理体制，其实意味着不同的权力分配方案和利益分配方案。时代发展到当今，企业所有者如果将企业员工仅仅看作人力资源，而没有看到人力资本的价值，企业的转型升级就会受阻。当前新晋商群体应该引入合伙人制度，起码是项目合伙人制度，来保留和激励其高级人才。合伙人制度将公司发展和员工表现绑定，员工同股东一样分享公司发展增长所产生的红利，参与公司的共创、共治、共享。企业可根据自身条件在以下治理机制中进行选择：分配股权，让员工成为公司的股东；提成制，享受市场增长带来的净利润提成；超额业绩分红制，将超过业绩指标之外的利润按一定方式与员工共享；项目跟投制，在具体某一投资项目中允许员工以自然人投资，享受该项目的利润分红。

2. 突破代际经营局限，做好代际传承安排

民营企业经过几十年的发展，第一代民营企业家面临着企业传承的问题。企业能不能进入下一阶段的高质量发展，很大程度上取决于民营企业家能否进行高质量代际传承。关于代际传承主要需要解决两个方面的问题：一方面是二代企业家的选择与培养；另一方面是原有治理体系的完善。第一，科学合理的传承人选择、培养计划。针对目前很多企业家子女较低的传承意愿，老一代企业家需要提前培养其经营兴趣和意愿，选择在动机和能力方面都达到企业传承预期的传承人。针对传承人的培养问题，不仅需要在学校教育和企业教育、不同管理层级（基层、中层、高层）、不同管理职能和知识储备（金融、人事、外事、日常管理等）方面教育培养，更重要的是培养其独立而强大的精神世界，可以通过独立打工计划和独立创业项目运作来实现。第二，企业家对原有老一代治理体系的合理安排。由于老一代与新一代在成长环境、思维观念等方面的差异，导致老一代治理体系与新一代治理体系的兼容问题变得十分紧要。这需要老一代企业家对"元老"团队进行妥善安置，实现企业控制权的顺利交接，实现企业的稳定发展；保证新一代传承企业家能够全面接续企业管理，有利于企业激发创新性活动，获得新活力[①]。

（四）突破组织管理局限打造新的竞争能力

1. 利用新技术提升研发与生产能力，占领下一技术周期产业制高点

资源型企业或区域最大的问题就是持续技术创新能力的缺乏，长期形成的增长方式限制了企业对于新技术的想象力。技术对一个企业和行业的重要性众所周知。第一，注重利用新技术占领下一周期经济和企业发展制高点的能力。每一次新兴技术的扩散与传播，都会成就一批新的产业英雄。企业对新技术的创造性引入可以绕过原有行业竞争结构中的竞争地位，重新塑造竞争格局。新技术的引入可以将原有技术路线进行破坏式创新，从而实现在新行业曲线上发展，战领新技术周期中产业发展的制高点。例如，山西鹏飞集团与山西美锦集团积极开拓氢能源制备及储存、运输、分发装备制造，以及氢能源特种车辆制造行业，这是典型的利用新兴技术获得竞争优势的案例。第二，自主研发与产学研合作相结合应该成为重要创新方式。中小企业的研发和抗风险能力弱，可以积极开拓产学研合作方式，将科研开发与市场需求密切结合起来，发挥各创新主体的应有作用。第三，主动利用非传统金融产品的 VC（风险投资）等资本市场分散新技术引进与研发风险，支持技术创新活动。

2. 利用新营销理念提升企业营销网络和品牌构建能力，倒逼重塑产业链

资源型地区和企业由于长期习惯于资源依赖型商业模式，从而形成营销观念薄弱、品牌构建能力不足的产业特征。时代发展要求新晋商做出如下提

---

① 关于代际传承的一些合理计划、措施、效果，可参照本书第十章第七部分的"代际传承"。

升。第一，需要新晋商企业通过市场导向的理念指导产品研发与产品实现环节，达到创造营销价值的目的。由于资源型行业企业更多是基于生产的观念，基于市场和客户需求为导向的产品价值创造模式和习惯比较欠缺，所以需要从观念上、工作流程上进行革新。第二，需要新晋商企业打开视野，去链接更广视野范围内的市场组织，达到传递营销价值的目的。特别是将自身营销组织与这些市场组织进行有效协同。很多企业动辄花费巨额成本建立自己的渠道和平台，却很少跟已有的渠道和平台进行合作，协同性较差。第三，需要新晋商企业利用新兴基于数字技术的互联网传播方式积极塑造企业和产品品牌，发挥营销价值传播的作用，最终实现整合产业链以获得新一轮竞争优势的战略目的。当前数字经济商业模式具有很强的信息和知识垄断特征，这类企业在产业链中的力量因信息和知识垄断而形成，这种动态的无形资产的持续增加将更加促使这类企业对产业标准、产业关键技术、品牌的合法控制。山西新晋商企业要积极抓住该轮新技术、新商业模式所带来的产业机会，否则很多产业只能成为低层供应商。比如，山西晋北某地优质羊肉产业只能成为其他省某肉类区域品牌的低端供应商，利润微薄。再如山西某地小杂粮，虽以品质优良著称，但仍然只能低价销售，无法形成规模。第四，要积极树立品牌资产意识，实施品牌化运营策略。在传统产业中，山西企业多属于组织市场，服务于B端企业，但是当面对消费者市场的时候，传统企业表现出品牌塑造能力薄弱的问题。如某家原来从事矿产开发的企业，当从事小杂粮深加工、酒类等终端消费者市场时，其深感原有经营模式无法满足市场对企业的要求。第五，行业龙头企业要积极承担区域品牌建设的主体责任。针对行业原产地效应比较显著的行业，龙头企业对区域品牌建设的积极作为是产业获得成功的关键。如山西古城乳业有限公司依靠雁门关生态畜牧经济区奶牛养殖优势基地县的地理优势，经过40多年发展，成为一家集奶牛饲养示范、乳品研发、生产、销售于一体的现代化企业。但是对比国内强势品牌如蒙牛、伊利等，仍然未形成全国性的品牌势能。产区内奶农不得不将大量优质原奶低价供货于其他国内品牌，仅获取产业链中原料供应的微薄利润。乳业是原产地效应很强的行业，龙头企业应该成为区域品牌建设的主要参与人和责任主体，具体做法可参照国内农产品区域品牌运营强省、强县的做法（如山东、江苏、浙江）。

3. 利用数字化全面提升企业从上游到市场的整合能力和反应能力

一方面，大型资源型企业在整合产业链或构建产业集群过程中需要积极拥抱数字化工具，提高整合能力。例如，山西潞宝集团在构建焦化、能源、钢铁、煤化工等相关产业集群过程中，基于互联网技术和生态，对三条垂直产业的产业链和内部价值链进行重塑和改造，形成内部互联网形态，提高整体产业链和产业集群的整合能力。另一方面，面向消费市场的企业，要坚决树立数字资产的经营理念，利用数字化全面提升企业对市场、客户的响应能力，特别是对整体产业链的塑造能力。例如，山西亚宝集团建立的 PRM（平行反应监测）、MRM（多重反应监测）系统及开票员系统平台，实现了渠道与终端的可视、可控、有序，实现了所有经销商数据直连，为快速反馈市场提供了信息技术基础。再如，山西诺维兰集团利用信息化平台提升其汽车会员的全国服务和响应能力。

4. 利用服务理念提升企业竞争力

新晋商企业很多从事资源开发行业，这类企业大多生产实体性的产品，未来可以利用"产品＋服务""生产＋服务"提升总体竞争力。例如，山西泰宝科技的高性能液压支架密封件定制化服务，针对客户的独特需求，通过上游高分子材料定制原材料、配套研发等服务，获得了大量订单。另外，山西泫氏铸造通过高质量服务使产品利润率提高了30%，其通过产品供应与推荐、面对面客户体验、价格、工程设计等环节的个性化服务获得了高回报率，突破了传统制造行业利润率低对企业发展的限制。

5. 提升重大经营风险应对能力

民营企业在发展过程中，往往专注于企业发展而忽视经营过程中的风险防范。根据被调研企业普遍反馈，企业在以下方面需要提升风险应对能力。第一，产权模糊风险。民营企业在创立之初或发展过程中，由于各种因素的约束，企业产权在国有、集体、个人之间多有冲突，具有重大潜在风险。具有此类问题的企业需要提前做好各主体产权交割或区分，保证产权明晰，使产权结构成为公司发展的助力而不是风险。例如，某新晋商企业在进入品牌化发展阶段，其个人产权与原集体产权之间的模糊性导致品牌化之路遇到极大障碍。第二，家族式管理带来的治理风险。家族式管理是指由家族出资、家族控制管理的一种企业管理方式。该方式一方面将企业所有权和经营权合二为一，家族对企业具有绝对控制权，另一方面将企业决策权系于企业家一人，董事会或经理办公室大多形同虚设。虽然家族式管理在企业初创时期带来了巨大成功，但是当企业发展壮大后，其弊端也逐渐显现。根据调研反馈，家族式管理在两个方面给企业带来较大风险。一方面，企业主家庭的内部变动与斗争给企业带来巨大风险。另一方面，家族式管理导致优秀人才缺乏。民营企业发展到相当规模后，需要更多优秀人才支持其发展战略，但是以血缘、亲情关系为基础的家族式管理往往对外来人才具有排他性，对企业内部激励和约束机制缺乏评价标准，导致优秀人才流失或进不来。第三，融资风险。民营企业通过传统的多层次融资渠道获得融资难、成本高，这是历史问题，也是当前的客观现实。如果选择利用民间筹资借款的方式解决资金问题，又很容易陷入非法吸收公众存款的泥潭。民营企业应做好长期规划，建立健全的财务制度，以此获得资金支持，以及发行企业债券、上市等长远融资方式的支持。

四、因地制宜选择转型路径

转型路径没有固定的模式，每个企业的情况不一样，很多影响转型的隐性知识很难为人所觉察。在新晋商企业中，涌现出很多转型升级成功的样板，如教场坪模式、潞宝模式、凯嘉模式、戎子模式及云丘山模式，还有阳光模式、晋城钢铁模式、汇丰模式等。本书通过调研总结了几种比较具有典型意义的转型路径，供新晋商企业家在因时因地转型决策过程中参考。

（一）依靠传统产业哺育新兴产业

针对经营效益良好的资源型企业，利用其良好的风险抵抗能力，可以资源产业为依托，发展多个主业，进行无关多元化战略，获得新的长期竞争优势。如山西教场坪集团以煤炭资源产业为主业，持续10多年投资培育的集创北方公司，已成为我国国产显示芯片的龙头企业，在资本密集、技术密集、人才密集的新产业中获得竞争优势。需要说明的是，这种完全哺育式转型模式，需要在传统产业尚处于产业周期的上升期进行，需要决策层具有高度的战略洞察能力、战略规划能力、战略执行能力，以及极强的战略定性（不被诱惑）、战略韧性（能抗打击）和战略耐性（等待成长）。再如，山西凯嘉集团以煤炭资源产业为主业，依托传统行业哺育张壁古堡旅游产业，从一个组织市场转到消费者市场，从做产品到做服务，需要跨越行业认知、知识结构与层次、运营能力、投资周期等障碍，没有一个强大的现金流业务板块做支撑是不可能成功的。

（二）从传统产业彻底转到新产业

针对资源型业务日渐受到资源储量、支持性自然资源或生态容量限制的企业，可以利用资源性业务的资本能力，重点培育新的核心业务，实现真正的"腾笼换鸟"，达到产业腾挪与转移之目的。如山西戎子酒庄有限公司利用原有焦化业务板块的资本能力，完全彻底地转移到集优质酿酒葡萄种植、中高档葡萄酒生产、农业生态观光、葡萄酒文化旅游为一体的生态文化旅游酒庄，成为实施腾挪转移策略的典范企业。除此之外，乡宁县云丘山旅游开发公司同样是从传统资源型企业彻底转变为旅游业的典型，其创始人利用传统焦化板块的强大资本能力，持续投资与经营云丘山景区，走出了一条腾挪转移传统产业的新路子。

（三）从传统产业延伸相关产业

对于部分大型资源型民营企业，企业的存在已经高度社会化、社区化，限于人才、市场等因素限制，为了规避巨大转型风险，可以采用上下游、水平延伸产业链，构建产业网络，实现转型升级。这种路径的选择有利于规避企业变革阻力、降低转型风险，从而提高整条产业链的利润与稳定性。

针对具有较强资本能力和技术能力的资源型企业，可以通过延伸、深化产业链，获得新的利润增长点与竞争优势。例如，山西潞宝集团以传统焦化业务为立足点，通过向上延伸，构建了新的"煤—焦"链条，通过向下游钢铁、煤化工、制药延伸，最终构建了3条颇有市场竞争力的产业链：煤—焦—钢、煤—焦—煤化工、煤—焦—化工—制药。除此之外，山西安泰集团也是产业链延伸的佼佼者。在基于传统钢铁制造业务的基础上，利用所产尾气所培育的球形藻业务，在保健品市场上产生较大的经济价值。再如，山西美锦能源集团依托原有焦化业务，向氢能全产业链布局，同样是产业链延伸的典型企业。采用该种转型路径获得成功的新晋商企业还有汇丰集团等。

（四）对传统产业进行产业升级

大型民营企业，特别是大型资源型企业，其本身具备较强的抗风险与投融资能力，通过新技术手段、新商业模式等方式可以实现产业升级。具有较强市场开发和培育能力的企业，在当前主营业务进入生命周期曲线的转折点后，可以利用其市场能力或技术能力，实施市场升级或技术升级调整，从而达到产业升级的目的，获得新的竞争优势。如大运集团从原有的摩托车生产与销售产业中积极升级，开发公司第二增长曲线，利用原有市场能力与技术，逐步向重型卡车、电动乘用汽车方向转移，从而获得新的市场增长点与优势。采用该种转型路径获得成功的新晋商企业还有阳光焦化集团、晋城钢铁集团等。

（五）专业化深耕获得转型升级能力

中小型民营企业由于在投融资能力、技术能力、抗风险能力方面较弱，不同于大型民营企业可以在大的产业分布方面进行调整，而是往往依托某些大型企业，或依托某块小市场而生存发展的，选择更加彻底的专业化策略是其转型升级的有效途径。

一是从小的集中化的利基市场开始。小的利基市场可以避免大的竞争，最终可以通过拓展横向市场成为较大市场。例如，在中国城市建设的浪潮中，山西泫氏铸造选择了建筑材料中管业细分市场。在20世纪90年代的"以塑代钢"行业变动中，坚守铁铸管市场，主要开发高档建筑排水管、城市供水和排水管市场，最终成长为铸管行业排水管国内第一、供水管国内第二的"专精特新"企业。

二是从小的技术进步开始。一般中小企业不具备大规模技术研发的实力，难以承担巨大的研发风险，那么，从小的技术进步开始切入市场是一条可行的路径。如山西泰宝科技有限公司，从做煤机装备密封件开始，从密封件产品设计理论、加工技术、原材料及成品技术分析等方面进行系统性技术攻关。在初始阶段以创新关键工艺和检测技术为突破口，逐渐成为国内多家大型煤机制造企业和煤炭生产企业的配套产品。现在的泰宝科技成长为18项国家与行业标准的主持和参与制定单位，是一家真正的技术驱动型高新技术企业。

三是从新兴的市场需求开始。新的外部环境变化，总是不断改变着企业的生存空间，孕育着新的发展机会。如山西易通环能科技集团有限公司关注国家乡村振兴战略中农业生产、农村生活所产生的废弃物处理问题，这是美好乡村建设的难点与痛点。通过多年研发，该公司的"农村农业废弃物资源化综合利用技术"项目有效突破了农村农业废弃物收、储、运、终端处理各环节制约瓶颈，实现了以废弃物"肥料化""能源化"为途径的全量资源化利用。

案例篇

世界晋商发展报告——崛起中的新晋商

第八章

典型企业案例

前文在对当代晋商的发展进行了整体分析之后，本章对新晋商的发展进行个体展示。需要说明的是，这里所说的典型案例都是创作团队经过现场调研、进行了深度访谈、获取了第一手资料的案例，在某些方面很有特色。这些案例从不同侧面展示了企业转型的路径，透视了企业发展的内在逻辑，可为正在转型发展、奋力崛起的新晋商提供可资借鉴的价值。

一、从传统能源到新能源：能源革命的鹏飞实践——山西鹏飞集团有限公司

随着 2022 年 9 月 2 日全球首套 250 千瓦氢燃料电池系统（单堆）的发布，山西鹏飞集团有限公司（以下简称鹏飞集团、鹏飞）逐渐走进了大众视野，伴随着对下一代清洁能源的期待和当前山西煤化工基地转型的现实焦虑，该事件引发了社会各界的广泛关注。究竟是怎样一家企业，对山西高质量发展与能源革命的内涵理解得如此深刻，同时在企业发展战略上又践行得如此彻底？

鹏飞集团是一家集原煤采掘、精煤洗选、焦炭冶炼、现代煤化工、氢能全产业布局、可再生能源利用、5G 智能应用及公铁路联通融合、文旅酒店地产等为一体的数字化、循环化、绿色化为底色的全产业链民营企业。鹏飞集团事业肇始于 1993 年，现有员工 2 万余人，资产 950 亿元。经过近 30 年的发展，公司实现了原煤产量 2300 万吨、原煤洗选 2700 万吨、焦炭产能 500 万吨、甲醇 60 万吨、LNG4 亿立方、合成氨 10 万吨、铁路发运能力 1000 万吨，五星级酒店三家，国家级 4A 景区一个、氢能产业基地一个的全产业链发展。2019—2022 年，鹏飞连续四年入选中国民营企业 500 强、中国制造业民营企业 500 强榜单。2021 年，鹏飞首次进入中国企业 500 强榜单，列 354 位。2022 年，鹏飞集团再次入选"中国企业 500 强"榜单，排 264 位；首次进入中国民营企业 100 强，列第 96 位。

鹏飞的每一步发展都可谓大手笔，这些大手笔肇始于郑鹏董事长 1993 年投资 2.5 万元接手的一个作坊式焦化厂。鹏飞的每一次发展，每一个战略行动，均透露着"永争第一"的企业精神，论证着"有志者，事竟成"的亘古原则。

（一）鹏飞集团的战略演化路径

1992 年，一个怀揣梦想的年轻人，为了改变自己的命运，开始从河北辛

集、藁城往山西孝义贩运面粉，这个人就是郑鹏。

为了找到车，郑鹏需要到几十千米以外的国道上寻找来山西拉运货物的回货车，等车的时间短则三天，长则八天，其中的艰辛难以描述。这时有人给他出主意，让他拉焦炭去河北，拉面粉回山西，一举两得。大年初一，他就去高阳村—南山沟下的土法炼焦厂一个挨一个去寻找焦炭。走到第九个炼焦厂，厂里的人告诉他"这个厂已经倒闭了，现在要卖2万元，如果买了这个厂，炼土焦可以挣钱，贩运焦炭可以挣钱，拉回面粉仍然可以挣钱"。这无疑是一个一举三得的好生意。回到家中，他辗转反侧，心里盘算着这件事情，彻夜难眠。第二天，他拿定主意，把仅有的2.5万元全部家当用来买炼焦厂，开启了他2.5万元的创业之路。

第一炉焦炭出炉后，他发现，焦炭运到河北只卖150元，可是当地就可以卖到170元，比运到河北换成面粉省事还挣得多。从此，他一心一意买煤炼焦，一年下来挣的钱相当于过去贩运面粉10年挣的钱，这一来壮大了他的胆量，也鼓舞了他的勇气，他激情饱满地喊出了"今日辉煌看鹏飞"的誓言。

2000年，土焦炉被强制取缔。上机焦需要几亿元，而鹏飞此时除了一台不足50万元的洗煤设备，几乎一无所有。没办法，只能用这仅有的一台洗煤设备去洗煤。凭着辛劳，也凭着智慧，一年下来，洗煤厂的生意日趋兴旺。2003年非典期间，又凭着迎难而上、锲而不舍的精神，他成功地把危机变成了机遇，创造了公司历史上的发展奇迹。从一个小洗煤厂扩张到22个洗煤厂，从几乎没有流动资金的洗煤厂发展成拥有5亿多元流动资金的中型企业。后来，在经历了数次管理改进，并上马先进设备后，鹏飞不仅锻造出了一支能打胜仗的管理队伍，还使业务快速发展，成为全国最大、拥有1500万吨洗煤能力的独立洗煤企业，成为宝钢、鞍钢、首钢、河钢、太钢、石钢、太原煤气化等全国各大钢厂不可缺少的战略合作伙伴，将洗煤做到了极致。

2008年，国际金融危机席卷全球，上半年精煤价格涨到3600元/吨，达到了历史最高点，下半年就跌到500元/吨。同时，国家出台了煤矿坑口自备洗煤厂的指导意见,这意味着鹏飞未来将没有原料可用。经过研判,鹏飞决定向焦化行业发展,开启了对焦化企业的兼并、收购之路。第一家兼并的焦化企业是星辰焦化,紧跟着鹏飞又收购了辰鸣焦化、保利星辰焦化、交口钢宇焦化。2010年,鹏飞响应政府"以煤为基,多元发展"的号召,通过对国情、省情、市情的分析,决定往煤炭产业链的下游走,确定了"上大焦化、大上焦化"的战略,打造"以焦为辅,以化为主"的新型绿色焦化发展模式。2011年5月15日,500万吨焦化项目开工建设,并于2012年10月10日点火烘炉,建成了全国首家6.25米三段加热式捣固焦炉,创造了全国大型焦炉建设周期最短的纪录。2013年5月19日,配套上马全国首套工艺路径最先进的60万吨甲醇联产LNG合成氨项目。

从2013年开始,煤价大跌。2014—2016年,山西GDP增速连续3年全国垫底。在煤炭形势极度低迷,行业极度萧条,很多煤炭企业濒临倒闭的危急时刻,鹏飞又嗅到了危机中的机遇,开始向上游的煤炭采掘行业发展,整体收购了长治马军峪煤业公司,自此鹏飞拥有了煤炭采掘生产主体的资格。至2021年已拥有全资煤矿15座,产量2300万吨,参股煤矿27家,原煤生产基地遍布吕梁、长治、晋城、阳泉。

随着500万吨焦化项目的陆续投产,鹏飞开始布局氢能源产业,2017年3月,超级悬浮床加氢项目开工奠基;2019年12月,与美国GCES公司百亿氢能源项目成功签约;2021年1月1日,鹏湾氢港氢能产业园项目正式开工建设,它标志着鹏飞集团向全球终极绿色能源——氢能源产业全面进军,全国最大的北方氢能供应港呼之欲出。

从以上的叙述可以看出:鹏飞集团的发展历程可以分为土焦阶段、洗煤阶段、焦化阶段、煤焦化工及氢能全产业链阶段,如表8-1所示。

表8-1 鹏飞集团的发展历程

发展历程	主要业务与事件
土焦阶段 1993—2000年	1993年,董事长郑鹏开始创办小土焦企业; 2000年,拥有30个小土焦炉

续表

发展历程	主要业务与事件
洗煤阶段 2000— 2009 年	2005 年，成立鹏昌煤焦有限公司，年产精煤 60 万吨； 2006 年 3 月，成立了盛大煤焦，是孝义首家选用的 120 万吨重介洗煤设备； 2006 年 4 月，收购了山西华鹿鹿茸科技开发有限公司，致力于种植、养殖、研发系列保健饮品和绿色食品，被吕梁市纳入"双百双千"项目工程； 2006 年 11 月，收购孝义市大金钢铁有限公司； 2008 年，收购孝义市星辰煤化有限公司，年产焦炭 30 万吨、精煤 40 万吨；同年兼并孝义市嘉禹煤业有限公司，年产精煤 180 万吨
焦化阶段 （2009— 2012）	2009 年，兼并孝义市辰鸣煤焦有限公司； 2010 年，集团整合山西钢宇煤焦有限公司、孝义海华煤焦有限公司、承包山西保利星晨煤焦有限公司； 2011 年 5 月，集团 500 万吨/年焦化项目开工奠基； 2012 年 10 月 10 日，鹏飞集团 500 万吨焦化项目一期烘炉点火、二期开工奠基
煤焦化工及 氢能全产业 链阶段 （2012 年 至今）	2013 年 5 月，集团 60 万吨甲醇联产 4 亿立方 LNG 项目奠基； 2013 年 11 月，鹏飞 500 万吨焦化项目 3 #焦炉点火烘炉； 2014 年 1 月，鹏飞 500 万吨焦化项目 3 #焦炉顺利出焦； 2014 年 11 月，鹏飞集团接管新禹焦化厂； 2015 年 3 月，集团正式接手德威、亚辰、晋邦德、晟聚四矿； 2016 年 4 月，费托合成蜡、合成氨项目奠基； 2016 年 7 月，鹏飞集团 60 万吨甲醇联产 4 亿立方 LNG 项目正式投产； 2016 年 10 月，集团正式接管山西沁源县常源焦化厂； 2016 年 10 月，集团正式接管山西马军峪煤焦有限公司、马军峪常信煤业、马军峪曙光煤业，从此拥有了煤炭采掘生产主体资格； 2017 年 3 月，超级悬浮床加氢项目开工奠基； 2017 年 12 月，整合温水金桃园能源有限公司，并购沁和公司八矿一厂； 2018 年 4 月，鹏飞焦化厂 2 #焦炉点火烘炉，7 月正式投产； 2019 年 12 月，与美国 GCES 公司百亿氢能源项目成功签约； 2020 年 1 月，中美合资公司项目推进会暨沁源县煤层气（瓦斯）制氢项目战略合作签约仪式在沁源举行； 2020 年 7 月，并购平定汇能煤业； 2020 年 8 月 20 日，孝义市首个干熄焦项目投产，标志着孝义市焦化行业正式进入干法熄焦时代； 2021 年 1 月 1 日，鹏湾氢港氢能产业园项目奠基、鹏飞 5G+ 中央调度指挥管理中心投用、鹏飞焦化 2# 干熄炉投产； 2021 年 1 月 21 日，鹏飞沁和柳氏民居项目在鹏飞友谊酒店正式签约； 2021 年 4 月 17 日，鹏飞集团与国机集团、中国化学工程第九建设有限公司签订鹏湾氢港氢能产业园一期 2 万吨/年焦炉煤气制氢项目总承包合同，项目进入实质性建设阶段；

续表

发展历程	主要业务与事件
煤焦化工及氢能全产业链阶段（2012年至今）	2021年4月20日，鹏飞集团与浙江中控签订战略合作协议，以工业生产自动化控制技术和智能化管理层面的先进经验和前沿成果，服务鹏飞集团数智化项目建设，推动鹏飞率先实现产业升级； 2021年9月，集团与山西工业碳中和研究院正式签约；2021年12月，兼并武乡永红煤业； 2022年1月，集团与省物测院签署战略合作、新禹干熄焦项目顺利投产； 2022年2月，鹏飞集团无人值守系统启动； 2022年2月，集团氢能项目35千伏变电站一次受电成功；2022年6月，集团与中煤科工集团沈阳研究院举行签约仪式； 2022年6月，山西省焦化行业全干熄焦改造提升现场推进会在鹏飞集团召开； 2022年7月6日，孝义市污水处理厂正式开工，由鹏飞集团承建； 2022年7月21日，山西省氢能产业链链上企业协作配套签约会在鹏飞集团召开。同日，鹏飞集团鹏湾氢港制氢工厂正式投产，鹏飞集团北姚综合加氢能源岛正式营业，鹏飞智创氢能汽车制造产业园开工奠基； 2022年7月，集团并购平定卫东煤业、丰泰煤业； 2022年8月，鹏飞集团东风特客首批50辆新能源物流车出口美国，50台新能源LS400车型商用车正式交付； 2022年9月2日，鹏飞集团全球首套250千瓦氢燃料电池动力系统（单堆）发布，鹏飞集团与上海交通大学合作共建燃料电池汽车制造技术联合实验室签约揭牌； 2022年9月3日，鹏飞集团首次承办的太原低碳发展论坛——氢能经济发展论坛在太原开幕； 2022年9月25日，鹏飞集团永红煤业正式开工

（二）战略演化背后的认知逻辑

鹏飞的战略演化，始终是伴随着认知的不断改变和升级进行的。

1. 国家战略就是鹏飞最大的战略：惨痛教训后的深刻领悟

在访谈中，郑鹏董事长一再强调企业战略与国家战略之间的关系，认为企业的重大战略决策都是主动拥抱国家战略的结果。

2000年，正当鹏飞不断兑现着郑鹏"今日辉煌看鹏飞"的誓言，把3个土焦炉炼到30个土焦炉、成为当地最大的土焦生产企业的时候，轰隆一声响，土焦炉被强制取缔。这一声响如同晴天霹雳，震得他晕头转向，7年的心血就这样化为乌有。为什么？就是因为只低头拉车、不抬头看路，对金融危机和政策变化浑然不知。2008年，正当他把洗煤业务发展成全国最大、成为拥有1500万吨洗煤能力的独立洗煤企业的时候，国际金融危机爆发了，国家出台了煤矿坑口自备洗煤厂的指导意见。如果煤矿都自己洗煤，他一个独立洗煤企业还怎么生存？这让他深刻地领悟到：决定企业是否能活下去的，不是自己，而是环境。所以，2010年12月，国务院批复山西省成为国家资源型经济转型综合配套改革试验区（简称综改试验区），而《山西省转型综合配套改革试验总体方案》提出要"以煤为基，多元发展"，将"山西建成国家新型能源基地、全国重要的现代制造业基地、中西部现代物流中心和生产性服务业大省、中西部经济强省和文化强省"时，郑鹏已经能积极领会政策意图，响应省委、省政府的号召，上大项目、干大焦化，这才使鹏飞走上企业发展的康庄大道。及至国家提出能源革命战略、让山西成为能源革命的排头兵时，他已经能对政策心领神会了，所以才大手笔投资氢能全产业链，建设全国最大的鹏湾氢港氢能产业园。

所以，国家战略就是鹏飞最大的战略。这个话无论是对鹏飞还是对郑鹏，都不是挂在嘴上随便说说的，而是切切实实地体现在行动中的，是在经历惨痛教训后的深刻领悟。

2. 化危为机：逆势出手后的顺势回报

2014—2016年，在经历了2003—2012年10年的上行周期后，煤炭行业进入下行周期，全国煤炭形势极其低迷，煤炭行业极度萧条。随着"供给侧改革"的提出及"去产能、去库存、去杠杆、降成本、补短板"这"三去一降一补"等政策措施的实施，多余的产能等待出清，很多煤炭企业濒临倒闭。在整个行业的寒冬时刻，郑鹏却敏锐地感觉到了危机中所蕴含的机遇，开始向洗煤和焦化的上游——煤炭采掘行业发展，整体收购长治马军峪煤业公司，使鹏飞拥有了煤炭采掘生产主体的资格。这一战略举措，不仅使鹏飞的焦化、洗煤业务有了"源头活水"，战略竞争力不断叠加，而且随着近年来的行业复苏，加上国家能源安全战略的实施及增产保供政策的推出，使这一业务本身的盈利能力大大增强，确保了对氢能源产业的投入。

这一做法，似乎印证了"时来天地皆同力"的格言。有人愿意把他归因为鹏飞的运气好，但这种"化危为机"的好运气对于郑鹏来说已经不是第一次了。

2003 年，非典疫情席卷全球，山西更是重灾区，到处封城、封村，封住了人流，也封住了物流。煤矿的原煤堆积如山运不出去，钢厂缺煤却运不进来。如何把危机变成机遇？经过认真、细致的调研，鹏飞发现：司机需要开车回到村里吃饭、加油、睡觉，要么是进不去，要么是进去了出不来。只要能给司机提供食宿和加油，司机就能不回家，点对点地运营，车就能跑起来。于是，鹏飞就把所有的办公室都腾了出来，给司机提供住宿，餐厅24小时随时提供食物，启用自备油库给汽车加油。再加上非典期间原料煤大幅度降价，车辆减税减费，运费大幅度降低，因钢厂缺煤，精煤价格还大幅度上涨！其他企业都趴下了，公路上只有鹏飞的车在跑，效率是过去的好几倍。原来一天跑一趟太原，现在一天跑 3 趟，有的甚至跑四五趟。疫情管控了 6 个月，鹏飞却用这 6 个月挣了 3 年的利润。凭着这股"迎难而上、锲而不舍"的精神，鹏飞硬是把危机变成了机遇，创造了非典期间的发展奇迹。正是这一次，让郑鹏认识到危机中蕴含着的机遇。因此，当煤炭行业陷入危机时，他才能果断出手，既补齐了企业的战略短板，增强了企业的战略竞争力，还在顺势时获得超额回报。

"不要浪费任何一场危机。"丘吉尔的名言在郑鹏身上体现得淋漓尽致。用郑鹏自己的话说："危机中有机遇，没有路的时候一定是路。"

3. 支撑战略的管理基础：秩序构建和团队打造

当郑鹏利用非典带来的机遇把一个小洗煤厂变成了 22 个小洗煤厂，正干得风生水起时，一个又一个问题接踵而来：质量问题、设备问题、偷盗问题、人员问题等，煤洗得越多，问题越多。这时的企业杂乱无章，无处不乱。烦恼、焦虑的郑鹏带着这一系列的问题去太钢向专家求教，在专家的指导下，鹏飞首次建立了企业的管理制度，包括采购流程、生产流程、财务流程、销售流程等，让鹏飞的发展进入了良性的轨道。

然而，新的问题又出现了。由于制度执行严格，很多不遵守制度的人被清退，而每次清退人的过程都是非常艰难和痛苦的，于是很多人就开始说"不能那么严格地执行制度，否则水至清则无鱼"。郑鹏又陷入了进退两难的境地：不管、不执行制度，怕企业垮了；可严格执行制度，会不会管得没人了？带着这样的问题，他又去石家庄钢铁公司请教专家，专家告诉他，"'无为而治'和'水至清则无鱼'基本一样，这只是一个终极目标。对于企业的管理，要大胆地去管，没有严格的管理和规范的制度，那企业就是一帮'乌合之众'。只有严格的管理和规范的制度，那才叫'团队'！只有严格的管理和规范的制度，才有精良的产品，才有辉煌的企业。"于是，企业的管理越来越规范了，企业也变得越来越强、越来越大了。这时，社会上流传着一句话："打工不能去鹏飞，那里到处都是考核"。可严格规范管理的结果是：鹏飞锤炼和锻造出一支能打胜仗、敢打硬仗的团队。正是靠着这样一支团队，才能在工作中真正落实"严格、精细、品质、高效"的管理理念，彰显鹏飞"敢为人先、永争第一"的企业精神，让"今日辉煌看鹏飞"的理想变成现实。

4. 战略纵深的构建：技术进步

1994年3月7日上午11点，对郑鹏来讲，那是一个刻骨铭心、终生难忘的时刻。他前脚刚喊出"今日辉煌看鹏飞"，后脚就迎来了当头一棒——焦炭的质量出了问题！以往炼出的焦炭是蓝色的，现在却是红色的，跟铁矿石的颜色一样。一炉一炉的红色焦炭，烧光了他所有的钱，却没有一个客户愿意要。电费交不了，工资发不了，企业陷入了岌岌可危的境地。于是他没黑没白地找客户，找了3个月，总算是天无绝人之路。6月16日上午，一个大客户带着两个人来到他的土焦厂，上上下下看了几遍后对他说："你既没有技术员，又没有化验设备，更没有洗煤设备，出这样的事很正常。如果你不改变现在这种干法，死路一条。看你这么坦诚，我告诉你炼焦的方法，把你这批焦炭全部收购，以后你找技术员、上化验室、上洗煤设备，按照我的方法去做，你的焦炭我全部包销。"这样才使他走出了困境。鹏飞随后按照客户指导的方法上设备、变流程，使用新的工艺。于是，土焦的质量才有了等级、有了市场，这才把3个土焦炉做到了30个土焦炉。

非典以后，尽管公司利用危机赚了钱，把一个小洗煤厂变成了22个小洗煤厂，但这22个小洗煤厂的生产设施和设备全都是最简单的——风来了要停，雨来了要停，天冷了也要停。这种低端、落后的设备根本不能实现稳定、高效地生产。而具有讽刺意味的是，越是天气恶劣的时候也越是利润高的时候。残酷的现实让郑鹏意识到先进的技术、设备对企业的重要性。于是，率先在孝义选用重介选煤设备。在以后的发展过程中，鹏飞都特别重视技术和设备。所以，2011年上马500万吨焦化项目时，直接上的就是当时全国最先进的6.25米三段加热式捣固焦炉，并于2013年配套上马了全国首套工艺路径最先进的60万吨甲醇联产LNG合成氨项目，其后又于2020年投产了孝义市首个干熄焦项目。在这以后，无论是"5G+煤焦化工智能化应用平台"的上马，还是"无人值守系统"的启动，及至后来鹏湾氢港的建设，都非常重视技术积累和技术进步，为企业打造技术壁垒，直到最后喊出"科创中国、科创鹏飞"。

现在，鹏飞已经能联合相关单位，构建开放的共创机制。如携手徐工集团、太重集团合作开展3万辆/年氢燃料电池工程机械研发制造项目；与上海氢晨、上海鲲华、浙江蓝能分别成立合资公司，配套电堆、动力系统、供氢系统研发制造项目；引入国机集团、上海申能、中国石油、中核集团、东风汽车、TUV南德、液空厚普、美国查特等国际、国内一流企业共同开发氢能产业链等。保持高水平的科研投入，公司每年用于科技研发的经费投入都在5亿元以上。与清华大学、北京大学等知名高校建立紧密的校企合作关系，同太原理工大学共建"绿色智慧煤焦化工产业科技研究院"。常年在鹏飞工作的高校教授有50余人，为公司发展注入新的动能。

5. 战略演化过程中的使命追求：为心系鹏飞事业的人创造幸福

当问及"支撑你行动的内在动因是什么"时，郑鹏的回答是：责任！当问及责任的具体内涵时，他既不是传统士大夫家国天下的责任情怀，也不是个人小家庭的岁月静好，而是"为心系鹏飞事业的人创造幸福"。这种不上不下的"中观责任观"尽管少见，却体现着一个企业家的"本分"——大的问题解决不了，小的问题又不值一提，只有做好中观——为企业利益相关者谋幸福，才是企业应尽的义务。

因此，在与当地的社会关系构建上，从鹏飞与孝义的关系而言，第一，体现的是文化认同。郑鹏将位于孝义市的鹏飞大厦命名为"鹏飞总部"，其意义在于，不论企业发展得有多大，触角延伸得有多长，鹏飞的总部永远都在孝义。"不管走多远，都不离开孝义。"郑鹏如是说。这种深深的乡土情怀，就像屈原在《楚辞》里所表达的一样：根生南国，受命不迁。第二，不断提升当地的产业水平。例如，2006年3月成立盛大煤焦，是孝义首家选用120万吨重介洗煤设备的企业；2020年8月，鹏飞集团干熄焦项目投产，成为孝义市第一个上马干熄焦项目的企业，为当地焦化行业优化环保工艺、实现高质量发展起到示范引领的作用；2021年1月，鹏湾氢港氢能产业园项目奠基，鹏飞5G+中央调度指挥管理中心投入使用，等等。这些都在引领孝义的产业发展。第三，努力提升资源所在地的产业水平，为了提升部分产业所在地晋城市沁水县的文旅产业水平，投资50亿元，整体规划沁水县湘峪古堡景区、柳氏民居景区，系统联动历山风景区、太行洪谷森林公园，做到旅游要素升级、旅游产业联动、康养产业融合。第四，建立与员工的共生关系。一方面，为员工制定了具有竞争性的薪酬激励制度；另一方面，为员工提供了完备的职业规划，通过集团发展更好地实现员工的个人发展；同时，还为员工提供了学历教育、技能教育与培训的平台与机会。正如郑鹏所说，"看到职工在楼下停的满满的车，感受到他们的幸福，我很高兴。"第五，积极承担社会责任，在捐资助教、生态绿化、公路建设、医疗救治等方面，累计投入数亿元。比如，在2021年山西雨涝灾害期间，累计捐资1亿元支持抗汛救灾和灾后重建工作；2022年7月6日，由鹏飞集团承建的孝义市污水处理厂正式开工建设。

以上种种，都是鹏飞"为心系鹏飞事业的人创造幸福"这一企业使命的具体体现。让"心系鹏飞事业的人"享受鹏飞发展红利，创造幸福生活，这一使命追求不仅引领并促进着鹏飞的发展，也使鹏飞能够协调各种利益相关者，减少事业发展的羁绊。

(三)战略演化的效果：从传统能源到新能源

通过近30年的战略演化，鹏飞取得了两个较为显著的战略效果。

1. 企业竞争力不断提高，公司进入发展的快车道

通过横向一体化和纵向一体化，鹏飞在传统能源领域的竞争力不断增强，企业进入发展的快车道。2021年，鹏飞实现原煤产量2300万吨、原煤洗选2700万吨、焦化产能500万吨、甲醇60万吨、LNG4亿立方、合成氨10万吨、铁路发运能力1000万吨，五星级酒店三家，国家级4A级景区一个、氢能产业基地一个，实现了全产业链发展。鹏飞被山西省经信委评为"山西省两化融合示范企业"，也是全国为数不多拥有两座"绿色工厂"的焦化企业。

2015—2021年，鹏飞营业收入分别为18亿元、32亿元、50亿元、207亿元、213亿元、567亿元、862亿元，年复合增长率达90.5%。鹏飞在山西民营企业100强中的地位不断上升，由2016年的63位进阶到2022年的第2位。2019—2022年，鹏飞连续4年入选中国民营企业500强、中国制造业民营企业500强榜单。2021年，鹏飞首次进入中国企业500强榜单，列354位，是山西省唯一入选的民营企业。2022年，鹏飞再次入选"中国企业500强"榜单，列264位，较前一年上升了90位；并且首次进入中国民营企业100强，列第96位，是全国工商联自1998年"上规模民营企业"调研排位以来，进入百强榜单的第一家山西民营企业；同时在中国制造业企业和中国制造业民营企业500强榜单分别列121位和53位。

2. 进军新能源，开启了第二增长曲线

氢能源是下一代新能源的典型代表，布局氢能源绝不只是一个简单的生产问题，而是包括储存、运输、推广、使用、安全等一系列活动的问题，它一头连接着技术，另一头连接着复杂的市场应用场景。

鹏飞之所以选择进军氢能源产业，是因为前期构建的煤炭产业为氢能源产业提供了坚实基础。其一，煤炭产业链为制氢提供了丰富、低成本的焦炉煤气制氢原料。当前的制氢方式有四种：化石燃料制氢、甲醇重整制氢、工业副产品制氢、电解水制氢。其中，工业副产品制氢是利用焦化企业排放的焦炉煤气，采用变压吸附工艺进行制氢。焦炉煤气是焦化产业的主要废料之一，其中氢的含量高达50%，但由于技术和工艺的缺乏，往往被习惯性烧掉。随着技术水平的发展，焦炉煤气已成为重要的制氢原料，且提取氢气的成本较低。鹏飞集团依托1867万吨制造焦炭的工业园区，具有大量的焦化工业副产物焦炉煤气来源，且成本较低。其二，传统能源也为进军氢能源提供了强大的资金支持。其三，山西拥有重卡保有量约45万辆，占全国的6.4%，氢能重卡物流园的建设及山西庞大的重卡保有量为氢能源消费提供了广阔的应用场景。

至此，鹏飞集团实现了从传统能源到新能源、从传统产业到新兴产业的战略跃升，开启了第二增长曲线。在吃尽规模经济和范围经济的红利后，开始向创新要红利。

按照吕梁市委、市政府"建设千亿元级氢能产业，打造国内先进、规模最大的氢能产业基地"的战略部署，鹏飞布局总投资780亿元，占地11.62万亩（77.5平方千米），集绿氢、蓝氢制造，储、运、加、用、研及氢能重卡、电堆、系统、挂车、装备制造为一体的鹏湾氢港氢能产业园。项目建成后，可实现年产值1800亿元，年利税275亿元，可安排就业人数35000人。该项目具体包括以下内容。

第一，在制氢方面，投资194亿元，年产20万吨焦炉尾气制氢项目已于2022年7月21日投产，其中一期2万吨/年焦炉尾气制高纯氢项目已于2022年7月6日正式投产。在利用可再生能源发电制氢储能方面，有500万千瓦光伏发电、10万吨光伏发电制绿氢；已报批500兆瓦风力发电项目，同时拟引进电解制氢设备，利用干熄焦余热发电、光伏发电、风力发电电解制氢储能。第二，在储氢方面，集团布局20吨高压储氢及充装站装置、10万吨液体制氢及液氢充装站装置、8万吨有机液体储氢装置。第三，在加氢方面，集团布局50座氢能综合站。第四，在用氢方面，集团拟投资74亿元，成立全球最大的"万辆氢能重卡大物流公司"。现已委托旗下东风超龙生产氢燃料电池重卡100辆、通勤大巴5辆、接待中巴5辆。第五，在运氢方面，鹏飞集团布局危化品物流公司。第六，在氢燃料汽车、装备制造、关键氢能技术方面，鹏飞集团布局年产 30 万辆氢能重卡基地、1 万台氢燃料电堆、1.5 万套氢燃料动力系统装置。其中，投资 150 亿元，年产 30 万辆氢燃料汽车的鹏飞智创汽车制造产业园项目于 2022 年 7 月 21 日开工奠基。

今天的鹏飞已经成长为一家拥有员工两万余人、资产近千亿元，集原煤采掘、精煤洗选、焦炭冶炼、现代煤化工、氢能全产业布局、可再生能源利用、5G 智能应用及公铁路联通融合、文旅酒店地产等为一体的数智化、循环化、绿色为底色的全产业链中国 500 强企业，成为践行碳达峰、碳中和目标中具有领航优势的绿色低碳科技企业。

（四）战略演化的两点启示

鹏飞的战略演化过程，至少给我们以下两点启示。

1. 企业家精神是驱动战略演化的关键因素

当年的步步高做过一个近乎家喻户晓的广告："世间自有公道，付出总有回报，说到不如做到，要做就做最好。"郑鹏大概就属于这种人。从做一个小土焦厂，要做到当地最好；到做洗煤，也要做到全国最大；及至后来做焦化、做煤矿，到现在做氢能，做出了很多在当地、在山西乃至在全国的第一和最大。这种永争第一、敢为人先的企业家精神和气魄，正是驱动战略演化的关键因素。

从 1993 年喊出"今日辉煌看鹏飞"到现在，现实不断地印证着郑鹏的豪言。

研究发现：真正的企业家几乎都有这样的特质，就像任正非，在华为刚开始进入通信市场的时候就说过"将来三分天下有其一"。战略管理上把这种特殊气质称为企业家特质，这种特质是与生俱来的、非常人所有的。企业家心中有一种不同于眼前状态的被称为"愿景"式的东西，正是这种东西，引领着企业家前行。这种志存高远的企业家精神、不甘平庸的人格个性、百折不挠的思想意志，往往都激荡着一种理想主义的情怀。为了这种理想，"虽千万人吾往矣"！

同时，这种精神气质也深刻地影响并塑造着整个企业的精神气质和整体风貌。就像《亮剑》中的李云龙。现在看来，郑鹏应该具有这种气质。否则，创业过程中的任何一次曲折都会让他的事业夭折。

2. 企业家的认知能力决定着企业发展的边界

受理想所驱动，学习能力和认知能力是战略成功的基本保障，企业发展不会超出企业家的认知边界。这一点，并不因企业家出身的高低和原先文化素质的高低而有所差异。

有时候难免会想：为什么有的人认知能力不高而又学习动力不足？即使是一些毕业院校很好的人，为什么有的人出身不高而认知能力很强？答案似乎是：理想。有理想的人为了实现理想，他会向一切可以学习的地方学习，不管是书本、高人、企业、学校，甚至是动物、自然、天象，因为他有无数的问题需要解决。相对于他要解决的问题而言，他的知识永远不够。这种学习为干事、干事要学习的"为行而知、因知而行"的知行合一思想境界和生活方式是认知能力提升的底层逻辑。相反，那些没有理想牵引着的人则缺少学习和行动的动力，所以，认知能力就永远上不去。

在认知能力提升后，企业家对很多问题的看法就会改变，行动就会异于常人。有些时候，即使没有完整的理性认知，他也能感受得到。

在对国情的认识上，我国基本的能源结构是"富煤、贫油、少气"，油与气的供应高度依赖于进口。当今世界动荡，一旦发生地缘政治冲突，能源安全如何保证？在对能源革命的理解上，能源革命是要革传统能源的命，还是要革污染能源的命？新能源如氢能，是不是无源之水、无本之木？在对省情的认识上，资源禀赋是优势还是劣势？资源诅咒的前提是什么？俗话说："靠山吃山，靠水吃水"。经济学也好、管理学也好，都在讲资源禀赋和资源基础。山西拥有丰富的煤炭资源，如果连煤炭这篇文章都做不好，还能做好什么文章？在对企业发展战略的认识上，如果不是根植于传统能源的肥沃土壤，怎么能开出新能源的艳丽花朵？

如果能把这些问题思考清楚，就会得出下列答案。

第一，当今世界，能源已经成为国家竞争的重要工具，其战略性地位愈加突出，能源供应是国家竞争的基础设施，能源供应的自主性是决定这种基础设施是否牢靠的关键。

第二，山西是全国重要的能源供应基地，要以下一代新能源的视角去透视这个现实。提升下一代新能源供应是整个国家能源供应的必选项，但新能源体系不是无根之木、无源之水，而是在传统的能源体系基础上孕育、转化完成的。因此，山西的战略定位会逐渐从能源重化工基地向综合能源基地、新能源基地转化。

第三，当前企业转型就是要适应综合能源基地和新能源基地的宏观定位。其中，氢能源就是新能源部分的重要选项。在双碳背景下，煤炭资源利用的清洁化、绿色化、高附加值化和开采的智能化、数字化是能源革命的应有之义。

因此，在企业战略决策上，无论是横向并购还是纵向一体化，都要把握国家战略的大方向，始终紧扣"能源革命"这一主题，坚持没有调研就没有决策，始终坚持专业理论与企业实践的结合，始终坚持理性与试错相结合，坚持长期主义的决策观，把准切入时机和切入点，才能在不断加强传统能源、把传统能源做实、做精的基础上进军新能源，实现企业质的飞跃。

实践证明，鹏飞集团以责任为本，不断适应环境变化与产业变迁，在立足传统能源的基础上，不断进军新能源产业。这条由传统能源到新能源的企业发展之路，是一条切实可行的发展道路，必将为能源革命和双碳目标的实现提供鹏飞实践，贡献鹏飞案例。

二、孤勇者的气魄——大运九州集团有限公司

"咬定青山不放松，立根原在破岩中。千磨万击还坚劲，任尔东南西北风。"这是郑板桥的一首题画诗，描写了竹子深深扎根于破裂的岩石中经受磨难依然挺拔的精神。大运九州集团有限公司（以下简称大运九州）的目标是"风驰天下，大运汽车"，从卖摩托车到造摩托车，从造摩托车到造重卡车，从造传统能源车到造新能源车，一次次转型升级，董事长远勤山在战略上蓄

势而动，在战术上剑走偏锋，以前瞻性思维、孤勇者的气魄和企业家精神，铸就了大运汽车的辉煌之路。

（一）蓄势而动，顺势而为

创建于1987年的大运九州集团有限公司，是一家集汽车、摩托车研发制造、销售服务及国际贸易、物流配送、工程建设等于一体的跨地区、跨行业、多元化发展的大型民营企业集团。旗下的大运汽车股份有限公司拥有运城、成都、十堰三大全资子公司生产基地，先后开发了燃油类、燃气类卡车及新能源卡车、客车、乘用车等产品。企业投产以来，产销量持续位列行业前十，2015年进入行业第七，牵引车位列第六，成为中国民营重卡领域的领军企业，山西省汽车装备制造业龙头企业。2021年，山西省民营企业百强榜上，大运九州集团以营业收入220亿元居山西省民营企业百强第9位。

1. 从摩托车到重卡车的转型

从1987年开始卖摩托车，10多年的销售经历和越来越激烈的竞争环境，使远勤山产生制造摩托车的想法。恰在2002年元月，一家中外合资企业——洛阳北方易初摩托车有限公司聘他为总经理，从此远勤山步入摩托车制造领域。但随着国家禁摩令政策的逐渐推出，摩托车市场即将呈现萎缩之势（如广州从1996年提出禁摩，之后不断扩大禁行区段范围，到2007年全面禁摩）。2004年，远勤山在广州经营的摩托车事业虽然如日中天，但他审时度势、果断决策，返回山西运城，成立大运汽车有限责任公司，决定进军重卡汽车的制造。2009年10月26日，"大运"重卡正式投产。同年4月，他成功收购四川银河汽车有限公司，投资组建成都大运汽车集团有限公司。2010年，又在十堰创建湖北大运汽车有限公司，初步完成了在汽车制造领域的布局。

2. 从传统能源汽车到新能源汽车的转型

贯彻"绿色发展、创新发展"理念，坚持产品技术创新、绿色转型升级两手抓。早在2010年，大运九州就开始布局新能源汽车产业，2013年9月，大运重卡首款纯电动码头牵引车试制成功；2015年2月4日，大运锂电池电动重卡试制成功；2017年，公司开始涉足新能源乘用车领域的研究开发；2020年9月19日，"大运"新能源乘用车项目正式投产下线，纯电动MPV远志M1乘用车亮相市场。

2018年5月，大运汽车着手布局氢燃料电池汽车技术。2019年1月，大运汽车首台氢燃料电池厢式运输车研发成功，标志着公司在氢燃料电池汽车技术方面取得突破。2020年10月30日，大运汽车6×4 Ⅱ代氢燃料电池牵引车成功下线，在集成化、电动化、轻量化方面实现质的突破，标志着公司氢燃料电池牵引车开发迈向了新的高度。

为适应企业外部环境的变化，实现可持续发展，企业家需要审时度势，不断地去识别机会，规避风险。机遇与风险总是并存的，能不能抓住机遇，果断决策，不仅考验企业家的勇气和智慧，更考验企业家的毅力和耐心。善弈者谋势，善谋者致远。

（二）从不按常理出牌

"善战者，以正合，以奇胜。然奇正相生，如环之无端，孰能穷之？"在摩托车的生产与经营、汽车制造及重卡的推广过程中，远勤山的诸多做法常常被认为是剑走偏锋，几乎从不按常理出牌。

1. 利润目标如果不能实现，差额自己来补

远勤山上任洛阳北方易初摩托车有限公司总经理两个月后，在一次科级以上干部会议上，一一列出公司2002年度的经营思路和每月的盈亏计划、广告投放计划、降低成本措施及月销售计划，并将全年利润目标立下军令状："这个利润目标如果不能实现，差额我自己来补！"之后，会议录像通过闭路电视在全公司播放，群情激昂。这个坚定的承诺让大家看到这个刚上任的掌门人的决心和魄力，团队的力量被唤醒，大家全力以赴，短短6个月时间，就让一个亏损企业走出低谷，彻底扭转几年来的经营困局。

组织的管理者不可能凭一己之力完成工作目标，真正的领导者首先应具备影响和激励下属的能力，通过调动团队的力量为企业创造价值。然而，面对困局，一把手的担当及实现目标的信心和决心是感染和带动下属的力量源泉，得到团队的信任，才可能顺利实施一系列的变革。

2. 就要在山西造汽车

山西地处内陆，自从确定为国家能源重化工基地以来，产业结构逐渐偏移，再加上沿海企业的竞争，原来不弱的制造业日渐式微，计划经济时代及改革开放初期建立起来的产品及品牌逐渐退出市场，一煤独大成为山西经济的独特景观，煤炭对其他产业的挤出效应使制造业在山西步履艰难，更不用谈什么产业配套能力了。

运城，地处在山西南端，尽管历史上人文荟萃，英雄辈出，但它却是一个农业产区，工业基础偏弱，改革开放后发展起来的一些工业也都偏向焦化、钢铁等，这里发展农业、旅游业等有资源禀赋，但要发展制造业尤其是现代制造业却不具备条件。

然而，远勤山却要在运城造汽车。

于是，2004年当他决定在运城建立重卡基地之时，外界一片质疑之声。"造重卡？这怎么可能？山西的汽车工业基础太薄弱了！""隔行如隔山，造重卡风险太大。"但远勤山奋勇前进，带领团队执着前行，2009年10月26日，"大运"重卡正式投产，这一创举填补了山西自主生产重卡的空白，也成为引领山西装备制造业转型发展的主动力。

风险之中蕴藏着机会，企业的战略转型常常是企业家根据外部环境和自身优势的分析，明确了有可能突破的创新方向后，集中资源、果断进攻。依据10多年摩托车销售的经验，远勤山深深认识到市场的重要性，山西作为国家重要的煤炭和矿产资源大省，对重型汽车有着旺盛需求，虽然运城的汽车工业基础落后，但他认为摩托车和汽车是相通的，从两轮变四轮，只是产品的升级，摩托车和汽车在生产、销售等很多方面都是一样的，他的团队不仅具有市场销售的丰富经验，对于摩托车的生产、研发和运营也积累了厚实的基础和能力，加上山西政府对转型发展的支持，以及当地较低的土地和管理成本等，远勤山认定以团队"奋斗、踏实、创新"的精神，一定可以创造出大运汽车的驰名品牌。

3. 谁说重卡不能做广告

2010年4月，以"风驰天下，大运汽车"为主题的三维特效广告登上了央视及广东卫视、山西卫视、陕西卫视等多个频道，使大运重卡形象嵌入人们心中。大运投入1.5亿元巨资广告费强势塑造品牌，在全国重卡领域还是首家。很多人也提出过这样的疑问：重卡也能做广告？投入如此巨大的资金，在市场能掀起多高的浪？如此巨资的广告费不怕"打水漂"吗？但大运汽车自广告投放之后，吸引了全国各地的优秀经销商倾情加盟，作为"新生力量"的大运汽车，在品牌众多、市场竞争激烈的重卡市场中异军突起，且在2015年进入行业第七，成为中国民营重卡的领军企业。

广告对市场有着正向的促进作用，但质量的背书至关重要。大运摩托的广告曾使大运摩托销量瞬间火爆，但投入巨资是否能再次获得成功，不仅取决于广告本身，还取决于产品质量。"工欲善其事，必先利其器"，质量不过关，即使通过广告获得市场也不可能支撑太久。大运之所以敢于投巨资，是因为先进的生产和检测设备、严格的工艺过程、从建厂到生产近5年的潜心磨砺，以及市场对其初试产品舒适性和安全性的认可。因此，看似冒险的巨资广告，是有自信且被市场认可的产品质量作为坚实的后盾的。

历史上辉煌至极的晋商，极少举家迁移至他乡，往往一人在外苦心经营，留家眷在原籍，所以一处处晋商大院承载了他们对于家乡情怀的最终梦想。远勤山在广州经营摩托车虽然小有成功，但他认为："一个人在外面的成功只能算一半，只有在家乡的成功才算成功。"因此，在有了制造汽车的想法以后，他首先想到的就是要在自己的家乡建造一个汽车生产厂，带动家乡人民一起富裕，促进家乡经济发展，这与老晋商的乡恋情结一脉相通，因此，他的执拗也就不奇怪了。

（三）一颗坚韧、顽强的种子

远勤山常常以种子和土壤为例，来比喻企业和环境的关系。他认为政策、环境是大前提，如果没有好的土壤环境，种子是很难发芽的，更谈不上茁壮成长；但有了好的土壤，没有好的种子也不行。尤其在北方，在整体营商环境不怎么好的情况下，就需要有更好的种子，努力地、不懈地往土壤的深处钻，向下、再向下，去那黑暗和潮湿的深处获取营养。

竹子多生长在阴凉、湿润、温暖、适宜光照的地方，喜欢土质疏松、土层深厚、肥沃、透气性和排水性好的土壤。南方的气候和土壤适宜于竹子的生长，所以蜀南竹海，竹波万里，景色壮观。

在北方，竹子并不多见，当一颗竹米落于北方的岩石之中，环境贫瘠，营养匮乏，竹米要想生长出来，必须深深地向下探寻、扎根，直到它的根须紧紧抓住岩石，透过石缝的间隙，吸收养分，它才能长出岩面，伸展枝叶，迎接四季的雨雪风霜。

企业家就像一颗坚韧、顽强的种子，他一边向下扎根吸取营养，一边又向上生长获取阳光。

在生长的土壤中识别创新机遇。法国经济学家萨伊认为，企业家是能把资源从生产力和产出较低的领域转移到较高的领域，并敢于承担一切相关风险和责任的人。从摩托车到重卡，从传统能源到新能源，一次次的转型都伴随着产业的一步步升级，每一个过程都是在机遇和风险中保持平衡。

创新机遇可能来源于意外事件、政策变化、技术变革、产业和市场结构变化等多个方面，且他们之间相互作用和相互影响。所以创新机遇的来源是不确定和不连续的，但抓住创新机遇所必备的企业家精神是系统的和持续性的。远勤山从卖摩托车到造摩托车，从造摩托车到造重卡，从传统重卡到新能源汽车，每一次的转型看似毫无章法，却都暗合机理，都是企业核心竞争力的培育和传递的过程，他一直在行业中潜心深耕，蓄势、积累、扎根。如果说大运九州的每一次转型都是准确抓住了市场机遇，是一个理性的过程，那所有的剑走偏锋就是面对不确定环境下企业家精神的具体表现。

适应环境拼命生长：既要高瞻远瞩，又需脚踏实地。面对相同或类似的创新机遇，不同人抓住机会的能力不同。德鲁克认为具有企业家精神的人，往往表现出战略前瞻性、市场敏感性和团队领导力，他们既有高瞻远瞩的眼光，又有脚踏实地的干劲。

1. 前瞻性的思维

明者远见于未萌，智者避于无形。前瞻性来源于个人在成长中逐渐开阔的眼见和日益积累的知识。

改革开放后，广州经济飞速发展，在 20 世纪 80 年代末即成为全国经济最活跃和增长最快的城市之一。远勤山在从广州贩卖摩托车及在合资企业生产摩托车的过程中，积蓄了能力，增长了见识，他带回家乡的不是一辆辆摩托车，而是开阔的视野和高瞻远瞩的战略思维。一个人的眼界决定了其思维和理想的高度，在中国最活跃的地域摸爬滚打之后，远勤山不仅积累了行业知识，更提高了把握大势的能力。

2. 坚韧顽强、孤勇前行

远勤山的经历中折射出的坚韧、顽强的种子精神，不仅仅是脚踏实地的干劲，更是一种执着的拼劲，从卖摩托车到造摩托车及造重卡车，他一直在孤勇前行，义无反顾。

第一次贩卖摩托车时，为了节约运输成本，他就自己把摩托车骑回来。从广州运城，一路花费 6 天 5 夜的时间，中间只休息 4 次，回家后迅速将摩托车出手，然后又一次次地"千里走单骑"。有一年，他骑摩托车进入湖南境内，赶上暴雪天，路滑加上极度疲惫，连人带车直接摔到了深沟里，他爬起来继续上路，即便差点没命，也没有退缩的意识。就是靠着这一股拼劲，积累了开设摩托车维修店铺的资金。

刚进入重卡车行业，面对外界的质疑和制造基础的薄弱，远勤山带领重卡车项目的技术员、施工建设者几年如一日，呕心沥血、风餐露宿、日夜奋战，以重卡车行业领先技术为借鉴对象，同时发挥团队成员的产品研发和整合能力，终于克服一个个困难，于 2009 年迎来第一辆卡车成功下线。此后大运汽车陆续开发了 N6 中重卡、N8 重卡，以及 N9、V9 高端重卡系列，V9 牵引车体现了欧洲高端重卡风格，整车技术含量在重卡行业领先，一个产品系列就累计申报专利 120 余项。

这是一颗坚韧、顽强的种子。在这颗种子的基因里，所蕴含的不只是孤勇者的气魄及拼搏、冒险、创新的企业家精神，更是三晋赤子热爱家乡、建设家乡，开拓进取、经世济民的晋商精神，这种精神，是对企业家理性和非理性逻辑结构的超越和升华，是一种特殊的、无形的生产要素，是推动山西全方位、高质量发展的根本力量。

三、战略演进的逻辑——山西东义煤电铝集团有限公司

山西东义煤电铝集团有限公司组建于2000年，董事长为穆锦珲。公司总部位于山西省孝义经济开发区（梧桐镇），占地3000余亩，现有资产122亿元，员工4200余人，年销售收入112亿元，利税10亿元。公司拥有全资、控股及参股企业17家，围绕镁业、矿业、焦电、建材与物流五大板块，**以循环经济理念为指导**，形成了以钢铁炉料为目标的"煤炭—焦炭—化工—铁矿—建材"**资源链**；以轻金属产品为目标的"煤矸石发电—铁合金—金属镁—镁合金—镁合金制品"**产品链**；以大宗货物运输为目标的"物资贸易—铁路运输—码头仓储—近海航运"**物流链**。多年来，东义集团一直入选山西百强民营企业，2022年排第22名。

（一）战略演进：循环经济的形成过程

孝义市梧桐镇是孝义乃至全国较早的炼焦基地，20世纪90年代，每天从早到晚，数以万吨的焦煤从本地或邻县拉过来炼制焦炭。梧桐镇地界，村村点火，处处冒烟，到处可见土法炼焦的焦化厂，致使煤矸石泛滥成灾，堆积如山，对环境造成了极大的污染。焦化厂的小老板们虽然腰缠万贯，但时任梧桐镇副镇长的穆锦珲却并不羡慕。一是靠牺牲环境换取短期的经济利益与穆锦珲的价值观不符；二是穆锦珲笃信"久利之事勿为，众争之地勿往"，不愿跻身竞争激烈的焦化红海，更愿致力于煤矸石变废为宝的新兴事业，开辟一片属于自己的蓝海。

1988年5月，穆锦珲"挂帅"梧桐电力有限公司，2000年组建了东义煤电铝集团有限公司（以下简称东义集团）。东义集团是全省第一座真正的煤矸石发电厂，年消化煤矸石60万吨，极大地解决了周围焦化厂煤矸石堆放

污染环境的问题。而且，煤矸石对于焦化厂来讲属于废弃物，所以东义集团不仅免费地获得了这些煤矸石，焦化厂还得给东义集团煤矸石处置费，无形中降低了公司的成本，增加了公司的利润。

煤矸石问题虽然得以解决，但新的问题又出现了。电厂每年需向外排放大量粉煤灰和灰渣，对周围环境造成了污染，粉煤灰、灰渣问题成了穆锦珲的肉中刺，必欲除之而后快。为此，东义集团本着将煤矸石"吃干榨尽"消除二次污染的宗旨，组建了特种水泥有限公司，作为电力公司2×15MW煤矸石供热发电机组的配套项目，投资7000余万元建成了粉煤灰水泥生产线，年产粉煤灰水泥32万吨，消化粉煤灰14万吨，实现销售收入7000余万元。同时，东义集团成立环保建材有限公司，自行研制开发了6种灰渣建材主产品，消化灰渣6万吨，年销售收入800余万元。目前，已改造为日产熟料5000吨生产线一条，水泥年产110万吨生产线一条。

2001年，东义集团成立的第二年，冶镁生产线建成投产，目的是利用其他焦化厂排放的尾气生产镁。同时，秉承循环经济理念，东义集团铁合金厂2×12500KVA矿热炉生产线于2004年投产，**将电厂与冶镁连接起来**，电厂的电用于铁合金厂生产硅铁，而硅铁用于硅热还原炼镁，这种方法的优势是能用多种热源、产品质量可靠。

然而，东义集团并不满足于此。**下游方面**，2008年成立天津东义镁公司，2010年组建美国东义公司、墨西哥东义公司，进行镁合金的研发与变形加工，并拓展海外市场，提升产品附加值；**上游方面**，2012年组建宁夏东义镁公司，用于提供高纯镁生产用硅铁原料。2013年东义焦化厂投产，不仅能够年产264万吨焦炭、180万吨精煤、近10万吨焦油、近3万吨粗苯，而且日供气140万立方米，解决了冶镁总厂多年受煤气困扰、镁产业链生产燃料不足的问题，从此冶镁总厂有了自己的气源，使镁链条得到了"补强"，同时还为年产25万吨甲醇联产8万吨合成氨及1万吨纯氢的投产奠定了气源基础。

多年来，东义集团秉承"世界上没有绝对的垃圾，只有放错地方的资源"的理念，在资源综合利用和产品延伸上做了大量工作，走出了一条发展循环经济、延伸产业链条、改善环境质量、提高经济效益的可持续发展道路。通过集团内各板块上下游联动、优势互补、闭路循环等模式，真正实现了废物减量化、资源化、无害化，以及固体、气体、液体等废物零排放的循环经济绿色发展，在山西乃至全国都具有一定的示范作用。上述循环经济链条介绍只是东义集团循环经济的一部分，详细循环经济生产流程如图8-1所示。

由上述分析可知，东义集团的循环经济属于信马由缰式的战略演进，并未有系统规划，而是需求导向型的产业链延伸。当前产业如果对环境有污染或者产品附加值低，公司就向下游延伸；当前产业的上游如果公司有实力涉足，并有利于循环经济的系统发展，公司就向上游延伸。通过一环又一环的递进演化，才有了现在东义集团复杂的循环经济网络。这一战略演进与许多政府主导的基于系统规划的循环经济产业园或者生态产业园不同，但它却成功了，取得了骄人的成绩。这是偶然？还是必然？其中的逻辑是什么？

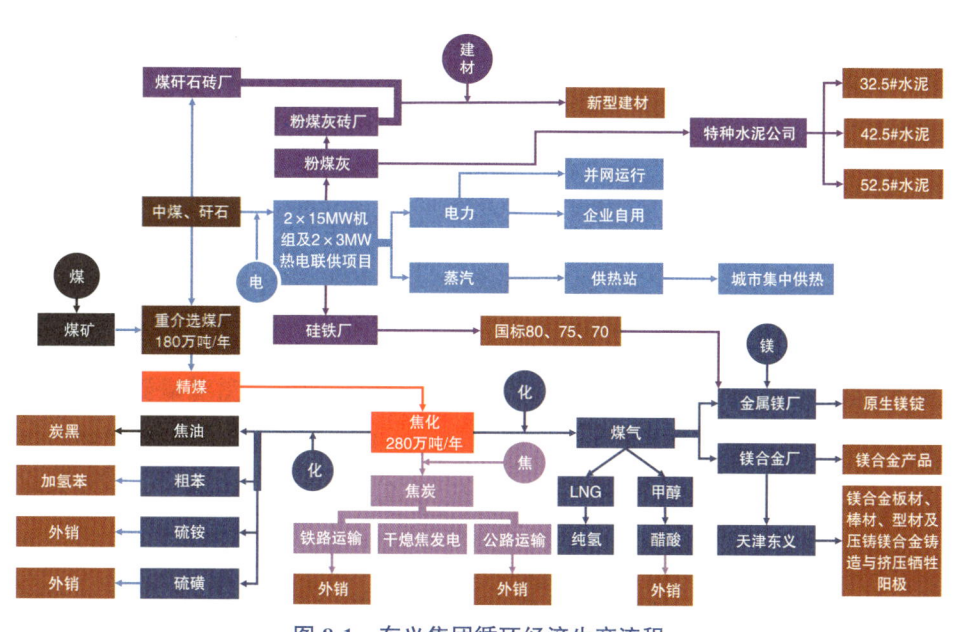

图 8-1　东义集团循环经济生产流程

（二）好风凭借力：国家经济发展战略为东义发展指明了方向

循环经济（Circular Economy）的概念最早由英国环境经济学家戴维·皮尔斯（David Pearce）和凯利·特纳（Kerry Turner）于 1990 年正式提出。循环经济以资源的高效、循环利用为核心，以"减量化、再利用、资源化"的3R为原则，以低消耗、低排放、高效率为基本特征，是对"大量生产、大量消费、大量废弃"的传统增长模式的根本变革，符合可持续发展理念的经济增长模式。1996年，德国开始实施《循环经济与废物处置法》。随后法国、英国等欧洲国家纷纷效仿德国，发展循环经济逐渐成为全球共识。

20世纪90年代后期循环经济的概念被引入中国，并很快得到专家、学者及高层领导的重视。以解振华局长为首，国家环境保护总局在2000年开始提倡在中国发展循环经济。江泽民同志在2002年指出，只有走以最有效利用资源和保持环境为基础的循环经济之路，可持续发展才能得以实现。胡锦涛同志在2003年中央人口资源环境工作座谈会上指出：要加快转变经济增长方式，将循环经济的发展理念贯穿到区域经济发展、城乡建设和产品生产中，使资源得到最有效的利用。2020年9月22日国家主席习近平在第七十五届联合国大会一般性辩论上提出"我国力争2030年前实现碳达峰，2060年前实现碳中和"的"双碳"目标，对持续深入发展循环经济提出了新的要求。

遵循国家战略发展方向，2005年国务院出台《国务院关于加快发展循环经济的若干意见》；2008年我国颁布了《中华人民共和国循环经济促进法》；2013年国务院印发《循环经济发展战略及近期行动计划》，开始实施循环经济"十百千"示范行动；2017年，国家发展和改革委员会等14个部委联合发布《循环发展引领行动》，在一系列政策措施推动下，我国循环经济建设成效显著，在促进资源节约和保障资源安全的同时，也产生了良好的碳减排协同效益。

紧跟国家发展战略规划，2004年孝义市政府提出发展循环经济，推动经济结构调整，实现经济发展方式根本转变的战略思想；2005年孝义市将发展循环经济确立为争创中国百强市的重要战略举措，成立了由政府市长任组长、各有关部门为成员单位的循环经济发展领导组，建立领导组联席会议制度，制定出台一系列关于加强发展循环经济的意见和办法，并确定了10个典型企业作为发展循环经济的试点企业。自此循环经济成为孝义市转型发展的重要举措。

好风凭借力，送我上青云。东义集团正是在这种大力发展循环经济的宏观背景下第一批成长起来的优秀企业。首先，循环经济发展相关的法律、规划、行动指引等，为东义集团循环经济的发展指明了方向；其次，随着环境规制的不断深化，落后产能不断淘汰，又为东义集团发展循环经济腾出了更大的空间；最后，大批循环经济示范点的涌现，为东义集团树立了学习的榜样。任何事物都是时代的产物，落后于时代，会被时代抛弃；早于时代，又可能夭折。东义集团恰逢循环经济发展的大潮，加之自身努力，方才成为今天的弄潮儿。

(三)不忘初心：企业家特质为东义集团发展提供了不竭的动力

政府在发展循环经济方面只能起到引导作用，通过制定符合循环经济发展的市场规则和制度安排，为企业发展循环经济提供良好的土壤。然而，这只是企业发展循环经济的必要条件，而非充分条件。作为企业的掌舵人，企业家自身的特质对于企业成功开展循环经济起着异常重要的作用。

1. 重德行，行稳致远

企业家的志趣情操、思维方式、目标追求奠定了企业文化的根底，决定了企业的决策偏好。穆锦珲重德行，不仅自己身体力行，而且将其深嵌于企业的价值观——"德行好、悟性高、行孝义、能包容、爱企业、懂回报"。**创业之初**，虽然孝义市遍地焦化厂，但他却并没有跻身这一行业去赚"快钱"，毕竟那时焦化行业是以牺牲环境为代价的行业，与穆锦珲"德行好"的价值观不符。德之大者，为国为民，因此，穆锦珲毅然决然地投身于更具社会效益的煤矸石电厂。**经营企业过程中**，废弃物已经做到减量化，但是穆锦珲却要将废弃物"吃干榨尽"，这就需要上马新的项目来消化这些废弃物，由此带来一定的经营风险。面对这样的决策，穆锦珲往往基于价值导向而非利益导向做出决策，更看重长期利益而非短期利益。例如，利用电厂燃烧后的粉煤灰生产水泥，当时有成功的企业，也有失败的企业，但穆锦珲认为建水泥厂是一件"好事"，能够废物利用，因此一头扎进去，不断探索与钻研，终于建成了粉煤灰水泥生产线，并且最终实现盈利。

战略如何形成，众说纷纭。企业家学派认为，为了给组织选择一个发展方向，领导者必须能预见组织未来的可能状态，或其渴望的状态，这种对组织未来的想象称作愿景，它就像梦一般模糊不清，但又是对组织未来的一种现实的、可靠的、引人注目的描述。穆锦珲的愿景即是"以循环经济链条式发展打造绿色经济"，这是他重德行的具体体现。综观东义集团的战略演进过程，看似每一次产业链延伸都是需求导向型，看似每一次决策都信马由缰，以致形成了现在这样一张看似错综复杂的产业关系网。然而，形散神不散，绿色发展的初心没变，打造绿色经济的愿景矢志不渝。剥开东义集团行为逻辑的表层，可知其背后有着明确的认知逻辑：企业的愿景要符合国家发展战略需求，并且要以坚如磐石的定力面对每一次战略选择，踔厉奋发，砥砺前行，方得始终。

重德行不仅塑造了穆锦珲的决策偏好，更是凝聚了企业利益相关者的人心。例如，2009年，面对全球金融危机和山西煤炭资源兼并重组的严峻形势，已背负巨额亏损的东义集团，坚持"三不"政策，即不停气、不减薪、不裁员，全力保证企业内部和市区的和谐稳定。员工更是爱厂如家，默默地为东义付出，成为东义集团行稳致远的压舱石。截至2021年，在东义集团工作30年的有15人，工作20年的有248人，约有500人已在东义集团工作了15年以上，他们不离不弃，与东义集团并肩前行。再如，对于向东义集团供煤的外部客户，东义集团总是按时结款，从不拖欠。遇到资金需要周转的特殊时期，也会提前告知客户，约定结款的具体日期。久而久之，东义集团的声誉就在业内传开了，为企业的稳定运行奠定了基础。此外，东义集团一直致力于各类社会公益事业，投资捐助累计已逾5.32亿元，努力实现与社会的共有、共享、共赢。遵循重德行的本心指引，东义集团与利益相关者建立了紧密的互惠互利关系，为集团战略的执行、愿景的达成奠定了坚实的基础。

2. 爱学习，学无止境

随着企业规模的不断扩大，企业家的管理能力也受到了更高的挑战，企业家唯有不断学习，与时俱进，才能胜任与日俱增的企业经营重担。谈到学习，对于穆锦珲来讲可谓不待扬鞭自奋蹄。孝义市中小企业局组织的各类管理培训，他几乎都参加，反而是一些小企业家常常找借口说公司事务繁忙而不参加。此外，国内外关于煤、镁的展会、论坛等他也都会参加，博采众长，紧跟行业发展前沿。值得一提的是，穆锦珲 58 岁时依然赴清华大学五道口金融学院 EMBA 项目学习，60 岁时取得学位证和毕业证，与一群年轻的商界精英一起畅游知识的海洋。清华大学的校训是"自强不息，厚德载物"，穆锦珲塑造的东义集团企业文化中"德行好"居以首位。是巧合，还是必然？已无须考证，但可以肯定的是，以德为怀一定是他成就事业的根本。

不间断地刻苦学习，常年与名师为伍，加之理论联系实际，让穆锦珲丰富了知识储备，提升了理论水平，在做战略决策时多了一份淡定、增了一份睿智。

3. 重创新，欣欣向荣

穆锦珲非常重视创新，他认为科技创新是发展循环经济的关键和核心。在他的推动下，东义集团的创新研发呈现一派欣欣向荣的景象。东义集团以国家级工程研发中心、高新技术企业、企业技术中心、博士后科研工作站、国家创新型基金等平台为依托，与清华大学、重庆大学、沈阳工业大学、中国科技大学、中国海洋大学、郑州大学、东北大学、天津大学、山西财经大学、太原理工大学、烟台大学、中科院煤化所、焦耐院、赛鼎公司、山西化工设计院、西南化工设计院等国内知名院校建立产学研合作关系，在新技术、新材料、化产品等方面不断探索，取得了非常好的创新效果。

材料创新方面，公司掌握了制备高纯镁的微量元素控制技术及高品质阳极、海水大阳极等的铸造及挤压技术，可根据客户需要制备各类优质镁及高纯镁；攻克了页岩油开采镁合金的生产方法。**工艺及应用创新方面**，凭借高层管理者的战略定力和引领，公司开创性地自研了 3C 专用高性能镁合金坯料制备及挤压成型一体化技术，攻克了因变形镁挤压技术难度大、成本高而无法批量应用的难题。这项技术的突破，使得变形镁从 3C 领域的应用拓展到休闲体育及航空领域，补足了变形镁合金在行业应用上的短板。**铸造镁合金方面**，攻破了大直径铸造成型和成分偏析问题，成功研发出行业上直径最大的 900 毫米及以上的镁合金棒材。该技术的突破，将作为 5G 基站或者其他大型设备的保护阳极及电池使用、大型镁合金设备机壳构造使用、大型锻压材料使用，将进一步助推交通、军工、航空航天领域的发展。

（四）精细管理：组织能力为东义集团发展保驾护航

按照循环经济中各个主体的决策权和它们之间的依赖关系，循环经济可以分为：①由一个大型集团企业自主形成循环经济，集团内各个企业根据各自的废弃物和产品组织成工业生态链，各个企业的最终决策权在集团总部，各个企业的依赖关系由集团总部调整；②集聚型循环经济。存在一个或几个核心企业，其他企业在某种程度上依赖于核心企业，但各个企业都拥有独立的决策权，整个循环经济产业链条按照核心企业的指导方针运作。

科斯的交易费用理论指出，市场和企业是资源配置的两种可互相替代的手段。它们之间的不同表现在：在市场上，资源的配置由价格机制调节；在企业内，资源的配置则通过企业管理当局的管理协调完成。从资源配置的效率出发，为了节约交易成本，有些交易通过市场完成，有些交易在企业内完成，选择在哪里完成，依赖于市场定价的成本与企业的组织成本之间的平衡关系。依据该理论可知，循环经济的组织形式采用大型集团自主形成还是集聚型，取决于循环经济各环节企业之间的沟通协调成本。如果该成本比市场交易成本高，那么就采用集聚型循环经济，各企业之间通过市场机制完成彼此之间的物质与信息流动；如果该成本比市场交易成本低，那就采用大型集团自主形成循环经济的模式。

东义集团循环经济的形成过程属于需求导向型的战略演进，在这一过程中，由于市场的不完全性，东义集团没有充分的市场主体可供选择，甚至可得性都无法满足，因此绝大部分情况下东义集团的产业链延伸都是靠自建完成的。彼时，企业之间的沟通协调成本低于市场交易成本。然而，企业规模在扩大，市场环境在变化。如果集团无法持续保持内部企业之间沟通协调成本低于市场交易成本，那么东义集团循环经济的核心竞争优势将会被削弱。故而，东义集团非常重视企业内部的精细管理。

东义集团依据业务下设焦电事业部、建材事业部、镁事业部等，为了协调各事业部的运营管理，遵循"精细管理、风险控制、管控结合、强化执行"

的管理方针，董事会下设了 8 个委员会，分别是：战略规划委员会、纪律/监察委员会、安全生产委员会、环境保护委员会、设备管理委员会、投融资管理委员会、薪酬绩效管理委员会与审计管理委员会。同时，基于"综合分析，系统指挥"的思想，还特别组建了"集团调度指挥中心"，设总指挥长、三班指挥长，实现对"水、电、气、汽、废"的及时调度及数智指挥。例如，设备管理委员会，管理上，归口集团运营中心，它由各厂的维修骨干组成，其职能是牵头组织集团各公司设备资产的核查、评估和盘点；负责有关设备管理制度落实情况的监督检查和评比；负责设备大中修和技改预算及方案的评审；牵头组织重大设备故障和事故的调查和处置。简单来讲，就是要确保各环节的安全生产、稳定生产，保证循环链条上的各环节不脱钩。再如，纪律/监察委员会，负责党员及干部廉政教育；负责生产经营各环节廉政风险点的排查和各单位业务和规划的内部监督等；负责执行层对公司决策执行情况的效能监察等。有力地促进了集团的经营管理效能，降低了集团的运营成本。

东义集团的战略演进能够取得今天的成绩，看似偶然，却有其必然性。审时度势，紧跟国家发展战略，既服务于国家与人民，也可成就自身的功绩；厚德载物，遵循事物的基本发展规律，方能行稳致远；精细管理，构筑企业核心竞争力，方能立足于市场经济的大潮之中。

四、文以载道，以企业文化引领转型发展——山西凯嘉能源集团有限公司

易曰："刚柔交错，天文也；文明以止，人文也。观乎天文，以察时变，观乎人文，以化成天下。"阴阳相生相克即为天文，天文是自然规律，掌握了自然规律，便可顺应规律，应对时变；以文明为追求即为人文，人文是人伦思想，以文化人，可使天下教化。山西凯嘉能源集团有限公司（以下简称凯嘉集团）的发展始于 1956 年山西省介休县公私合营利民煤矿，发展至今已有 66 年，经历了新中国成立之后国家经济发展的各个阶段，在风云激荡的历史大潮中，因时乘势，实现了企业一次次转型跨越。文以载道，凯嘉集

团的发展昭示了顺天应人的文化如何穿透时空，引领企业走过昨天、走到今天、走向明天。

（一）企业的三次转型

煤炭是我国的主体能源和重要的工业原料，随着中国经济体制改革的持续推进，作为支撑经济发展的基础性行业，煤炭行业也经历了体制机制上的改革和政策调整。1956—2022年，从利民煤矿到义棠煤矿再到凯嘉集团，在宏观经济与行业环境跌宕起伏的背景下，凯嘉集团现已成为一家集煤炭开采洗选、煤层气发电、文化旅游、房地产、医疗、琉璃制造等多种业务于一体的企业集团。旗下现有全资子公司6家、控股公司8家，注册资本为51750万元，资产总额为112亿元，员工8200多人。2022年，山西省民营企业百强榜上，以营业收入59亿元居第46位。

在煤炭行业大浪淘沙的时代洪流中，今天的凯嘉集团能够闲庭信步，来源于在时代变迁过程中的三次转型。

第一次转型：由国有煤矿到混合所有制企业。

凯嘉集团的前身为1956年成立的山西省介休县公私合营利民煤矿，1959年，利民煤矿更名为介休县地方国营义棠煤矿，1961年，该矿划归为地方国有的晋中地区义棠煤矿。改革开放之后，在各行各业蓬勃发展的浪潮中，到1997年，义棠煤矿的产能提升至60万吨，成为当时晋中地区最大的地方国有煤炭企业之一。但在全国各地村村点火、户户冒烟，乡镇企业遍地开花，呈现一派繁荣发展景象的同时，煤炭行业因产业集中度低、过度分散经营导致产能过剩，陷入恶性价格竞争，煤价跌破100元/吨，且煤炭大量积压无法变现，企业运营难以为继。1997年5月，34岁的路斗恒担任义棠煤矿矿长，面对企业当时的困境，为尽快使企业渡过难关，曾尝试向员工集资的办法，尽管短时间内筹资500多万元，但市场态势每况愈下，没有源头活水，企业很快又捉襟见肘。2000年，在当地政府支持下，企业全员参与，以路斗恒和员工为控股方，国有资产以债转股方式参股，将国有义棠煤矿改制为混合所有制义棠煤业有限公司，企业得以摆脱困境，迎来了煤炭产业的春天。

第二次转型：由单一化煤炭企业到多元化集团公司。

2000 年改制之后，义棠煤业走上了以现代企业制度规范管理的快车道，煤炭行业则在国家政策推动下进行关停并转之后，逐渐供求平衡；同时，随着我国 2001 年加入世界贸易组织，经济开始触底反弹，国内和出口煤炭需求大增，煤炭行业因此进入了量价齐升的增长周期。借助行业发展的红利，义棠煤业进行了一连串产能扩建和兼并收购。在此期间，为全面整顿山西煤炭企业广受诟病的安全问题，山西省政府推出了针对中小煤矿的煤炭资源整合政策，鼓励企业兼并重组。2009 年，煤炭资源整合进入力度空前的大型煤企兼并重组中小煤矿的阶段，义棠煤业因此作为资源整合主体，先后兼并重组多家煤企，将原煤年产能提升至 660 万吨。之后又接管了张壁古堡景区，投资成立了房地产开发公司，并于 2009 年 10 月成立了山西凯嘉能源集团公司，实现了由地下向地上、由单一产业向多元产业发展的又一次转型。

第三次转型：传统产业转型升级和新兴产业培育发展。

随着我国经济进入由数量规模型增长向质量效益型发展转变的新时期，节能减排、绿水青山、可持续发展理念逐渐深入人心，凯嘉集团也进入传统产业转型升级和新兴产业培育发展时期。目前，通过煤层气发电、煤矸石制作泡沫陶瓷实现产业链延伸进行传统产业转型升级，通过开发旅游资源进入文旅行业，并投资运营房地产和物业服务、小额贷款金融服务等培育和发展新兴产业，都已取得显著成效。

（二）理性主义顺应天道的经营理念

组织文化理论认为，文化是无形的、潜伏的、强大的一组力量，它决定了个人、集体的认知方式、思维模式、价值观和行为。企业文化来源于领导者的个人文化、企业的历史与环境。企业文化通过具体的经营理念和管理理念决定企业的战略、目标和管理模式。

凯嘉集团兴起于山西人最耳熟能详的行业——煤炭行业，领导这个企业从国家统购统销的国有煤矿经过市场经济下的三次转型走到今天的凯嘉集团名誉董事长路斗恒，是山西众多煤企领导中的一员。但与很多山西煤企领导不同的是，路斗恒是1983年从太原工学院化工专业毕业，分配到国有义棠煤矿，时年20岁。可以说，路斗恒近40年的职业生涯和25年的企业掌舵人身份，都是这个企业赋予的。路斗恒与凯嘉集团，到底是个人文化影响企业文化更多一些，还是企业文化影响个人文化更多一些，可能已无须分辨，两种文化已融为一体。

组织管理之父韦伯提出，人有两种理性，一为价值理性，一为工具理性。价值理性相信的是一定行为的无条件的价值，来源于人的价值观和偏好；工具理性是指行动只由追求功利的动机所驱使，来源于人对利益最大化的考虑。**价值理性解决"做什么"的问题，工具理性解决"如何做"的问题。**在人类的实践活动中，价值理性与工具理性互为根据，相互支持。

路斗恒为理工科班出身，行事理性认真，有追求、有信仰、有原则。他的两种理性表现为：价值理性下的做什么——顺应趋势，认知驾驭；工具理性下的如何做——勤奋本分，做到最好。由此所生成的企业文化是一种理性主义顺应天道的经营理念。

1. 把握趋势、因时乘势

凯嘉集团的三次转型是山西煤炭企业成功转型发展的一类典型，即从原来的国有煤矿转型为蒸蒸日上的民营企业。在这个过程中，每一次转型都是一道关。度过了这道关，峰回路转，柳暗花明；度过不了，山穷水尽，英雄末路。凯嘉集团之所以是幸运儿，与路斗恒及其管理团队能够清醒地把握行业及国家发展的大趋势有关，顺境时居安思危，逆境时厉兵秣马，机会来临时拼命抓住机会。第一次转型时，义棠煤矿的产能已居晋中地区前列，但国家和地方政府整合中小煤矿是趋势，所以改制之后，虽然很快迎来了煤炭市场的黄金十年，但煤炭业务的扩能提质紧锣密鼓；同时，随着环保治理提上日程，企业很快就布局了旅游和房地产等地上产业。当煤炭行业进入下行周期时，企业潜心深耕产业链延伸和文旅产业，并全面进行内部管理提档升级。政府鼓励资源整合，能源产业面临"双碳"目标，兼并重组、转型升级，该出手时就出手。

2. 不知不行、知而后行

即使数十年在煤炭行业耕耘，也积累了较为雄厚的资本基础，但对于煤炭产业扩张，凯嘉集团始终是"要进取但务求谨慎"的态度，用路斗恒的话说是"做生意要实实在在，要看得见把得住""只做自己认知范围内的生意，不懂的不做""胆子大可能成功，但会成而有患"。对于新晋商常被人冠以"保守"的性格特征，路斗恒的观点是"'保守'未必是贬义词，尽管保守会使企业错失良机，难以成为行业领袖，但保守、稳妥不会使企业忘了根本，有些企业就是因为忘了初心，到处冒进，最后自己都不知道跑到了哪里，所以也就没有了未来"。经营企业固然是一项有风险的事，敢于承担风险也是企业家的一项必备素质，但在冒险与稳妥的两极天平上，偏向稳妥显然更为理性一些。

当然，对于要在自己的认知范围内做企业，但当外部环境条件的变化超出了企业家的认知范围时，企业是否只能止步于原地？凯嘉集团的理念是，认知边界是可以不断突破的，认知水平是可以不断提高的，不会的可以学，不懂的要经常琢磨。只有尽可能地突破自己的认知边界，提高自己的认知水平，企业才可以走得更远。认知突破的路径有两条：一是持续不断地学习；二是引进专家和请专家做专业的事。近年来，路斗恒及其管理团队除了参加各种提高个人认知水平的学习深造和社会培训以外，还引进了北大纵横的管理咨询专家做企业的高管，在帮助企业提高管理水平的同时，也成为企业高层管理团队提高认知水平的智囊。对自己专业范围以外的业务，则请专家做顾问。

3. 做到最好、勤奋本分

要么不做，要做就尽量做到最好，这是凯嘉人的行事风格，也是路斗恒的性格和信仰。这些做事风格体现在路斗恒本人及各级员工的各种工作细节中。张壁古堡要做的是文旅服务，景区每个场所的布置、员工的衣着、服务意识和服务标准，处处一丝不苟。工作场所的一棵树怎么可以收拾得更美观，如何让来访者有宾至如归的感觉，即使已是高水准，路斗恒董事长面对一个保洁工，还会现场指导如何精益求精。细节虽小，却反映了凯嘉人做到最好、追求完美的行事方式。"天行健，君子以自强不息"，追求完美，才可能达到一流。

不管做哪个行业、哪种业务，怎么才能做到最好？只有勤奋、进取、一步一个脚印、不偷懒、不投机。用路斗恒的话说："不怕吃苦、勤奋进取、多学习，我们不怕别人比我们强，只要我们诚实、本分，我们就会有未来。""你给我好处，如果我认为我不应该要，我不会要，哪怕你送上门来。""一些企业看起来强，但企业的本质在冰山下面看不到的部分，没有真功夫，表面的东西长久不了。"

有追求、有节制，在趋势里决策、在认知里取舍，价值理性符合社会主义核心价值观，企业发展自然顺理成章；有信仰、有原则，做到最好、勤劳本分，工具理性面向一流标准，始终踏实肯干，"求其上，得其中；求其中，得其下"，功到自然成。

（三）儒商文化通达人心的管理理念

企业的经营理念决定了企业的战略和目标，但战略和目标的实施和实现有赖于卓有成效的组织管理。德鲁克指出，企业作为社会组织的管理有两项同等重要的任务，一是确保员工有所成就，企业富有生产力；二是管理组织所产生的社会影响和应承担的社会责任。管理理念决定了企业的管理模式。

凯嘉集团是一个拥有8000多名员工的民营企业，在山西省介休市以煤炭资源起家发展至今，管理理念能够洞悉人性、通达人心，是使企业能够以卓有成效的管理模式稳定发展的重要原因。

中国传统文化以儒家学说为正统，中国历代文人仕宦也以儒学的"修身、齐家、治国、平天下"作为人生追求，受中国传统儒学影响的中国企业家，被普遍称为"儒商"。路斗恒虽是理工科出身，但尊崇和信奉中国的儒家文化，所以凯嘉集团的管理理念从根本上来说是一种儒家文化的仁义思想，用心理学的人性理论来说是一种以同理心通达人心的理念。

1. 民企的体制，国企的人文关怀

凯嘉集团是一个由国有煤矿改制而来的民企，直到现在，仍有国有股权。路斗恒说："国有企业改制以后，我们对职工的福利和安全管理都没变，一直沿用国企的做法。"从国企改制到民营企业，已过去了20多年，虽然企业一直有国有股权，但管理上早已是现代企业制度下高效运转的民企模式。这里所谓国企的管理，是指企业在确保使员工有所成就，使企业富有生产力方面，对员工的职业成长、事业成就、工资待遇、生活福利等各方面权益，都有与多数民企相比更为人性化的安排。所以，有人从其他民企跳槽到凯嘉集团，问他为什么对方工资比凯嘉集团高，却还要来凯嘉集团？回答是在那里工作，虽然工资高，但感觉不舒服。近年来，有关互联网大厂之所以被社会舆论广为诟病，也正是因为工资虽高，但压力很大，工作强度高，使年轻员工感受不到企业对员工的人性关怀。凯嘉集团所谓的国企管理模式，表现在对待员工方面，就是以儒家的仁义之心，尊重、关怀和平等对待员工，满足员工生理上、心理上的需求。通达员工内心需求的管理，换来的是员工对企业的认同。第一次转型时员工的集资和入股；第二次转型后，被兼并的煤矿员工能够与义煤人团结一心；第三次转型期企业能够招才引智创新发展，都是人心凝聚的结果。

2. 担当作为，产出社会效益

在管理企业所产生的社会影响和应承担的社会责任方面，凯嘉集团接管张壁古堡之后，涉及对古堡村民的安置问题，凯嘉集团将村民整体搬迁至投资修建的张壁新村，现代化的生活设施极大地改善了村民的生活条件，吸引和吸收有劳动能力的村民在景区就业或创业，也使村民收入大幅度提高。路斗恒说，接管张壁古堡，是凯嘉集团由地下转地上的资源型企业转型发展之举，但事实上旅游业投入大见效慢、用力多建功少，从企业盈利角度来看，并不是明智之选；可为什么还是选择了这条路并认真地走，主要源于挖了半辈子煤，对当地有亏欠感，希望通过为当地做一些实事来补偿。尽管这些可能只是付出没有回报或回报难抵付出，但能够为当地百姓、为国家、为社会做一些事，也是值得的。所以，除了在张壁古堡旅游资源开发方面的投入以外，近年来，凯嘉集团还与一些民营企业一起参与山西省工商联倡导组织的"文明守望工程"，为文物发掘和修复主动担当作为，并积极参与慈善捐赠等社会公益事业。

德鲁克指出：适当的社会责任是将社会问题转化为经济机会和经济利益，转化为生产能力，转化为人的能力，转化为高薪的工作岗位，以及转化为财富。凯嘉对社会问题的管理，与此相合。修身、齐家、治国、平天下，通达社会人心的管理理念和行为，为企业开创了与社会共同发展的良好局面，也是凯嘉集团由资源型企业转型成为多元化发展的绿色企业的一个重要的支撑条件。

易之道即穷极则变化，变化则通达，能通达，则能恒久。能循此变通何事不成？有如天助一般，当然吉无不利。凯嘉集团以理性主义依道而行的经营理念和儒商文化通达人心的管理理念，顺天应人，以企业文化引领转型发展。

五、研发创新与营销创新双轮驱动——亚宝药业集团股份有限公司

"企业的发展就像一个婴儿，他的成长是脑袋、四肢、躯干等各个部分整体的成长。"这是晋商巨子郭台铭先生对于企业发展的一个经典表述。对于一个企业而言，最要紧的两大职能莫过于研发与营销。在中条山下、黄河边上，有这么一家勃勃崛起的新晋商企业——亚宝药业集团股份有限公司（以下简称亚宝药业），在40多年的发展历程中，依靠研发创新与营销创新双轮驱动的协同发展，将亚宝药业推向一个又一个的发展快车道。

亚宝药业是一家有着40多年历史的集团公司，2002年在上海证券交易所A股上市。公司集药品和大健康产品的研发、生产、销售、物流及中药材种植于一体，下设8大职能部门、6大业务中心，拥有分子公司22个，员工4700余人。作为高新技术企业，亚宝药业是工业和信息化部认定的"中国医药工业百强企业"，创新力居20强之列。公司建有9大生产基地、4大研究基地和4大中药材种植基地。其中，6条原料药生产线、2条制剂生产线和1条塑料瓶生产线通过了美国、德国、日本等发达国家的认证。近年来，公司以创新药为龙头，以临床需求为导向，引进高端人才，构建一支国际化的研发队伍，并建有国家级企业技术中心、博士后科研工作站、院士工作站、透皮给药系统山西省重点实验室。拥有授权专利、注册商标、著作权等知识产权1000余项。亚宝药业积极承担社会责任，先后开展了"精准扶贫""丁桂天使基金""光彩行动"等多个公益项目，获"国家扶贫龙头企业""中国最具社会责任感企业"等荣誉称号。

根据亚宝药业在不同年代的发展重心与行业定位，可以将其发展历程分为几个阶段，如表8-2所示。

表 8-2 亚宝药业发展历程

亚宝药业发展历程	主要业务与事件
起步期 （1978—1983 年）	靠 10 万元资金起步，创建成立了芮城制药厂
危机期 （1983—1990 年）	从 1983 年起，企业经营开始滑坡，到 1990 年底，亏损达 120 余万元，濒临倒闭
跨越危机期 （1990—1993 年）	1990 年任武贤任厂长，改革管理体制，开发新产品，企业于 1991 年扭亏为盈；1992 年，企业采用新工艺生产的维脑路通（曲克芦丁）原料药，以成本低、质量高的优势占领市场，稳定了企业发展；1993 年"宝宝一贴灵"（丁桂儿脐贴）获得成功，企业各项经济指标翻番增长
快速发展期 （1993—2002 年）	1996 年企业年产值破 1 亿元，并完成了对当地破产的原云河制药厂、外贸公司、植物提取厂的兼并收购，着手组建企业集团；1999 年由芮城制药厂联合 4 家法人企业共同发起设立的"山西亚宝药业集团股份有限公司"正式批准成立，任武贤出任董事长兼总经理
社会化运营期 （2002—2013 年）	2002 年亚宝药业 A 股股票在上海证券交易所成功上市，通过积极的资本运营，先后成立了亚宝大同、亚宝新龙、亚宝光泰、亚宝经销等控股子公司，建设了风陵渡、太原两大工业园，开发了一批新产品；2006 年完成了股票分置改革，为进一步实施资本运营与参与国际竞争奠定基础；药物制剂国家工程研究中心亚宝药业集团分中心、亚宝药业集团公司生物研发中心、三分公司成立，亚宝世纪置业有限公司"卡夫卡"项目奠基，四川制药基地奠基仪式举行；2010 年亚宝博士后科研工作站、亚宝药业新疆红花发展有限公司、亚宝北中大制药有限公司等相继成立，亚宝芮城工业园奠基仪式举行；2011 年"亚宝院士工作站"正式成立
国际化发展期 （2013 年至今）	2013 年，北京亚宝生物药业有限公司固体制剂生产线符合美国 cGMP 标准，通过了美国 FDA 认证；2014 年，苏州亚宝创新药物研发公司、亚宝营销中心正式成立；亚宝药业药用塑料瓶获准进入美国市场；2018 年，丁桂儿脐贴获得加拿大天然健康产品上市许可；2019 年，亚宝制剂产品索拉非尼片获得美国 FDA 暂时批准文号，亚宝苯甲酸阿格列汀片获批，成为该产品国内首访第一家；2020 年，亚宝药业自主研发的唯源素 R 特殊医学用途全营养配方粉获批，亚宝辛酸注射液获批，亚宝马来酸依那普利片 5mg 和 10mg 规格均通过仿制药质量与疗效一致性评价；2021 年，亚宝维生素 C 泡腾片获得美国 FDA 膳食补充剂上市许可，亚宝药业第一款中美双报药物索拉非尼片获批上市，亚宝大健康产品亚宝幸福太正式发布，亚宝盐酸萘普洛尔口服溶液获批，亚宝药业甲钴胺片通过仿制药质量和疗效一致性评价

（一）研发创新——从买技术到自主研发

综观亚宝药业的上述发展历程，基本经历了买技术、模仿、自主研发的三个阶段，从一个濒临倒闭的小厂成长为研发创新力20强的"中国医药工业百强"企业，从仿制药到创新药为龙头的重大发展转型。一个民营企业经历40多年的发展与变迁，经历多少市场、政策、人事方面的挑战，依然岿然不倒；一个民营企业40年间从倒闭边缘走向技术前沿，是需要多么强劲的持续学习力，穿透"三十年河东、三十年河西"的诅咒；一个北方内陆省份的县级民营企业，40多年间又是如何在有限的发展空间之内闪展腾挪，终成在国际化市场上崭露头角的晋商新星。

面对亚宝药业所创造的骄人成绩，人们不禁要问：亚宝到底做对了什么？针对这个疑问，亚宝药业董事长任武贤先生经过深思熟虑，向人们娓娓道来。

超前的意识——"对标先进"。从1990开始，首先，亚宝药业认识到自身产品方面的落后，积极向先进技术靠拢，任武贤深感"时势催人"。比如，在1990年任武贤上任厂长第7天，怀揣2.7万元到郑州购买药品技术，最终于1992年成就了公司第一个创新性项目（维脑路通），扭转公司颓势，稳定了公司发展。其次，亚宝药业积极向先进人才学习理念和意识。他们坚信经营公司一定要有超前意识，当大家都看到的时候去决策，大概率是失败的。为此，要培养超前意识，"同院士打交道才能有超前意识"（任武贤语），亚宝积极设立院士工作站、博士后科研工作站，其本意正在于此。再次，向先进的经营和市场观念学习。亚宝药业在发展过程中，由于自身所处环境的局限性，每时每刻都在向我国南方的江浙企业对标学习，因为"他们的理念比较先进"。最后，向先进的生产工艺与技术学习。亚宝药业为了配合其国际化战略，按照美国的工艺要求建设生产线，使其成为全国第13家出口美国的药企，为国际化战略提供了支点。

因时而变的研发创新战略——"比北方快半步，比南方慢半步"。有了超前的意识和对标对象还不够，自身的研发创新战略必须适应本地化发展。第一，在购买技术发展阶段企业的研发创新战略重点在工艺创新。第二，在模仿阶段，要把握好节奏，正如任武贤所说的"比北方快半步，比南方慢半步"。因为"做得太超前，批不下来。"第三，在自主研发阶段，由于企业技术地图上开始进入一些无人区，那么研发创新战略的重点在于高端前沿人才的积累，特别是参与国际竞争的人才与技术储备，"靠整个体系去推动"，这是重中之重。通过各个阶段的恰当衔接，让了解亚宝研发历程的人不禁感慨：毫不夸张地讲，亚宝的任总确实是战略节奏大师。

开放式创新系统构建——"遇到红灯绕着走"。自20世纪以来，自从IBM对原有封闭式创新系统的放弃开始，各大企业的创新系统变得越来越开放，逐渐从封闭式创新转向开放式创新。亚宝药业更是得益于开放式创新系统的一员。第一，组建开放式创新系统组织。亚宝药业与中科院、中医研究所、各大高等院校通过共建项目、实验室等方式，构建自身的创新组织系统，保证亚宝既走在时代前沿，又不闭门造车（具体合作创新组织见表9-2）。第二，各临床试验的国际化。由于各国对新药的认识、经验、文化等方面的差异，对临床试验的态度有差异。为了降低巨大研发创新风险，亚宝药业在国外上某项临床试验，在药监部门审批过程中遇到障碍，于是将临床试验转往意大利进行，因为"意大利可以早早批下来"。第三，构建产业链技术联盟。亚宝药业作为山西省医药产业链链主，积极发扬老晋商的合作精神、协同精神，降低整体产业链研发技术风险。

灵活的研发人才用人机制——"国际人才本地化，本地人才国际化"。亚宝药业在国际化过程中，努力克服各种人才的天然劣势，发挥他们的优势，做到人尽其用。第一，针对引进的国际化人才，发挥其业务能力专长，规避行政能力劣势。例如，在刚开始为了推进生物分子药项目，引进美国博士时未考虑到这一点，使公司产生重大损失。第二，本地人才的国际化、全国化。

永远设立研发的X项目——"大健康是公司未来"。亚宝药业之所以能这么成功，其中有一点是肯定的：永远面向未来，设立X项目。第一，设立大健康部门，包括特医、食品、保健、器材等方向。亚宝药业以"日常生活预防"为引导，以"医学营养药食同源"为基础的大健康理念，实现了针对肿瘤人群、体重管理、临床营养、皮肤管理、血糖管理、"三高"人群管理、痛风管理、滋补药酒等功能全覆盖的产品布局。目前已经完成了 75 个产品的生产许可备案。其中，自主研发的唯源素特殊医学用途全营养配方粉获批，实现了山西省特种医学注册零的突破。第二，针对每一个可能的方向，花大力气去试错，比如每一个有可能做大的开发项目，公司都会投入 2000 万元左右去试验，而不是停留在纸面上。

（二）营销创新——亚宝快速发展的点火器

在市场竞争中，不乏潜心于技术研发而忽略市场营销的企业，或者专注于市场开发和商业模式创新却忽略技术研发的企业，在市场快速迭代或技术周期变更的影响下，大多随着时代浪潮而沉沦。但是，技术员出身的任武贤，却像任何一个成功人士的"否定—再否定"成长历程一样，从技术视角到营销视角，再到整合视角，能够历狂澜而不倒。

任武贤在公司第一个创新性项目启动开始后，就深刻意识到营销创新的重要性，因为一个尴尬的局面摆在面前：仓库里面的药卖不出去。为此，亚宝药业管理层在任武贤的带领下，大刀阔斧进行了以下营销变革。

准确的目标市场选择——"专做儿童药"。1990—1991 年，亚宝药业虽然通过努力实现了扭亏为盈，但仍然面临 300 多万元的债务。公司基于自身制剂方面的一点积累，专注儿童制药方向，集中精力从单点突破。统计数据显示，我国有约 3.67 亿少年儿童，作为药品消费的特殊群体，拥有近 500 亿元的市场潜力。但是，由于儿童药的研发周期长、成本高、工艺复杂等，国内市场中 90%的药物都没有儿童剂型。因此，儿童剂型市场成为亚宝药业的首选目标。比如，亚宝药业的丁桂儿脐贴（宝宝一贴灵）迅速占领了 30% 的儿童止泻药市场，是儿科领域第一个获得国药准字的新型贴剂，成为国内贴剂类产品的第一品牌。

灵活的营销激励机制——"捣蛋鬼挣得最多"。为了将药推向市场，公司1991 年挑选了不愿意待在厂里的年轻人去跑市场，正如任武贤所说，"首批抽了十几个'捣蛋鬼'跑营销"。为此，公司改革了营销激励，变固定工资为"底薪＋报销＋提成"的激励制度，结果当年市场营销人员每人每月的提成就可以拿到 3.5 万元以上。这也引起大家的疑问：为什么捣蛋鬼反而挣得更多？任武贤却回应道：谁能解决问题，谁就是公司骨干。

强大的营销中心组织保障——"OTC+医院处方"。亚宝的OTC、医院处方两大市场部保证了营销创新的持续性。第一，亚宝依靠强大的OTC板块营销获得巨大成功。第二，积极推进医院处方渠道，获得新的增长空间。

不断优化渠道体系——"积极响应经营环境变动"。为了响应国家医药行业政策变动，集团不断优化渠道体系。第一，通过淘汰和精选经销商来优化经销体系。从70余家一级经销商、300余家二级经销商、1700余家三级商业客户的多级经销体系优化为50余家一级经销商、700余家二级经销商，并进行重点培育。第二，在零售终端方面加大与KA（关键客户）,NKA（全国性重点客户），中小型连锁、单体药店深度合作。第三，强化第三终端市场，如"春播医生"培训，建立了基层市场的成熟培训体系。因为药品面对的是终端消费市场，在深耕终端、下沉渠道理念指导下，公司的渠道优化策略成效显著，改革第二年OTC终端实现营收增长60%。

符合时代潮流的营销沟通方式——"卖房打广告"。第一，90年代以来，随着电视机的普及，中国逐步进入大众传播时代。针对营销环境的剧烈变化，任武贤认为传统单一的业务员模式不足以支撑亚宝药业的发展要求。因此，在1993年，第二个创新性项目"宝宝一贴灵"（丁桂儿脐贴）研发成功后，虽然资金紧缺，但是，亚宝药业仍然筹借50万元在中央电视台进行大众广告传播，获得巨大成功。之后，亚宝药业又陆续在浙江卫视、山东卫视、湖南卫视、四川卫视四大卫视获得了极大的营销传播价值。需要提醒的是，筹借的50万元中，有12.5万元是任武贤卖房子所得，其余为向员工借款。第二，互联网的发展，使中国企业的市场营销环境又为之一变，从大众传播时代进入在线社区传播时代。亚宝药业每年在新媒体的营销投入达1亿多元，主要考量因素有以下两点。一方面，我国儿童止泻药购买者主要年龄集中在26～35岁，他们是0～6岁儿童的爸爸、妈妈，这部分家长是信息时代新媒体的主要使用群体。另一方面，购买者更多是依靠朋友口碑来了解儿童药品的，新媒体正是形成良好网络口碑的负载工具。根据消费者购买行为过程理论，从需求唤起、信息收集、方案评价、购买决策、购后行为等过程中，在新媒体环境下，购后行为最容易成为下一轮购买过程中需求唤起的原因，形成闭合的网络口碑传播通道。

多产品营销的协同促进——"一个带动几个"。通过一个"宝宝一贴灵"（丁桂儿脐贴）的营销成功，亚宝药业顺势而发，积极推进其他几个单品的营销，发挥广告、渠道等要素的规模经济，获得了长足的增长。直到现在，亚宝药业多产品协同营销使其单品销售达到1亿的有6个单品，并且正在向单品10亿迈进。

（三）双轮驱动的内部治理机制

在40多年的发展过程中，亚宝药业真正实现了研发创新与营销创新的双轮驱动发展。但是，如果您还有一点点好奇心，想了解其背后的"所以然"的话，您不禁会向任武贤提问：双轮驱动背后的本质逻辑到底是什么？

通过我们的访谈，任武贤以开阔的胸怀，向社会披露了其成功的内在基因。这个基因是什么呢，任武贤给出了以下几个配方。

诚信、创新、团队、敬业是其核心文化理念。不同职能板块要想融为一体，那么各级员工能不能"心往一处使"就成为关键，企业文化建设正如机器中的轴承、连接器，起到了整合人心的作用。第一，亚宝药业几十年坚持"诚信做人，用心做药"，赢得了国内外的一致好评。第二，持续创新与学习，使亚宝药业永远领先市场半步。第三，亚宝药业的家文化通过情感吸引来感化员工。当员工遇到困难的时候，公司出人出钱帮其渡过危机，正像当年公司依靠员工筹钱去央视打广告一般，正合了那句老话：你给我一瓢水，我还你一桶水。第四，亚宝药业的各层员工，通过放弃节假日，用苦干加实干的敬业精神，终于开拓出属于亚宝药业的一片天地。

灵活的决策与控制机制。第一，群体决策机制对冲重大决策风险。亚宝药业通过4个高层做战略，总裁向4人组战略委员会负责，保证了既灵活又稳健的决策。第二，将一定的财权、人权收归集团，由集团向各个分子公司分配资源，保证了公司资源的利用效率。比如，各子公司财务负责人由集团统一派出，同各子公司经理是同级，不受其领导，各负责人在"服务、协助、监督"6字方针下各尽其职，保证了财务资源的高效利用，避免了尸位素餐。

再如，各分子公司的总经理、副总经理都由集团任命，保证了决策的可控性与执行力，但是，总监以下的人事权下放到分子公司，一定程度上保证了分子公司处理业务活动的灵活性。第三，各公司权限范围内的决策尽量不汇报，有效保证了高层的决策注意力和战略聚焦。第四，通过科学管理将每年做到任务分解。比如，今年要做的50项任务分解下去，每个月总裁向战略委员会汇报进步，保证了战略目标的可执行性。

先进的信息化设施保证了灵活的市场响应速度。21世纪以来，时间或时机成了企业竞争成功的核心要素，而不是简单地占有资源。亚宝药业通过每个发展阶段的积极信息化工程，给"永远领先市场半步"提供了基础设施保障。如亚宝药业建立的PRM/MRM系统及开票员系统平台，实现了渠道与终端的可视、可控、有序，实现了所有经销商数据直连，为快速反馈市场提供了信息技术基础。这正应了中国老祖宗的那句名言"时也，命也"，即西方认为企业成功的第一要素是"时机"（Timing）。

适应各个阶段双轮驱动的人力资源培训机制。第一，从业务培训到管理培训。目前公司有90多位内训师，负责公司的日常培训。第二，高层轮岗培训。省内干部去省外任职，省外干部回总部任职，保证了高层的国际化、全国化视野，为国际化战略进一步储备人才。

从技术创新起步，到营销创新激活，再到将研发创新、营销创新融为一体，亚宝药业通过40多年的发展，雄辩般地证明了一个颠不破的真理，正如德鲁克所言，"由于企业的目的是创造顾客，任何企业都有两个基本功能，而且也只有这两个基本功能：营销与创新"。因此，亚宝药业堪称新时代晋商企业双轮驱动发展的典范。

六、登高临远，以社会视角纵览企业逻辑——山西兰田实业集团有限公司

"飞来峰上千寻塔，闻说鸡鸣见日升。不畏浮云遮望眼，自缘身在最高层。"北宋王安石的这首绝句描绘了站在高塔之上看旭日东升的情景。登高临远，才

能穿透浮云，得见日出胜景。山西兰田实业集团有限公司（以下简称兰田集团），起步于山西晋中，发展至今已23年，涉足多个领域，始终稳扎稳打，正是来源于其对商道本质的诠释——登高临远，以社会视角纵览企业逻辑。

（一）兰田集团简介

兰田集团的发展始于1999年，由当年从山西政府部门派驻沿海地区工作的领导干部田玉成下海经商创办，公司的发展经历了修车、卖车、造车三个阶段，实现了以汽车产业为核心的多元化发展，成为集汽车贸易、装备制造、房地产开发及物业管理、现代农牧业、平行进口汽车和二手车出口、仓储、物流、金融投资、现代服务业为一体的企业集团。旗下现有全资子公司10家，控股公司1家，参股公司3家，职工逾千人，总资产达百亿元。在2021年山西省民营企业百强榜上，以营业收入26.7亿元居第68位、物流企业第7位。

（二）超越企业边界、地域边界与资本约束的治理理念与实践

治理是使具有相互冲突或不同利益的主体得以调和并且采取联合行动的过程。按照利益相关者视角的战略管理思想，当企业面对纷繁复杂、处处蕴藏风险的不确定的外部环境时，所有与企业利益有关的主体都是企业的利益相关者，企业必须跳出自身利润最大化的单一目标之外，去寻求与利益相关者对企业的共治，趋利避害，实现与各方利益主体共赢。但对企业管理者来说，能够跳出自身利润目标之外，首先需要一个高于企业的视角，正如登高临远才可以拨云见日一样。

企业视角与政府视角相容。兰田集团之所以在20多年的发展历程中，没有依靠山西的能源资源，却在贸易、服务、制造等多个领域获得经营业绩稳步提高的佳绩，**首先来源于创业者和经营者田玉成本人曾做过政府部门派驻沿海地区工作的领导干部。政府是企业最重要的利益相关者之一，站在政府视角看企业和站在企业视角看政府，两种视角相容更易于实现企业与政府之间的相互理解、促进和支持。**所以，企业才能既帮政府解决社会问题，又能借力政府获得政策上的支持。国家提出脱贫攻坚，兰田集团就响应当地政府要求，

在榆社开办养殖基地和大棚种植基地,帮助农民增收致富;国家提出乡村振兴,兰田集团已在榆社县柳滩村建成了生态农业综合开发园区;党中央提出构建国内国际双循环的新发展格局,兰田集团的平行进口车经营和二手车出口与此高度契合;借助汽车贸易积累的经验,兰田集团致力于汽车产业的装备制造,与中航工业合资,研发生产专用车和特种车,走装备制造领域的专精特新小巨人企业之路,实现兰田产品向兰田品牌迈进、兰田制造向兰田创造迈进、兰田质量向兰田行动转变,主动响应中国制造向中国创造迈进、中国产品向中国品牌迈进,中国质量向中国速度迈进的国家制造业发展战略。

企业条件与市场需求相适应。站在企业之外看企业经营,使企业得以超越自身边界与社会需求相呼应,但若没有以企业逻辑对社会需求与自我条件的理性评估,也难以提前布局、从容落子。**如果说田玉成早年的政府从业经历是一根连接社会的线,那么,将连线伸入市场前沿,捕捉商机、研判风险、形成决策,则是因为兰田集团虽扎根山西,却从发展之初就行走上海——兰田集团总部驻扎于此**。视野广阔才能高瞻远瞩,上海的定位是全球国际化城市,兰田集团将总部与核心业务开在上海,一是能从资讯汇聚、政策前沿的上海及整个长三角地区获得经营企业的新思路,二是上海的国际化定位与自由贸易区的政策便利能够为兰田集团的核心业务汽车贸易提供更广阔的国际市场空间,三是人才荟萃的大上海既是科研与创新的热土,又是资本扎堆的竞技场,兰田集团要把事业做大,科技创新和资本支持缺一不可。目前,兰田集团是山西企业在上海单个股东投资规模最大的企业,在浦东和崇明开发有一个物流园、一个商业综合体、一个工业园,总占地面积达200多亩。汽车贸易板块,以外高桥物流保税库和康桥销售总部为后台和前端,主要经营平行进口车和二手车出口,2021年获评上海市国内国际双循环典范企业;装备制造板块,以崇明工业园为基地,打造高端装备制造的专精特新小巨人企业。

企业发展与股东回报相成就。超越企业边界与地域边界的高远视角使企业发展建立在与各方利益相关者共治的基础上,但企业是股东的企业,若没有吸引投资者持续支持企业的长效机制,即使有广阔的市场空间,企业也将受制于资本约束，难以做大。兰田集团从贸易起家，发展20多年，目前已拥有全资子公司10家，控股公司1家，参股公司3家；从2020年山西民企百强榜的榜上无名到2021年已跃升至第68位，**迅疾增长的业绩背后，是企业发展与股东回报相互成就的机制——兰田集团与股东的投资分成，不是按照出资比例，而是股东回报远远超出其出资比例——让出利益，成就股东；股东支持，成就企业**。拨动资本的力量，兰田集团可以突破资本约束，在更广泛的互利合作中，快速做大做强。

超越企业边界，响应政府和社会的需求；超越地域边界，响应广阔市场的顾客需求和投资者需求；超越资本约束，响应股东利益诉求。用田玉成的话来说："有政治家的头脑、经济家的思维、外交家的风格"，兰田集团得以在风云诡谲的不确定性中，与各方利益主体共赢，实现企业超越利润目的之外的经营目标。

（三）实现纵向匹配与横向匹配的管理理念与实践

以治理理念把握经营方向，还要以适宜的管理理念为经营目标实现提供资源保障，其中，人力资源尤为关键。战略人力资源管理的观点认为，企业战略的成功实施有赖于企业成员共同朝着战略所确定的方向和目标奋进；人力资源管理不是一个职能部门的事，而是企业战略管理的一部分，要与企业战略相匹配，称为纵向匹配；要实现纵向匹配，需将人力资源管理作为一个系统，使其内部各项措施彼此之间互为作用，称为横向匹配。

兰田集团的纵向匹配，来源于两个层次，一是兰田集团以开放的视野，面向未来发展，要借鉴明清晋商的商帮经验，通过将山西企业作为一个整体抱团取暖，实现互为倚仗、抵御风险，因此，企业规划了在上海浦东兰田集团现有的商业综合体内建设晋商大厦的项目，通过引导山西企业进入上海，实现新晋商整体人力资源素质的全面提升，培育和积累支持兰田未来发展的潜在人力资本；**二是**兰田集团要在当前战略下达到预期战略目标，现有的人力资源管理政策和制度要与战略目标的具体要求挂钩，兰田采用了划小经营单位，以自上而下和自下而上的统筹安排分解指标的目标管理方法，将战略目标分解为各个经营单位的利润指标，各个经营单位从上到下对利润指标负责，全面激活和提高人力资源管理效能。

兰田集团的横向匹配，是将人力资源管理整合为招聘、培训、绩效考核、薪酬管理、开发后备队伍各项措施之间紧密契合、互为促进的闭合系统。

划小经营单位招聘领军人才。随着兰田集团的业务逐渐多元，创始人和高层管理团队的认知局限会成为制约企业未来发展的障碍，"知人者智、自知者明"，如何跨越这个障碍？在划小经营单位、明确利润指标的基础上，兰田集团的招聘原则是眼光向外，搜罗、考查、筛选，找到这一领域内真正的顶级人才，用田玉成的话说："做企业靠的是人，靠的是好人能人，找好人能人就是要找本领域的领军人才"。

培训学习形成合力。如何发挥领军人才的聪明才智？要靠团队，光杆司令形不成战斗力。兰田集团通过组织培训学习，将各个经营单位在公司整体战略框架内的地位和作用，本单位的发展方向和指标含义，传达知会到各单位的每个层次和员工，保证各层级员工在明确方向的基础上，形成凝聚力和向心力，共同朝着目标努力。

绩效考核锚定经营单位利润指标。是否真的努力了？努力是否换来了成效？兰田的绩效考核，主要针对经营单位的利润指标。首先进行绩效评估，利润指标是集团总部与经营单位协商确定的，在"跳一跳、够得着"的原则下协商确定的指标，不一定能覆盖集团整体对该单位的成本支出，但指标一经确定，双方认可，即使集团未能盈利，只要经营单位完成指标，用田玉成话说："亏了的，算我的；赢了的，是大家的"，但有一个时限，如三年后仍不能为集团带来盈利，则要分析原因，若是集团经营决策的错误，就纠正决策，重新来过；若是经营单位的问题，则"三年之内，换了思想不换人，不换思想就换人（田玉成语）"。保证招聘来的领军人才真正发挥好"好人能人"的价值。

年薪按绩效分成。能否保证有价值的人才对企业不离不弃？兰田的理念是"财散人聚、财聚人散"，如果经营单位如期完成指标，年薪按照指标完成情况与集团分成兑现。每个经营单位超过指标1000万元以内，单位与集团二八分成；超过指标1000万～5000万元，三七分成；超过指标5000万元以上，四六分成。但集团的分成留在企业，经营单位的分成可以兑现，不想兑现也可留下入股。分成模式提供了"大能力挣大钱，小能力挣小钱，没能力就走人"的按劳取酬、按能激励的经济机制，使有能力的人有意愿，有意愿的人更努力，将企业事业与个人事业绑定，实现了企业发展与人力资源开发的良性循环。

培养接班人与开发后备团队。兰田集团是民营企业，经过20多年的发展，第一代创业者为企业发展打下了基础，也为企业未来发展描绘了蓝图，但企业要达到当前情境下的战略规划能够在未来不断变化的环境下具有灵活性或柔性，除了构建当前的人力资源团队，还需为未来发展及早培养接班人，开发和储备后备团队，使接班人及其团队能够在对企业核心价值观形成深刻领悟、磨炼出足够的能力和经验的基础上，实现代际平稳接续。兰田集团的第一代创业者田玉成年满60岁，对二代接班人田龙的培养已基本完成，田龙经过了上海读书—美国深造—美国工作1年—回国打工6年—回兰田接管金融投资—接手上海产业的过程，已历练成长为具有国际视野、专业知识、崭新思维、独立决策能力和经营管理能力与经验的接班人。在田玉成的授权下，目前兰田集团的上海产业基本上由田龙执掌，由此培养起来的二代管理团队朝气蓬勃，正带领兰田集团走在新阶段的新征程上；田玉成也因此得以在家乡土地上专心于慈善公益事业和山西晋商商会的建设。

以社会视角纵览企业逻辑，兰田集团以开放的视野，登高临远，成为新时代晋商企业开放发展的榜样。

七、从资源型企业到中国葡萄酒女神的塑造者——山西戎子酒庄有限公司

"做一瓶世界好酒"——山西戎子酒庄有限公司（以下简称戎子酒庄）朴素的语言中彰显着堪称伟大的企业愿景和使命。2007年，在煤炭行业如日中天的时期，张文泉毅然离开熟悉的煤炭行业，转型做葡萄酒产业。经过15年的耕耘，戎子系列葡萄酒产品已经取得市场的广泛认可，并在法国、意大

利、西班牙等葡萄酒强国雄霸的全球红酒市场中异军突起，获得国际金、银奖128项，并在2019年开始盈利。伴随着焦化厂的关停，张文泉彻底脱离了煤炭资源型产业，实现了从黑色到红色的华丽转型。

（一）跨越周期的资源型企业转型典范

戎子酒庄前身是山西永昌源集团公司（以下简称永昌源集团），是创始人张文泉2000年在乡宁茂源煤化有限公司基础上改制而成的集团公司。永昌源集团2005年成功扩建60万吨焦化厂，又收购了一家房地产公司，永昌源成为集原煤采掘、洗选、焦化、城市供暖、电热联产、房地产开发于一体的典型煤炭资源型企业，并形成"采煤—炼焦—煤化"和"煤炭—电力—供热"煤炭全产业链，资产总额达11亿元，实现利税累计达10亿元。

矢志转型葡萄酒。作为土生土长的乡宁人，张文泉有着强烈的回馈家乡、造福社会的责任感，2006年在国外考察时，被法国百年传承的葡萄酒庄所震撼，意识到葡萄酒产业是"基业长青"的绿色产业，更为重要的是，葡萄酒产业可以帮助当地种植户脱贫，改善当地生态环境。经实地勘察和专家讨论后，认为乡宁县北塬的土壤、无霜期、年降雨量、年有效积温等黄土高原小气候特征及外围条件符合最佳葡萄生产区的要求，是得天独厚的庄园酒生产场所。

2007年，永昌源集团开始了艰难的"黑转绿"的探索之旅，在克服技术障碍、人才短板、设备短缺后，通过人才引进实施创新驱动战略，戎子葡萄酒产品获得一系列大奖。2009年，在全国葡萄酒昆明酒会上，戎子酒庄用两年生"赤霞珠"葡萄试酿一批小试酒，在国内众多葡萄酒厂家的盲评中，其色度、口感均受到好评，且戎子酒庄被中国第三届CEO高峰论坛北京会议列入全国最具成长型的十大企业之一。2014年，戎子酒庄推出戎子鲜酒，填补了我国葡萄酒酒种的空白，从工艺流程到控制要求，创造了系列发明专利，改善了中国葡萄酒市场同质化的现象，开启了中国鲜酒时代。2015年戎子酒庄开展品鉴会活动，开启了中国期酒预售模式的新尝试，当日销售总额也突破了300万元；期酒模式的成功是中国葡萄酒发展史上继鲜酒成功发布上市之后的又一里程碑。同年，戎子酒庄在全球五大国际葡萄酒比赛之一——柏林葡萄酒大奖赛获得三金一银。2016年，在"一带一路"国际葡萄酒大奖赛上，戎子酒庄四款酒获得三金一银；同年，国际一流期刊《贝丹·德梭葡萄酒年鉴（中文版）》首次收录了中国葡萄酒的代表——戎子葡萄酒。2017年，在香港第一届亚洲赤霞珠葡萄酒大赛上，戎子酒庄获得一金一银两项大奖，并于同年荣获2017年贝丹德梭年度十大潜力酒庄称号。2021年酿酒大师柏图预测"戎子酒庄获奖才刚刚开始"。

摒弃资源依赖，彻底转型。在大力发展葡萄种植、高档葡萄酒生产的同时，永昌源集团调整产业战略，做产业调整的"加减法"：一方面，永昌源集团先后出售其煤化板块、房地产板块、水泥建材板块的子公司回笼资金；另一方面，永昌源集团在农业生态观光和葡萄酒文化旅游方面加大投入力度，建成了颇具中国古典建筑特色的戎子书院、戎子博物馆、晋文公庙和占地200亩的葡萄采摘园。截至2019年年末，永昌源集团下属子公司由原来的8个缩减为2个：永昌源煤气焦化有限责任公司、山西戎子酒庄有限公司。根据永昌源集团规划要求，焦化板块工厂于2022年年初被关停，通过充分的资源整合，企业的资源和能力将全部聚焦于葡萄酒产业。戎子酒庄已步入经济良性循环发展阶段，2019年首次实现盈利，并形成自己不可复制的竞争优势，即"六个一流"的系统工程，造就一流的葡萄酒。

一流的葡萄基地＋一流的葡萄原料＋一流的酿酒师＋一流的管理＋一流的团队＋一流的设备与设施＝一流的葡萄酒。

（二）中国葡萄酒女神的塑造者

提起葡萄酒，世人皆会想到法国八大名庄、澳大利亚十大酒庄、意大利五大酒庄，而中国特色葡萄酒几乎一片空白，法国、澳大利亚、意大利等洋酒品牌占据中国葡萄酒市场主流，国内葡萄酒品牌也是在借用外国品牌和葡萄酒文化进行经营。然而戎子酒庄是集优质酿酒葡萄种植、中国中高档葡萄酒生产、农业生态观光、葡萄酒文化旅游为一体现代化综合企业，它植根中国传统文化，致力于打造中国葡萄酒品牌，凸显葡萄酒的中国特色，并填补中国葡萄酒空白。

发掘与发现中国葡萄酒文化。 戎子酒庄在转型探索中发现，乡宁县在春秋战国时期，就有很久远的葡萄酒文化渊源。2700多年前，春秋时期游牧民族戎狄部落曾在乡宁以北活动，戎子是狐戎部落首领狐突的女儿，当时，为了戎狄和晋国的和好，晋献公娶戎子为妻。一代霸主晋文公重耳就是戎子的儿子。相传，戎子常和妹妹小戎子（也嫁给了晋献公）带领一帮姐妹们摘采葛藟（葡萄的古称）食用。有一次，她们把葛藟皮囊放进坑里，数日后囊中葛藟早已自然发酵，酒香扑鼻，皮囊中的葛藟汁就是最早的葡萄酒，戎子姐妹在不经意间发现和掌握了葡萄酒的酿制方法。

戎子发现了葡萄酒，发明了做酒的工具和方法，开创了中华民族的葡萄酒酿造事业，理应称为"中华葡萄酒女神"。但中国葡萄酒文化缺少宣传，导致中国葡萄酒在国际上的知名度并不高。为弘扬中国葡萄酒文化，张文泉誓将戎子塑造为中国葡萄酒女神，因此，永昌源集团的酿酒板块取名"山西戎子酒庄"，葡萄酒也以"大戎子""戎子""小戎子"来命名。

酒庄建设不是购置生产设备、增盖配套设施这么简单，除了生产所需的厂房、种植的葡萄园外，更重要的是把握住酒庄灵魂的所在——酒庄的主题建筑。主题建筑决定了酒庄风格与内在文化。张文泉考察完酒庄后发现，中国的葡萄酒酒庄建筑几乎都是法国等欧洲酒庄建筑的翻版，没有彰显中式葡萄酒酒庄和建筑特色。他与团队最终决定要在建筑设计风格中充分融入中国传统文化。"酒庄自始至终要坚持做民族特色，我们不去和欧洲对比，而要努力做到能充分体现中国风格的葡萄酒。"张文泉表示，"未来戎子酒庄的市场定位于中高端，而高端酒的存在，并不是被炒作出来的，而是实打实地用品质与软硬实力来说话"。

因此，戎子酒庄建设颇具中国文化特色的戎子大道、合藟坊、和园、谐园、戎子博物馆、戎子文化广场、戎子书院、晋文公庙等建筑，并且聘请参加过故宫修复工作的古建筑大师王希圣负责修建。"别人在纸上画，我和古建筑大师王希圣老师一起在地上画具有中国特色的酒庄建筑"，张文泉如是说。

厚植黄土地葡萄酒特色。 在酒庄经营中，张文泉深深感受到：酒庄的核心是葡萄酒，葡萄酒的品质主要源自葡萄，葡萄品质除了人的努力，还需要取决于天时、地利等因素。

独一无二的黄土高原产区具有独特的土壤气候环境条件，是优质葡萄生产的理想场所。戎子酒庄地处晋陕交界的黄土高原，有着最受葡萄树欢迎的贫瘠土壤，黄土层厚度达 200 米以上，为葡萄根系深扎生长提供了有利的条件，（根据实际监测，该区 3 年树龄赤霞珠根系可生长至 3 米以下，5 年及以上树龄赤霞珠根系可生长至 8 米以下）葡萄树可汲取多种营养成分满足自身生长需要。黄土塬面多呈鸡爪型残塬，塬与塬之间沟谷深达 100～200 米，相对孤立的台塬坡地有利于排水、通风、采光，沟壑又形成天然保护带。酒庄位于北纬 35°～36°，海拔 950～1350 米，相对周边地区偏高、偏冷，四季分明、光照充足；昼夜温差大，有效积温 1600 度左右，年均气温 9.9 摄氏度；土层平均厚度可达 200 米以上；黏壤土或壤质黏土，偏碱性，氮、磷、钾等矿物元素含量适中。平均年降水量在 500～570 毫米，相对干旱。黄土高原特有的小气候环境，是酿酒葡萄生长的黄金地带，而品质优良的酿酒葡萄是戎子酒庄无法替代、难以模仿的核心竞争力构成要素之一。

经过 15 年的努力，戎子酒庄通过打造黄土地葡萄酒特色和戎子酒文化，成功实现从煤炭资源型企业向葡萄酒庄的彻底转型。目前，已经在全国开设有 7 家销售公司，打造了 42 家专卖店，4600 余家合作经销商，覆盖北京、浙江、江苏、重庆、上海、海南、河南、河北、四川、湖北、广西、广州等地，并在香港成立分公司，产品出口美国、泰国、英国、法国、德国、澳大利亚、加拿大、菲律宾、香港、澳门 10 个国家和地区，成功入驻英国米其林餐厅。

（三）转型启示

酿酒行业丰厚的利润和山西历史悠久的酒文化底蕴吸引着诸多资源型企业转型酿酒制造，晋商转型酿酒似乎成为一种时尚。2011 年，山西光大焦化集团有限公司转型做山西尧京酒庄，进军葡萄酒行业；2015 年，华鑫煤焦化董事长曹立华投资近 80 亿元打造山西庞泉酒庄；2021 年，山西凯嘉能源集团董事长路斗恒建设张壁酒庄；"中国钾盐大王"文通集团董事长李刚拟投资 40 亿元改造升级山西文水白酒基地。然而，大多数资源型企业转型酿酒都是在不脱离原资源型产业前提下的多元化尝试，而戎子酒庄是彻底摆脱资源依赖、不留后路的"转行"，彰显着决策者张文泉坚韧不拔的勇气、睿智和对葡萄酒产业的信心。

转型可以视为二次创业，是原有资源产业逐渐淡出和转型产业逐渐成长的循序渐进过程，是一个"破"与"立"相结合的过程。一方面要颠覆原有产业，实现跨界经营，另一方又要彻底放弃资源产业，破茧成蝶，形成新的产业布局，真正做到"扬弃"相合。

周期识别与匹配。转行式转型等于重新创业，而创业首先是要识别机会，要求管理层具有良好的机会识别和驾驭能力。张文泉在煤炭行业如日中天的2007年尝试转型做葡萄酒，基于三个判断。其一，在煤炭产业景气程度较高时期转型，对拟转型的葡萄酒产业在品牌、资金、声誉方面的反哺程度最高、时间最长。其二，拟转型产业最佳进入时机为成长前期。虽然在国外葡萄酒产业早已历史悠久，但在中国仍是方兴未艾的蓝海市场：2005—2019年中国葡萄酒每年保持20%以上的年复合增长率，快速成长的行业为企业家留下广阔的创业空间。在强周期的资源产业的复苏后期或繁荣前期转型，在拟转型产业的成长前期进入，这种周期匹配策略需要很高的行业判断能力和时机驾驭技巧，成功转型者如斯：

食者所以治百骸，失其时而生百骸；动者所以安万物，失其机而伤万物。故曰：时之至间，不容瞬息，先之则太过，后之则不及，是矣。贤者守时，不肖者守命也。——《黄帝阴符经》

创新驱动转型。转型仅仅依靠机会和周期匹配远远不够，还需要企业家的创新行为。打造新品类、创造新品牌，打开新市场，构建竞争优势，均需要产品创新、技术创新和商业模式创新。其一，在产品创新方面，戎子酒庄发明了葡萄酒鲜酒品类，并成功举办了中国鲜酒节，扩大了鲜酒的影响力。戎子葡萄酒力推黄土高原葡萄酒的产品特色——矿物质和营养成分丰富，并根据所挖掘戎子发现葡萄酒酿造的历史全力打造中国特色的葡萄酒酒庄文化。其二，在技术创新方面，戎子酒庄相继研发上市了六大系列20余款产品，获得21项专利（其中6项发明专利，8项实用新型专利，7项外观设计专利），起草制定了2项地方标准，1项国家贸易行业标准，发表了18篇科技论文，2项工艺达到国际先进水平，获得了115项企业荣誉、140项国内外品评赛产品奖项，并且通过中国酒庄酒证明商标审核。其三，在模式创新方面，首先，戎子酒庄创造性地使用了品鉴会活动和期酒销售模式，通过邀请消费者来戎子酒庄参观品鉴活动，取得消费者对戎子葡萄酒品牌和品质的认可。其次，建立戎子是中式葡萄酒典范的用户认知，并且成功开启了中国葡萄酒期酒销售模式的尝试，取得良好的效果。最后，率先采用"公司＋合作社＋农户"方式对农户进行管理，相较农业公司对农业生产的"公司＋基地""公司＋农户"模式，戎子酒庄成立"乡宁县北垣葡萄种植专业合作社"，由合作社对农户提供管理和技术服务，对葡萄种植农户的管理，合作社吸引当地葡萄种植大户和村委会领导担任领导层，在密切农户与合作社的关系的同时，缓冲公司与农户的冲突。

克服组织惰性。资源型转型需要企业家精神克服组织惰性。转型过程中的组织惰性主要表现为固守原有的资源投资领域的资源守旧和不愿改变使用资源的组织流程的程序老套。为克服组织惰性，创始人张文泉不断在实践中学习，从一个葡萄酒门外汉成长为中国葡萄酒领域的佼佼者，其成功克服组织惰性的方法主要有三点。第一，设立分离的组织结构，将资源板块和葡萄酒板块的业务隔离，采用不同的考核和激励方式。第二，将外部人力资源引入决策层，以克服资源型企业固有的流程惰性。戎子酒庄曾聘请中国酒业协会文化委员会国际交流专业委员会副秘书长、国家级评酒委员、山西省领导科学研究会副秘书长、常务理事王庆伟为戎子酒庄总经理，聘请国家级一级酿酒师、国家级一级品酒师、第九届"金葡萄创业奖"获得者张会宁为总工程师，聘请法国最顶级的酿酒师之一、被誉为法国酒王的最顶级酒庄柏图斯（Petrus）的原总酿酒师让·克劳德·柏图为外部顾问，聘请中科院郑州果树研究所孔庆山教授为首席园艺师，聘请原西北农林科技大学葡萄酒学院副院长、中国酒庄联盟副主任沈忠勋为外部顾问等。外部人力资源的引入，不仅提高了戎子酒庄的葡萄酒知识和技能，弥补了资源型企业的短板，而且克服了固有的资源使用模式和组织流程，从而建立起适合新产业的组织流程。第三，将转型的压力转变为动力，将外部威胁转化为机会，管理层最终看到了转型成功的曙光，并对未来充满憧憬。总之，通过组织结构独立化、组织决策外部化、威胁机会化成功克服了资源型企业的组织惰性。

戎子酒庄将企业利益和社会利益结合，通过产业扶贫造福一方百姓，得到社会的广泛认可。山西省省委书记林武曾亲临戎子酒庄考察指导，山西省副省长汤志平莅临戎子葡萄酒展位视察指导；先后获得西北农林科技大学、中国农业大学、农科院等的多位教授学者指导帮助，戎子酒庄的先进事迹先后被人民日报、新华社、CCTV、华夏酒报、中国葡萄酒信息网等新闻媒体报道与宣传。

我们相信，在张文泉的倾力打造下，借助酒神戎子的文化底蕴，以及政府、行业各界的支持与帮助，中国的葡萄酒女神，必将光耀三晋、光耀华夏、光耀世界！

八、以开放的胸襟拥抱创新——山西泫氏实业集团有限公司

山西泫氏实业集团有限公司（以下简称泫氏集团）成立于1994年，总部位于山西省高平市，董事长是朱文斌。从1999年至今，铸铁排水管产销量连续23年蝉联全国第一，产品品质与日本久保田、德国Duker等世界一流铸铁排水管生产制造企业比肩，产品行销世界50多个国家和地区，是2008北京奥运会鸟巢、水立方、国家会议中心、奥运村等重点工程的指定供应商，全国大中城市的标志性建筑有80%采用泫氏产品。在一个内陆省份的小县城里，在一个鲜为人知的传统行业里，朱文斌是如何铸就了一个能与国际知名企业相媲美的优秀企业呢？

（一）开放的视野：走出去探寻企业经营之道

1989年6月，朱文斌大学毕业后回到家乡高平县[①]，怀揣父亲给的2万

[①] 1993年5月12日，经国务院批准，高平撤县设市，成为省辖县级市，由晋城市代管。

元创业——开了一个灯具店。那时高平县已有 12 家灯具店，如何在竞争激烈的灯具市场开辟一片属于自己的天地？朱文斌打起了盘算。他首先从调研供应商开始，为此跑遍了国内生产灯具的重要城市，比如佛山、温州、上海等地，并与生产厂家、总店等建立密切联系。随后，他又对客户端进行详细分析，深入了解客户对灯具的偏好。经过缜密的市场调查之后，朱文斌依据客户的需求从全国各地的灯具生产厂家配货，产品新颖潮流、质优价廉，深受当地消费者的喜爱。相反，当地其他灯具店的店主却很少走出去，不了解灯具市场的变化，而且对客户的需求也不研究，卖灯具就像姜太公钓鱼——愿者上钩。如此一来，朱文斌的灯具店越做越好，到 1993 年年底时，其销售额甚至达到了高平市其他 12 家灯具店销售总额的 2 倍多，四年前初入灯具销售业的"新人"眨眼变成了"新贵"。然而，朱文斌此时却萌生了退意，"这个行业太小了，没意思"。1994 年，朱文斌将灯具店转让给了一位亲戚，拿着经营灯具店赚的第一桶金，毅然决然地投身到了铸造业。

高平素有"煤铁之乡"的美誉，因当地煤炭热值高、含硫量低，在春秋时期就发明了"坩埚炼铁"，生铁成本低廉、质量上乘，被称为世界冶炼史上的一朵奇葩。在明、清、民国时期，高平一个县的铁制品能够占到全中国的 20%。自 20 世纪 70 年代国家提出发展"五小工业"[①]以来，高平县村村点火、户户冒烟，1994 年朱文斌进入铸造业时，高平有规模的铸造厂已有 22 家。这些铸造厂虽然起步早，但长期以来裹足不前，未能成为大型优秀企业，主要原因有两点。**一是销售观念差**。这些铸造厂经常是等着经销商上门来买，而没有主动营销的理念，更不必谈了解客户需求。朱文斌调侃他们说："你们和卖煤一样，坐在井口等着拉煤车来就行了。这些煤运到哪里，用来干什么，一概不知，一概不问。"**二是质量参差不齐**。企业、经销商为了盈利，合谋偷工减料，导致企业信誉受损。朱文斌与他们不同，虽然身为泫氏集团的董事长，但不辞辛劳，亲自跑到上海、广州、杭州、福州等地去开拓市场，细致地了解客户需求，掌握大量一手客户端资料，提出定制服务、

---

① 1970 年的"四五"计划中，中央政府要求各省区发展小煤矿、小钢铁厂、小化肥厂、小水泥厂和小机械厂。

按层交付、按间交付等新颖销售策略，不仅提高了客户的施工效率，同时还降低了他们的二次加工成本。而且，朱文斌还提出"铸造诚实和努力"的经营理念，实施"泫氏铸管、铁的质量"的品牌战略。不到一年时间，泫氏集团的铸铁排水管产销量和利润实现逆袭，跻身高平第一，并且从1999年开始至今，在全国铸铁排水管行业连续23年蝉联第一。

纵观朱文斌所涉足的行业，均为传统行业，但他却总能"守正出奇"，差异化经营，挖掘到盈利机会，带领企业快速成长，而推动其成功的核心理念即是：**以顾客为中心**。这一思想及其践行现在看来虽然不足为奇，却已成为当下很多成功企业的必备条件，但在20世纪90年代，在一个相对封闭落后的北方小县城、在经营思想都比较禁锢的集群里，朱文斌能够有"以顾客为中心"的理念并且躬身践行，实属不易。**一方面**，这可能与其家族有着悠久的经商传统有关；**另一方面**，也是最重要的原因，朱文斌喜欢**跳出企业看企业，以更加开放的视野探寻企业的经营之道**。因此，他才能走出四面环山的高平县，到市场经济更发达的沿海城市，开阔眼界，汲取更先进的经营之道，与本地企业经营实践相结合。如此一来，即便是传统行业的一个"后生"，他也能屡屡逆袭，跻身行业头部，带动整个行业的革新与发展。

（二）开放的格局：对标国际先进企业开展模仿创新

在金属型铸造中，涂料技术是个关键因素，其质量直接影响模具寿命、铸件质量及生产率等问题。20世纪90年代初，国内某铸造机械有限公司模仿德国设备生产出了涂料金属型铸管设备，朱文斌敏锐地意识到涂料金属型铸管是未来的趋势，于是迅速联系厂家，购买了一套设备。然而，令人意想不到的是厂家只负责安装设备，不负责工艺，因为厂家当年向德国"偷师"只学到了"形"，没有学到"神"，他们也不清楚工艺的具体内容。令朱文斌"欣慰"的是，不仅泫氏集团购买了该设备，河北围场、山东枣庄与烟台等地还有许多企业也购买了同样的设备，天涯沦落人何其多也！没办法，设备已经买回来了，总不能把它当一堆废铁卖掉啊，于是对涂料一无所知但却喜好钻研的朱文斌，开始了他的"研究生"生活。对涂料铸造的理论不了解，就没日没夜地硬啃书本，半年下来钻研了近 80 本学术期刊与图书；没有实验设备，就拿家里烙饼的鏊子代替，往上面喷涂料，然后测温度，很土的设备，很土的方法。经过半年的不懈努力，1995 年 10 月 10 日，实验终于成功了。依据这一工艺，泫氏集团做出来的铸管深受市场欢迎，虽然价格比其他厂家的铸管贵，但依然门庭若市，产品供不应求。"精明"的朱文斌趁热打铁，赶赴河北围场、山东枣庄与烟台等地，以近乎废铁的价格将当地企业的这些设备购买回高平，开始规模化生产。1999 年起，泫氏集团在铸铁排水管领域开始蝉联全国第一，产品甚至开始远销海外。

日本久保田公司在铸造领域属于国际知名企业，技术力量雄厚。2006 年，日本久保田公司来到中国想找一家代工企业，完成一部分批量小、规格特殊的产品，由于日方要求标准太高，没有企业敢承接这笔单子。业内已有一定知名度的朱文斌知道后，果断地说："没人干，我干！"然而，泫氏集团按照日方的标准试单生产时，成品率只有 20%，而且经日方检验后，合格率只有 30%，即实际合格率只有 6%。朱文斌不服气，觉得日本人在刻意为难自己，于是亲赴日本久保田公司，考察一番后，朱文斌对日本久保田公司的生产工艺不由得竖起了大拇指。为了学到日本久保田公司的精髓，朱文斌还亲自在日本久保田公司的工厂里当了一个星期的工人。随后，泫氏集团经常派员工到日本久保田公司学习，日本久保田公司也派专家来泫氏集团进行指导。初期，泫氏集团一直在赔钱生产，搞得日本人经常鞠躬抱歉说："实在不好意思，让你们赔钱为我们生产"，而朱文斌也非常真诚地鞠躬回应道："非常感谢你们，是你们一直教我们啊"。3 年来泫氏集团的技术储备得到了巨大提高，逐渐打造出自身特有的核心技术与竞争优势。尝到合作的甜头后，朱文斌也坚定了不断开放的理念，随后又与德国的 Duker 公司、美国的 Mcwane 公司等诸多国际著名铸造公司建立了长期合作关系。一个地处内陆落后地区的铸造企业经过不懈努力，终于将自己铸造成了一个**国际开放型企业**，在世界崭露头角，绽放光芒。

著名经济学家林毅夫指出，创新是企业发展的重要推动力，然而对于欠发达企业来讲，若仅依靠原有要素禀赋结构进行**增量创新**，将无法快速进入技术前沿地带。在这种情况下，**模仿创新**不失为一种好选择，即从先进企业引进创新技术或产品，通过不断测试和分析，反向探索技术的原理与特性，全面系统地消化吸收先进技术，并在此基础上进行改进、完善和进一步开发新产品。**从经济理性的角度分析**，它能够降低企业的研发成本和风险，缩短研发周期，探明研发方向，使企业在更加接近技术前沿的位置进行改良型创新，从而在行业中迅速构建差异化的竞争优势，因此模仿创新是后发企业追赶先发企业的一种有效途径。

改革开放初期，沿海发达城市很多初创企业也都是采取了模仿创新的方式，在承接跨国公司加工环节的同时，通过引进设备、"看中学"、"干中学"，不断积淀创新资源与能力。山西地处内陆，经济发展理念滞后于沿海发达城市，但朱文斌与周围的人不同，他的视野更广、格局更大，开灯具店时就经常去南方考察，不仅联系到了丰富的货源，经营思想更是得到了极大的解放。如此，他才能在身边企业还在沉睡时，自己却能**放眼看世界，对标国际先进企业，积极模仿创新，迅速构建自己的技术创新优势**。

（三）开放的胸怀：与行业共发展的同时加强自主创新

通过模仿创新固然能够享受先进企业技术溢出所带来的好处，但也容易导致企业产生路径依赖，掉入"模仿陷阱"的困境，而且当企业的技术水平逐步接近前沿技术水平时，通过模仿所带来的技术进步率将放缓，技术边界效应逐步显现，此时企业需要自主创新，如此才能构建长期竞争优势。然而，创新过程中伴随着巨大的风险，这使得不少企业在创新战略上进退两难，"不创新等死，创新找死"成为很多企业踌躇不决的心声，很多企业宁愿继续采取模仿创新策略赚取微薄利润，也不愿冒险做自主创新的"领头羊"。面对创新悖论，朱文斌非常坦然，"企业十年一小死，唯有不断创新才能解困，因此创新是企业家的日常工作"。

台湾宏碁集团创办人施振荣提出的微笑曲线（见图8-2）指出，高附加值体现在微笑曲线的两端——设计和销售，处于中间环节的制造附加值最低。企业进行自主创新，需要牢牢地把握微笑曲线的两端，**朱文斌的自主创新之**

路，其立足点也正是服务与研发这两点。目前，泫氏集团正在努力把自己从一名"铸管专家"转变为"排水专家"，从一个产品提供者，转变为为建筑排水提供整体解决方案的生产服务型企业。

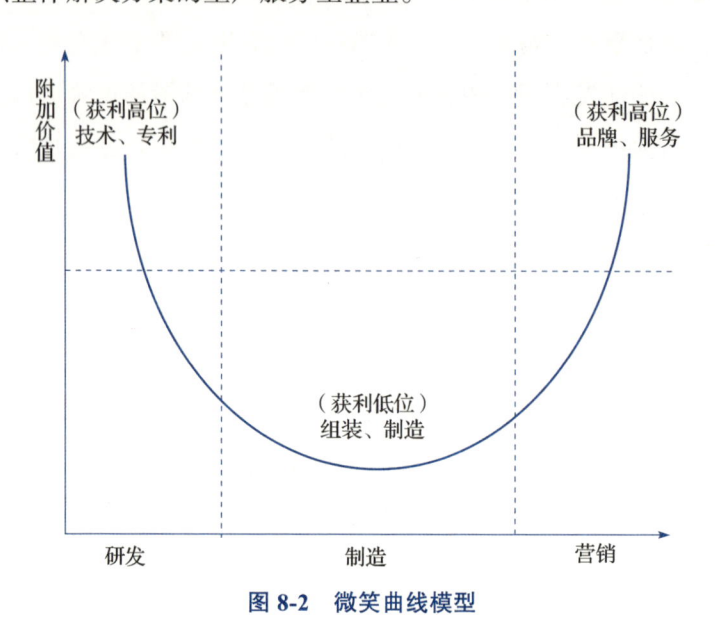

图 8-2 微笑曲线模型

服务向产销前后两端延伸。"以前生产端是我们的重心，现在客户端是我们的重心。现在，我们大量的工作人员都开始走出去，到一线客户端那里。我对他们说'没事了就去舅舅家走走'，要了解客户的需求、价值偏好，要做好客户关系管理"，朱文斌如是说。当年同济大学建筑设计研究院（集团）有限公司在设计完中国第一高楼上海中心大厦（高 632 米）后，朱文斌及时了解到这一设计需要对排水量等数据进行检测，于是组织专家，利用自己公司的专利产品为他们做了完整的系统检测，针对问题提出了系统性的解决方案。类似的项目还有许多，比如为广州国际金融中心大厦的排水系统做系统性解决方案。泫氏集团的服务项目涉及很广，在他们看来，只要与排水有关，他们就能从中挖掘到提供服务的机会。比如，新冠疫情突袭而至后，钟南山院士指出新冠病毒可能会通过粪口传播，朱文斌马上想到了 2003 年香港淘大花园 SARS 传播事件，于是立即组织专家研究返臭的原因及解决方案，目前他们从设计、产品、安装三个方面总结出了 27 个返臭的原因，并提出了彻底解决返臭的排水系统解决方案，并将其应用于诸多高档住宅楼及智慧医院的建设。

行业发展加持下的自主创新战略。①**有行业才能有企业。**泫氏集团在模仿创新阶段，产品质量走在了行业内绝大部分企业的前列，在市场逻辑占主导地位的南方，泫氏集团的产品热销。然而，在市场逻辑不畅的北方泫氏集团却遇到了困难，产品再好也没用，就是卖不出去，每次投标都会因为价格高而"见光死"。朱文斌深感现有产品的国家标准已远远落后于时代的发展，所以组织专家对现有国家标准进行了修订。同时，朱文斌把自己的工程向竞争对手开放，让他们来看、来学，让整个行业跟着一起进步。有些人说朱文斌"太傻了"，怎么能把自己的看家本领漏给竞争对手呢？就不怕"教会徒弟饿死师傅"？朱文斌却不以为然，他觉得："有行业，才能有企业。你跑得快没事，但没人跟得上就麻烦了。领着大家一起跑，这个行业才能有好的生态，才能有更多的人认识、认可铸铁排水管，自己的企业才能做得更好。"为此，泫氏集团每年都会到全国各地贯标，讲解最新的排水设计与技术等，努力提升行业的认知水平。②**开放式创新助力企业自主创新。**泫氏集团做到铸铁排水管国内第一后，技术能力已达到国际水平，企业创新进入无人区，继续模仿的余地狭窄，若想获得持续竞争优势，自主创新势在必行。开放是泫氏集团一贯的作风，自主创新也不例外，通过开放式创新，泫氏集团突破组织边界，获取到了更丰富的外部知识来打造自身的技术创造力。2011年，泫氏集团参照国际先进技术，与国内的厂商合作，自主研发生产出九工位离心机，不仅自动化程度高，产品品质亦可与日本久保田公司相媲美。同年，泫氏集团还建成了国内第一座建筑排水实验塔，邀请国内外著名专家依据该实验装置研究排水理论。2015年建成全国建筑排水管道系统技术中心，武汉大学、同济大学等知名院校的建筑排水专家都是中心的顾问。在一系列科研攻关下，企业产品质量稳步提升，通过了法国船级社BV、英国WARS、韩国KSD、瑞士SGS产品体系认证，产品远销美国、英国、意大利、德国等50多个国家和地区。

泫氏集团的创新路径与一般企业不同，它不是一味地模仿创新，也不是积淀足够创新资源之后更上一层楼——自主创新，而是还有一个中间环节——引领行业的创新发展，而且自主创新之后也还会引领行业的创新发展（见图8-3），因为泫氏集团不仅是行业的领先者，更有行业领导者的担当与风范。

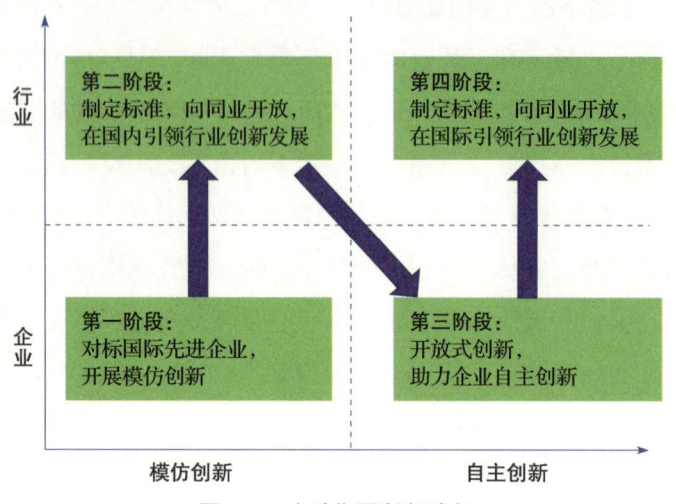

图 8-3　泫氏集团创新路径

思想的开放不因地域有别，不因产业有别，优秀的企业家无论身处何地那颗炽热的心都会仰望星空，无论经营何业那颗躁动的心都会革旧立新。开放的视野让他们在迷雾中寻找前进的方向，开放的格局让他们在探寻的路上不再孤单，开放的胸怀让一群追逐梦想的人聚在一起，共创盛世，共享繁华！

九、从商贸到物流供应链——山西穗华物流园有限公司

山西穗华物流园有限公司（以下简称山西穗华物流）董事长张志杰，登上"2019中国物流十大年度人物"领奖台时，面对身旁北京宅急送、壹米滴答、美团配送等的董事长们，作为山西物流界的新秀，他在荣幸和自豪之余，更加感受到山西物流发展的差距。任重道远，荣誉是新的起点，他立志承载起山西物流发展的使命，带领山西穗华物流园，领跑山西智慧物流和供应链的发展。

山西穗华物流园有限公司成立于2012年5月，以"工业品下乡、农产品进城"为己任，物通万家，连接城乡，多年以来坚持走"以仓为基、仓配联动、添仓融合、两翼齐飞"的物流园区发展之路，已形成阳曲物流园和农

谷物流园双园互动的发展格局，获评国家 AAAA 级物流企业、中国优秀物流园区、山西省示范物流园、山西省现代服务业集聚区，被商务部评选为首批智慧物流示范基地。穗华阳曲物流园位于太原市阳曲县青龙镇，园区定位于山西省生活日用品商贸物流基地，占地面积 415 亩，仓储面积 20 万平方米，入驻企业 120 家，年货物吞吐量达 350 万吨，是太原市快消品多仓共配供应链试点的链主单位。穗华农谷物流园位于晋中国家农高区（山西农谷），园区定位于山西省农特产品商贸物流基地，占地面积 210 亩，冷库 9500 平方米、展销库 28000 平方米，是山西省农产品国际交易中心首个投入运营的项目。穗华物流致力于打造中国领先的综合型智慧物流园平台，引领山西物流行业与供应链高质量发展。

（一）穗华物流初创——辞职下海，转战商贸

1992 年，张志杰作为电力行业外派人员，率领团队南下广西、广东、海南，进行公派贸易往来，"沿海城市的活力，让我们第一次切身地感受到商贸对于城市的影响力"。从最初的煤炭贸易合作，到后来的房地产、酒店等项目合作，不仅让他和同事们大开眼界，也对商业贸易有了更为领先的认知。2000 年他离开单位，开始创业，成立山西穗华包装有限公司、山西穗华酒业有限公司，与山西杏花村汾酒集团深度合作，相继打造出"珍珠汾酒""北特加酒""汾特佳酒"等多款市场畅销产品，创造了良好的销售业绩，下辖西南、中南、西北、华东、华南、华北、东北等多个营销中心和中转库，基本搭建起了全国性的运营网络平台。

多年在广州工作的见识和在商场的打拼，练就他对于政策的先知先觉和市场机会的捕捉能力。

（二）转型物流——实现从商贸到物流和供应链服务的蝶变

1. 物流园项目选择：把握政策，顺势而为

2001 年，原国家经贸委等发布《关于加快我国现代物流发展的若干意见》，2004 年国家发展和改革委员会等发布《关于促进我国现代物流业发展

的意见》，2009年国务院发布《物流业调整和振兴规划》，2011年国务院办公厅发布《关于促进物流业健康发展政策措施的意见》。十年间一系列物流政策的密集发布，表现出国家大力支持和促进物流产业健康发展的决心和紧迫感。

（1）洞察商机。

2010年，张志杰担任着山西省代理商联合会副会长和山西省酒业商会副会长，凭借自己多年在商贸领域的经验，以及代理商们在商贸运作中对物流服务的迫切需求，他立刻意识到国家物流政策发布的深远意义，决定投资建设物流园区，并于2011年签约土地。2013年国家发布《全国物流园区发展规划》（发改经贸〔2013〕1949号），而穗华物流已于2012年破土动工，文件发布时，园区按规划布局正在顺利进展，即将完成第一期的建设任务。

（2）市场导向。

传统的物流园区都是先建设、再招商，但张志杰的思维是市场导向的，在园区建设尚未开始时，他就谋划着园区应首先服务于代理商联合会的主要单位。在召集代理商联合会副会长单位一起讨论后，几个家用电器、快消品和白酒等品牌代理商纷纷响应，大家实行众筹，共同发起成立股份制企业，所以物流园筹备之时就已经自带市场流量。

2. 业务探索：以重资产为基础，打造智慧物流园平台

物流园区运营从招商开始，但简单的招商并不能承载张志杰转身为物流人的梦想，他要将园区打造成一个集物流空间提供商、物流服务平台运营商、供应链金融管理专家为一体的综合性、智慧型的生态圈，并逐渐建设20个县域物流园，覆盖省、市、县、乡四级城乡商贸配送体系，将穗华物流建设成山西省最大的物流园运营平台。

（1）园区招商。

园区招商是物流园最基础的业务，目前入驻企业有120家，且入驻园区的物流企业特色鲜明、差异互补。基于入驻企业的优势资源，张志杰提出打造全重量配送体系、建设穗华陆港的新构想，即整合申通快递＋中铁快运＋恒路物流＋聚盟供应链＋老鸿运物流＋穗华飞豹的资源，形成集快递、快运、合同物流、大票零担、省内零担专线、同城配送于一体，覆盖所有公斤段货物，通往全国各省、各市、省内各县的运输和配送网络。

（2）城市配送。

为服务园区众多的中小企业，穗华物流组建了新能源货运车队，配备城市配送车辆40余台，在太原市内开通了12条纯电动、公交化城市配送线路，形成了较为完善的城配网络，实现了太原市区全覆盖，为中小微供应商提供商超类保镖式、绿色通道化的公共仓储、共同配送、夜间配送等专项服务，服务合约客户30余家，业务涉足家电、酒水、日用品、化妆品、生鲜果蔬等行业。

（3）添仓专卖。

添仓是指农家往仓房囤子里增添粮食。穗华物流添仓专卖将古老民俗与现代仓储相结合，在物流园区建设了线上商城与线下的园区仓卖馆，馆内聚集了上千种知名快消品、山西特色优质农产品、山西药茶及文创产品，结合电商直播，将线上展示和线下体验相融合，以其正品、平价、仓库直卖等优势，通过城郊仓储体验消费的方式，为商家开辟了新的销售渠道。

基于园区招商，不断探索新的业务领域，穗华物流以前期重资产的投入，搭建了物流运营的基础平台。这一平台不仅服务了众多的物流客户，且锻造了一支能打善战的管理队伍，张志杰觉得团队已具备为山西企业输出物流与供应链管理理念和方案设计的能力。

3. 服务拓展：以软资源为实力提供供应链运营服务

物流是供应链管理的一部分，从大物流的视角看，企业的物流应该放在供应链整体物流之中，集成供应链上所有企业的资源、组织、业务、流程等，共同提高工作效率和效益。山西企业供应链的理念尚未树立，各自单打独斗，缺乏供应链上下游的合作和资源共享，张志杰再次看到企业发展的机会。

（1）供应链平台建设。

为促进供应链协同化、标准化、数字化、绿色化、全球化发展，着力构建产供销有机衔接和内外贸有效贯通的现代供应链体系，2017年10月国务院办公厅下发《关于积极推进供应链创新与应用的指导意见》。穗华物流积极申报太原市快消品多仓共配现代供应链体系建设项目，作为链主单位，2018年由穗华物流园牵头，并协同美特好物流、唐久、山西苏宁、万鑫物流、沪邦供应链等单位，共同打造SaaS化智慧供应链云平台，聚合产品，为连锁综超、便利店及部分社区单体店开展高效配送，建设了太原市快消品多仓共配现代供应链体系；2021年启动粮油、面粉大宗交易及多多买菜等集采业务，并研发了添仓大宗交易系统，以平台化、生态化、数字化构建供应链体系，嵌入连接供应链上下游，实现了从物流服务到供应链服务的升级。

（2）提供农产品供应链运营服务。

2017年9月，《国务院关于支持山西省进一步深化改革促进资源型经济转型发展的意见》提出"打造山西'农谷'综合性、专业性科创中心"；2019年11月，国务院批复同意将太谷科创中心建设为山西晋中国家农业高新技术产业示范区。2020年穗华物流成立山西农谷穗华供应链有限公司，以物流和供应链管理优势走进晋中国家农高区，负责山西农谷电商直播基地、山西农特产品农谷体验馆、山西农特产品加工体验馆和山西农谷冷链物流基地四大展馆的运营。自此，穗华物流形成双园互动格局，完成从单纯物流提供者到完整的供应链服务提供商的华丽蝶变。

（三）双园互动格局的资源编排和商业模式

穗华物流从物流到供应链的服务转型，是在资源不断积累后重新进行资源编排的过程，不同的资源编排路径，形成了两园间差异化的商业模式，两园的运营各自独立又相互支撑。

1. 两园不同的资源编排路径和过程

资源编排理论认为，企业管理者通过构建资源组合、捆绑资源形成能力和利用企业创造价值来有效管理资源，推动企业持续增长。企业资源编排的方式一般有拼凑式、整合式和协作式，拼凑式资源编排以当前拥有的有限资源为主进行优化组合；整合式资源编排将企业内外部资源有机捆绑，整合内部核心优势和外部政策支持等，实现企业价值；协作式资源编排注重拓展外部相关者关系，协同利用内外部资源，创新商业模式。梳理穗华物流资源编排的路径，可以看到穗华物流在两园模式中，通过利用资源并编排资源建立能力、创造价值和获取竞争优势的不同过程，见表8-3。

表8-3 穗华物流资源编排路径和具体过程

两园互动		阳曲物流园	农谷物流园
资源编排路径		从拼凑式到整合式	从整合式到协作式
资源编排过程	构建资源组合	代理商众筹资金；代理商是股东也是客户；引入职业经理人团队；把握物流园招商客户的不同特色	注重和行业协会的沟通；保持和政府相关部门的紧密联系；和山投协作，达成运营契约
	捆绑资源形成能力	捆绑申通快递+中铁快运+恒路物流+聚盟供应链+老鸿运物流+穗华飞豹的资源，具备集快递、快运、合同物流、大票零担、省内零担专线、同城配送于一体的能力	培育员工队伍，整合企业团队优势，具备供应链管理能力；山投以总资产建设农谷产业园，穗华物流以物流和供应链管理优势形成运营团队，二者资源捆绑
	利用资源创造价值	通过所形成的覆盖所有公斤段货物，通往全国各省、各市、省内各县的运输和配送网络，创造价值	通过农谷电商直播基地、农谷体验馆、加工体验馆和冷链物流基地的运营，获取价值

2. 两园差异化的商业模式

商业模式主要描述企业的经营过程，核心在于回答"创造什么价值"和"如何创造价值"。其本质是对企业向客户传递价值的方式作定义，吸引客户为这些价值付费，并将这些费用转化为企业的利润，商业模式的设计主要包括内容、结构和治理三个要素。阳曲物流园以园区资产为本，提供仓储配送等管理服务，以资产的利用为主导，这里称之为资产导向的利用型商业模式，主要特点是关注业务优势的确立，搜寻战略优势，内涵式发展（重资产的有限性）；农谷物流园是以服务能力为本进行园区运营，以服务的探索为主导，称之为服务导向的探索性商业模式，主要特点是对于新兴业务，利用已有优势，积极寻找新的机会，外延式拓展（服务能力的无限延伸）。从具体商业模式设计要素的不同内涵可见两园的差异，如表8-4所示。

表8-4 穗华物流商业模式分析

两园互动	阳曲物流园	农谷物流园
商业模式类型	资产导向的利用型商业模式	服务导向的探索性商业模式

续表

两园互动			阳曲物流园	农谷物流园
商业模式设计要素	内容	价值定位	快消品仓储配送及供应链服务	农特产品物流与供应链服务
		价值创造活动	物流园区招商、配送、仓卖、电商等；成立子公司	与山投合作；四个农谷子园的运营；成立运营公司
	结构	交易伙伴	园区客户、园区配套服务的相关部门	山投、农户、政府、个体消费者、农产品加工商
		网络关系	为园区客户提供仓配一体化的服务关系	基于农特产品的供应链复杂网络关系
	治理	利益分配	租金+配送费+其他收益	运营管理费+其他收益
		激励、约束机制	对客户，以日常业务、普通商贸合作为主，按合同提供租金折扣、返还、增值服务补偿等；对员工，以绩效考核为主，针对具体项目，形成"平台+合伙人"	与硬件投资者是战略伙伴关系，以契约收取运营费用；对员工形成运营子公司，事业合作伙伴，"平台+合伙人"模式

最后，表中的"平台+合伙人"模式值得进一步解释，2012年穗华物流园成立之时，就以几个股东众筹的方式，建立股份制公司，之后经过10年的探索，事业合伙人模式更加丰富和成熟，目前已形成项目跟投、穗华创客、独立销售、连锁加盟、阿米巴经营等多种制度，张志杰将之称为穗华特色的"平台+合伙人"模式，最终目的是"让干活的人得到最大的实惠"。如"对于缺乏资金的研发项目，可成立合伙人团队，形成利润后，80%归团队，20%归企业平台"；再如"对于五五比例投入资金的项目，在分成时另加两份给干活的人，即以七三的比例进行利润分配，企业平台只留30%"。就是通过这种"平台+合伙人"模式，穗华物流将整合到的资金、人力、物流、信息流等各类资源高效运营，有效地保障了既定战略的执行和落地。

从商贸到物流，从单纯物流业务到整体供应链解决方案的提供，穗华物流因拥有眼界开阔、高瞻远瞩的企业家，踏实吃苦、深耕专业的物流团队，以及"平台+合伙人"的激励模式，通过不同方式的资源编排，形成"阳曲物流园+农谷物流园"双园互动的商业模式，目前，穗华物流正在寻求新的合作伙伴，以服务能力的延伸将市场布局向"2+N"的方向拓展，扬帆起航，力争成为山西智慧物流和供应链的引领者。

第九章

新晋商企业实践案例[①]

受时间、能力和篇幅限制，本报告难以对所有调研过的企业进行逐一展示。因此，本章将不同的企业归于某一主题，进行分类展示，力图从不同侧面展现企业经营管理的特色。对所有的企业来说，这样的展示虽难免挂一漏万，但对创作团队来说，已经尽了最大的努力。希望为崛起中的新晋商提供最大可能的参考。

---

① 本章所涉及的数据引自企业官网、官微、公开报道等。

一、非公党建

习近平总书记指出，"非公有制企业是发展社会主义市场经济的重要力量。非公有制企业的数量和作用决定了非公有制企业党建工作在整个党建工作中越来越重要，必须以更大的工作力度扎扎实实抓好"。山西省一直重视非公有制企业党的建设工作，全面加强党对民营经济的领导，为推动新晋商企业高质量发展凝心聚力。新晋商企业将非公党建作为应对企业困境或寻求企业突破不可替代的"关键牌"，从实际需求出发来谋划党建工作，以党建引领企业经营管理，有力推动山西非公党建与业务融合的进程，涌现出不少具有特色和示范效应的党建案例。

（一）山西建龙：非公党建扭转企业交接僵局

建龙集团接手原海鑫集团之初，企业发展处于市场、管理、债务等多重困境，党组织作用发挥较弱，员工人心不稳，企业复工复产困难。公司党委紧盯企业转型发展目标，确立了"1237"党建工作思路，部署了"围绕发展抓党建，抓好党建促转型"的实践路径，坚持党建目标与发展定位相融，做到同步谋划；组织体系与管理架构相融，做到同步建设；党员管理与人才培养相融，做到同步推进；党建活动与生产经营相融，做到同步发展；党建底色与社会效益相融，做到同步提质；形成了独特的"五融五同"工作机制。经过几年的持续探索实践，取得了显著成效。党企"一盘棋"思想深入人心，党委"主心骨"地位得到巩固，党员"先锋队"作用充分发挥，企业"新蓝图"描绘更加清晰，以一年一个百亿的台阶，2020年销售收入突破500亿元，2021年销售收入接近600亿元。公司党委推动企业在国家战略中找准定位、跨越发展，紧盯在"黄河金三角"建设"千亿级钢铁深加工产业集群"的战略目标，全力打造中西部精品钢制造基地，勇当山西省产城融合发展的排头兵。

（二）天星集团：非公党建厚植企业成长动能

天星集团作为改革开放的同行者，经过了创业、创新、扩张、转型四个发展阶段，现在正向着高质量发展方向大步迈进。随着天星集团由小变大的发展过程，企业党组织也从刚开始的党小组、党支部、党总支，到2011年成立了党委。40多年来，天星集团牢固树立"围绕发展抓党建，抓好党建促发展"的理念。集团党委推进基层党组织建设，自主创立了富有天星特色的"党建321工作法"，并在山西省非公党建工作会上交流推广经验。"3"就是抓好三个建设：一是加强领导班子建设，发挥"领头雁"作用；二是加强和提升基层党组织建设，充分发挥战斗堡垒作用；三是提高党员干部队伍和员工队伍的整体素质，抓好人才队伍建设。"2"就是做好两个结合，即党建工作与企业文化建设和履行社会责任相结合。"1"就是紧紧围绕"经济建设"这个中心。结合实际创新地开展工作，"支部建在井口、学习延伸到班组""一名党员一面旗、凝心聚力谱新篇"等做法成为天星集团党建工作的亮点。集团党委在推动企业转型发展过程中注重把"强企报国、履责利民"的天星使命融入企业党建工作，规划了天星集团五大文化工程，成为创新党组织活动的载体和着力点。一是创办《今日天星》报，二是谱写《天星人》歌曲，三是制作《天星展厅》，四是摄制《天星专题片》，五是编印《企业志》。

目前天星集团已成为集能源产业、物流运输、房地产开发、商业贸易、资本投资和民生产业六大板块于一体、具有多元产业格局的现代股份制民营企业。天星集团在自身发展的同时非常注重履行社会责任和推动共同富裕，近年来集团为新农村建设、捐资助学、贫困救助、老年事业、文化事业、环保事业、光彩事业、产业扶贫事业累计捐助达1.2亿元。投入巨资进行矿区搬迁和新农村建设，成为当地村企利益共享的典范。天星集团连续多年被授予"全国诚信企业""全国敬老文明号""全国守合同重信用企业""省功勋企业""省百强企业""晋中市优势企业"等荣誉称号，是当地名列前茅的纳税大户。

(三)浩翔集团：非公党建赋能企业转型发展

浩翔集团以"强党建"为切入点，始终坚持"企业发展到哪里，党的组织就延伸到哪里；哪里有生产经营，哪里就有党旗飘扬"，保证党建和项目"四同步"，即党建和项目同步谋划、党的组织同步设置、党组织负责人同步配备、党建工作同步开展，把职工和党员紧紧团结凝聚在党组织周围。以"一抓根、二抓魂、三抓力量"的党建工作法，即以坚信共产党的领导为信仰之根；以发挥党组织的政治核心、政治引领作用为魂；以党建与工、团组织相结合为力量；以党建与国家、企业、社会相结合为力量；以党建与榜样引领相结合为力量。突出党建引领，促进企业发展；突出和谐创建，服务职工群众；突出价值传播，履行社会责任。

通过"三心"（让流动党员"暖心"、让在职党员"安心"、让一线党员"齐心"）、"三亮"（党员身份"亮出来"、工作承诺"亮出来"、表率作用"亮出来"）、"五平台"（"党建+学习"平台、"党建+交流"平台、"党建+互助"平台、"党建+活动"平台、"党建+公益"平台），为集团高质量高速度转型发展注入强劲的"红色动力"，奏响了"党建赋能聚合力，实干笃行促发展"的奋进曲。

2018年，浩翔集团聚焦晋城文化旅游资源，倾情打造"晋城华谊兄弟星剧场"，在企业转型发展征程上迈出了坚实脚步。推动这样一个大项目，不仅体大量大，而且诸事繁杂，以浩翔集团董事长史军民为代表的党员干部和创作团队不眠不休研究方案，应势而谋破解时局，积极对接相关部门，加快协调配套基础设施建设，圆满落地这一大型文旅商业综合体，实现了经济效益和社会效益"双丰收"，连续入围山西省民企百强，先后获得"山西省优秀企业""山西省五一劳动奖状""双强六好"省级示范党组织等荣誉称号。

20多年来，党建工作已经成为浩翔集团融入发展的"助推器"、凝聚员工的"主阵地"、促进和谐的"润滑剂"。未来，浩翔集团将继续坚持党建工作与企业发展"两手抓"、党建工作与企业文化"双促进"，用党建引领企业转型发展。

（四）华洋集团：非公党建助推企业高质量发展

华洋集团从成立以来就非常重视非公党建的引领作用，确立了"听党话、跟党走，党旗红、民企兴"的发展宗旨。1999年，华洋集团成立了党支部；2000年，华洋集团又成立了企业工会和共青团组织。长期坚持党建引领、组织带动、先锋促进，实现了党建工作与企业经营管理高度融合、党建活动与企业文化高度融合、党员先锋模范作用与提升团队能力高度融合，推动了企业持续健康高质量发展。近40年的稳步发展充分证明，华洋集团的每一步成长与发展，都离不开党和政府的关怀与指导，离不开社会各界的信赖与支持，离不开一代又一代华洋人的共同努力。在成长过程中，华洋集团始终把"党旗红、民企兴"作为持续健康发展的理想信念和不竭动力，并坚持以组织建设带动和促进企业发展，收到了良好的经济效益和社会效益。华洋集团从一个小家电门市部起步，目前已成为一家集汽车销售与维修、房地产开发、职业教育、现代物流、新能源等多板块产业于一体的民营企业，真正实现了企业的高质量发展。

目前，集团党支部已成为全市民营企业党建工作的示范点，各级党委领导曾多次到公司观摩指导，给予了充分的肯定和好评。近年来，集团先后获"全国五四红旗团委""全国厂务公开民主管理先进单位""全国诚信企业""山西省模范单位""山西省'双强六好'示范党组织""山西省百强民营企业""山西省服务业20强""山西省五星级基层工会""晋城市文明单位标兵"等荣誉称号。

（五）古建集团：非公党建引领企业文化建设

古建集团成立于1995年，是全国第一家省级古建筑施工企业，也是国家建设部批准的全国第一家园林古建筑专业承包一级资质施工企业。古建集团在董事长王国华的带领下，坚持党的领导，夯实内功、聚力创造，牢固树立保护历史文化遗产责任重大、使命光荣的观念，切实增强做好新时代文物工作的思想自觉和行动自觉，努力争做新时代的奋斗者、建设者、实干者，为经济社会发展贡献力量。古建集团以"光大民族传统，铸就古建伟业"为使命，不断规范企业发展，加速企业改制，完成了管理模式向集团化、现代化管理迈进的历史性转折，打造出了一支技术过硬、质量优良、管理严格的古建筑施工队伍，人才实力雄厚。在"立足大同，覆盖山西，面向全国"的经营战略指导下，古建集团的业务全国开花，已遍布全国 20 多个省、市。

在党建引领下，古建集团跻身中国建筑企业 500 强，在业内曾获得"詹天佑奖"和"鲁班奖"，被众多媒体誉为"古建筑行业的王牌军"。在转型发展、文化强省的时代背景下，古建集团将继续致力于发扬"团结奋进，求实创新，传承文化，缔造经典"的企业精神，继续全力打造品牌工程，竭诚为社会提供优质高效服务，为早日进入国际市场的目标而努力。

（六）小结

非公企业党建工作已经成为党领导经济社会发展的重要组成部分。党建工作对非公企业发挥了政治引领作用、战斗堡垒作用、平台作用。政治引领作用表现为确保企业经营的目标和方向不偏离；战斗堡垒作用表现为在科研攻关、制造升级、产业延伸等领域充分发挥党组织的先进性和党员的模范性；平台作用表现为很好地搭建起企业与政府、社区、行业协会、业务伙伴、客户等的沟通渠道，促进信息的充分和有效交流。与以上五家民营企业一样，众多新晋商企业坚持党建引领，强基础、谋创新、比作为，推动非公党建工作与企业发展深度融合，实现党建工作与企业发展同频共振。

当代晋商要持续探索非公党建与企业发展深度融合的路径，将党建引领全省民营经济高质量发展落到实处，让崛起中的新晋商不断实现新的突破。

二、乡村振兴

乡村振兴离不开企业的带动。企业如何有效利用乡村资源？如何在乡村振兴中最大限度发挥企业优势？如何通过企业发展带动乡村振兴？新晋商热衷于为乡村振兴贡献力量，涌现出诸多乡村振兴典范。本节介绍乐村淘、中阳钢铁、振东集团、聚义集团、古城乳业这五家企业分别在数字乡村建设、美丽农村建设、乡村产业振兴、村企共建、农业产业化方面的有益实践，为推动我省乡村振兴战略落地提供借鉴和启发。

（一）乐村淘：数字平台赋能乡村振兴

乐村淘是一家聚焦农村、服务于8亿农民的农村电商平台，是一个专注解决农村"买难卖难"痛点的B2B2C平台。乐村淘创始人赵士权的创业初衷就是全心全意为农民服务。如何让村里的人用上好产品，提高他们的生活品质，如何实现农产品订单生产，让他们过上富裕的生活，是乡村振兴亟待解决的问题。鉴于淘宝等电商平台为城市居民提供便利已是不争的事实，赵士权便想到了在村镇也发展电商，乐村淘村镇O2O服务平台应运而生。2014年7月22日，中国领先的村镇O2O电商平台——乐村淘村镇O2O电商平台上线。乐村淘在利用互联网思想和技术改变村镇用户生活方式的道路上，迈出了开拓性的第一步。

区别于B2C、B2B、C2C等电子商务模式，乐村淘村镇O2O电商平台是将中国现有的村镇小卖铺升级改造成为乐村淘线下体验店，通过乐村淘平台，把高品质的商品和服务快速输送到农村，再把优质的水果、蔬菜、农产品和剩余劳动力高效输出，用户在线上下单、支付，在线下享受优质的服务，从而形成一个闭合的"商流、物流、信息流、资金流"循环系统。

乐村淘赋能乡村建设的主要做法如下。一是实施农村电商惠民行动。乐村淘发挥电商技术和供应链优势，通过工厂直采，为农村便利店和小卖铺提供物美价廉的货品，增加农村店铺的商品种类、数量，提高商品质量。同时对农村店铺进行数字化、品牌化、系统化升级改造，打通农村线上线下购物通道，培养农民线上购物习惯。二是打造"一县一品"优势产业。乐村淘致力于农村"一县一品"的深挖、品牌文化的推广，通过互联网思维、理念、技术和资源优势，打造爆品农产品，带动各县域农业产业的深度持续发展，帮助老百姓持续增收。如吕梁中阳县2018年刚刚起步的木耳种植产业，乐村淘通过对木耳的分拣、包装、深加工、全渠道营销、矩阵式推广等系列运营，直接促使中阳县农民收入倍增，使2000多户贫困户脱贫，短时间内让中阳县发展成为"中国木耳之乡"，形成了产业扶贫与消费扶贫的强大合力。第三，加快数字乡村建设。依托农村电商大数据基础，拓展建设智慧农业、智慧党建、智慧村务等平台，做好农业、农村、农民的数字化。通过数字化实现三农精准对接，为农民提供更多有用、准确的信息，达到供需平衡、供销对路的目的，避免因为信息差导致农民盲目种植、盲目养殖，有力推动农村供给侧结构性改革。

目前，乐村淘已成为拥有1035个县级管理中心、120000多家村镇体验店、覆盖全国25个省份的"最懂农村平台"。公司已经拿到了五轮股权融资，市值达20亿元。乐村淘获得了多项国家级荣誉，是中国电商乡村振兴联盟主席团单位，被商务部认定为国家级电子商务示范企业、数字商务企业，被农业农村部评为全国农业农村信息化示范基地，被工业和信息化部认定为2022新型信息消费试点示范项目。赵士权董事长被党中央、国务院授予"全国脱贫攻坚先进个人"荣誉称号。

（二）中阳钢铁：社会责任成就乡村振兴

中阳钢铁创建于1985年，30多年来一直不折不扣践行着"奉献社会不求所有，造福乡土只图所为"的核心价值理念，将"让职工、让社会共享企业发展的红利"的根本价值取向，积极履行社会责任，持续改善农村人居环境。党的十九大报告提出了乡村振兴战略和"产业兴旺、生态宜居、乡风文明、治理有效、生活富裕"的总要求，中阳钢铁责无旁贷肩负起历史责任与时代担当，积极为实现共同富裕与乡村振兴拿出实际行动，将建设阳坡塔新村作为企业发展中的一件大事来抓，高起点规划，高标准建设，让阳坡塔村的所有百姓过上城市人的生活，实现物质文明和精神文明互融互促，为新时代美丽乡村建设贡献"阳坡塔样本"。

昔日的阳坡塔"一沟两山四面坡，两垴一塔土石窝"，自然条件十分恶劣，四面环山，沟壑纵横，出入崎岖小道，起居简陋窑洞，天旱收成无几，雨涝收入甚微,是全县典型的无水、无路、无粮"三无村"。

中阳钢铁以工哺农,通过改善基础设施、营造宜居环境、拓展收入渠道,探索出一条农村公司化、农民职业化、农业产业化的可持续发展道路。30多年来,中阳钢铁累计投资十几亿元,搬土五万立方米,造田二百亩,筑渠五千米,植树万余株,建成景观大街,打通阳钢隧道,实现高山流水;修建二层别墅361套,让阳坡塔、石家塌、乔则沟三个自然村的村民,全部搬出了简陋窑洞,住进了高档新房;配套公共设施,出门就是依山而建的公园、宽阔靓丽的音乐广场;为340人解决就业问题,人均年收入超8万元;实施经济林富民工程,人均收入增千元。昔日的穷村变成了远近闻名的富裕村。

懂得乡村,才能振兴乡村。中阳钢铁不仅注重乡村物质文明建设,更注重乡村精神文明建设,配套公共设施,在建设依山而建的公园、宽阔靓丽的音乐广场的同时,还建起了文体中心、餐饮中心、网电中心、医疗中心、购物中心、科教中心六大中心,引领居民对生活的新追求,切实让他们从精神、文化、健康等方面感受到现代生活的意义。特别是老年人,在阳坡塔村实现了老有所享、老有所依,每月享受敬老金,每天享受敬老餐;定期体检,建立动态健康档案;量身定做,每人一套西装和便装;时尚生活不落伍,给老年人每人发放一部智能手机;成立老年人协会,组织老年人开展健身操、广场舞等锻炼活动,让老年人老有所养,老有所乐。修建"敬孝堂",专门用于举行丧葬活动,以文明、节俭、环保的方式代替昔日烟熏火燎、吹打念经等陈规陋俗;运用村规民约、红白理事会章程等制度推动移风易俗,大力培育文明乡风和淳朴民风。

如今的阳坡塔村民,物质生活丰富,精神生活充盈,逐步实现婚丧事宜简单化、民间习俗文明化、移风易俗常态化,营造了崇尚孝道、勤劳、节俭的乡风乡训,幸福感、获得感和安全感满满。阳坡塔村也因此得到了上级部门的多次表彰,先后获得全国民主法治示范村、市级美丽宜居示范村、吕梁市移风易俗示范村等荣誉称号。

中阳钢铁董事长袁玉珠明确指出,中阳钢铁只有坚定不移地走"共同富裕、全面文明"的发展之路,企业才能实现真正的高质量发展。目前阳坡塔村已形成了"生产美产业强、生态美环境优、生活美乡风好"的共富模式,正在进一步提升乡村旅游功能、休闲功能,下一步将会实现以农促游、以游富农。

(三)振东集团:产业扶贫助力乡村振兴

振东集团创建于1993年,总部位于山西省长治市,以石油贸易起家,后转型制药,秉承"与民同富、与家同兴、与国同强"的核心价值理念,争做"山西名片、中国名牌、国际品牌"。目前拥有八大工业企业,下辖32个子公司,设有三大研发平台,涵盖了"中西制药、保健功能食品、健康护理用品、中药材种植"四大板块。振东集团董事长李安平自小家境贫寒,他最大的心愿就是改变家乡面貌,让家乡父老脱贫致富。从振东集团成立那天起,李安平就将扶贫济困作为自身责任的一部分,融入振东集团企业文化。

位于太行山深处的平顺县,是长治市贫困发生率最大、贫困面最广、贫困程度最深的县,全县原有建档立卡贫困村241个、贫困户18011户、贫困人口51997人。在国家精准扶贫的号召下,在内心扶贫热情的驱动下,李安平带领振东集团主动承担起平顺县的脱贫任务,随即就组建了78支扶贫工作队,奔赴平顺深山开始了轰轰烈烈的扶贫工作。

李安平带领的扶贫队员经过认真调研、测算、评估发现,不仅县内有着300～1800米的海拔差距,而且当地有着悠久的中药材种植历史,这使得平顺县在培育中药植物方面具备了天然优势。全县约有300多种植物药材,堪称"中药材王国"。根据这些有利条件,振东集团的扶贫团队决定在平顺县大力发展中药材种植产业。通过建成运营"平顺50万亩中药材种植加工基地项目",以中药材产业助推脱贫攻坚,将"输血"变为"造血",立志将平顺县打造成"中国中药材第一县",走一条靠山种药、中药兴业、产业富民的中药材产业扶贫开发之路。

理想美好但现实残酷。起初,平顺县一些贫困户甚至部分村民都将目光停留在能立竿见影的项目上，而大部分中药材种植需要两三年才能采收，年轻人不愿种，老年人无力种，平顺县的中药材产业一直处于尴尬境地。

在不断探索和反思中，振东集团探索出一系列助农措施：第一，通过"高管包片、中层包村、员工包户"的总体助农模式，形成网格化管理，确保每户有人管，每村有人理；第二，依托"政府＋公司＋专业合作社＋农户"的基地运行模式，实现种植、销售链条一体化，确保农户种得出、卖得掉，彻底打消农民发展中药材种植的顾虑。创造性地摸索出四种产业扶贫方式，即以流转模式用于试验示范基地和种子种苗繁育基地建设，并雇用当地村民务工；以预付模式解决群众尤其是贫困户的资金困难问题；以订单模式与专业合作社签订保护价收购协议；以订单和临时增工相结合的模式与贫困户签订劳动合同，将药田承包到户，使贫困户在日常收入之外，还有了一份额外增收。

见到"硬措施"、拿到"真实惠"后，群众开始相信振东集团有能力通过中药材种植带领他们脱贫致富，积极性越来越高，种植药材的农户也越来越多。目前，平顺县中药材种植面积达 64.18 万亩，形成集抚育种植、技术服务、粗精加工、推广销售于一体的中药材全产业链，振东集团直接带动平顺县 3.5 万贫困人口人均增收 3700 元。

如今，平顺县已全部脱贫摘帽，但振东集团力度不减，更注重推动帮扶方式向产业纵深发展，将其工作重心从中药材产业扶贫转向中药材产业助力乡村振兴，未来将从增加科技含量、打通中药材全产业链、运营模式创新升级及加强管理四个方面展开工作，持续助力山区老百姓增收致富，真正做到"脱帽"不"脱管"。

振东集团始终把承担社会责任作为奉献社会的重要承诺，义不容辞地投入各项社会公益事业。多年来，振东集团在公益慈善事业上累计投入资金超 6 亿元。振东中药材产业扶贫模式入选国家扶贫十大案例，李安平荣获"2019 年全国脱贫攻坚奖奉献奖"，振东集团 2021 年被党中央、国务院表彰为"全国脱贫攻坚先进集体"。

(四)聚义集团：村企共建激活乡村振兴

山西聚义实业集团成立于2002年，地处晋中市灵石县，是山西省百强大型民营企业集团。20年来，聚义集团始终传承、践行、弘扬"诚实守信、开拓进取、和衷共济、务实经营、经世济民"的晋商精神，聚焦精准扶贫，助力乡村振兴。聚义集团通过"村企共建"合作模式，狠抓精准扶贫工作，真正将脱贫攻坚工作落到实处，呈现村、企、民多赢的良好局面，改善村民生活质量，促进企业发展，翻开了乡村振兴建设与企业共生共荣崭新的一页。

1. 产业共育激发"增收动能"

一是产业联合强经济。集团旗下晋宝望种养专业合作社采取"企业+合作社+村民"的模式经营，带动周边80余户、100余个村民就业并入股分红，为村集体年增经济收入70余万元。二是产业扶贫助脱困。2015年，聚义集团与晋中市灵石县坛镇乡签订《产业扶贫开发工程合作协议书》，投入扶贫开发资金100万元，助力村民脱贫增收。2017年，集团分别与晋中市灵石县两渡镇55户77人签订了《脱贫攻坚"百企联百村—精准到户"扶贫行动企村结对帮扶协议书》，发挥企业自身优势帮助贫困人口增收，目前已全部脱贫。三是产业联动稳就业。除崔家沟村90%的劳动力在聚义集团就业外，集团还引导或帮扶村民购买运输车辆拉运精煤、建材等产品赚取运费。企业发展带动周边餐饮业、服务业发展，帮助村民走上了致富之路。

2. 治理共享绘就"同心乡村"

一是聚焦治理强村。聚义集团坐落于灵石县崔家沟村，加强崔家沟村基础建设不仅利于村民生活，更有利于集团工作环境的改善，还能为集团内本地员工消除后顾之忧。集团以"五域"综合治理为契机，村企联动构建"党建引领、建美丽家园"新格局，打响了一场有声势、有规模、有影响的环境综合整治的"人民战争"。二是聚焦公益暖村。聚义集团累计出资1.4亿余元支持崔家沟村的新农村建设，帮助改造崔家沟村旧村，修建了福安苑小区、乡镇级医院设施的村卫生所、养老院及大型休闲健身娱乐广场，从硬件上丰富了村民的精神生活、文化生活。三是聚焦环境美村。聚义集团员工与崔家沟村民一起为拆违治乱提质、建设美丽村企付出了不少努力，现在正在打造大型综合体育场馆、沿汾河观景廊道、徒步登山道等精品项目，同时坚持在每年植树节整理荒地，种植侧柏、紫穗槐、卫矛等防风固沙植物，坚持绿色高质量发展，建设人与自然和谐共生的现代化企业和新时代农村。

3. 支部共联激发"红色效应"

一是党建引领村企共建。聚义集团创始人王殿辉同时兼任崔家沟村党支部书记，以党建工作为抓手，始终坚持在党的领导下全面推进依法治企、依法治村，以先进的政治思想教育和丰富的人文体育活动提高企业员工、村民乡亲的思想素质，加强学习教育制度常态化，按时召开"三会一课"，及时举办重大会议精神学习培训活动；举办献唱给党的合唱比赛、五届"聚义杯"半程马拉松比赛、重阳节敬老活动等。二是互融共促村企发展。聚义集团与崔家沟村的村企共建工作始终以强化、融合、共进的发展理念，建设和谐的村企关系，凝聚人心，促进村企的互帮互信，优势互补，努力解决当地乡村在发展中遇到的问题，形成共同发展的良好环境，最终实现互惠互赢。如今的崔家沟村高楼拔地而起，水电暖一应俱全，集体产业不断壮大，道路宽阔平整，交通便利，各类公共服务设施健全，焕发出勃勃生机。

（五）古城乳业：农业产业化推进乡村振兴

古城乳业的前身是创办于 1976 年的山阴城镇小农场，历经多次技术改革扩建、体制变革，现已发展成为农业产业化的国家级重点龙头企业。企业注册资本 8580 万元，总资产 12 亿元，在册各类员工 1136 人，山阴、晋中两大生产基地设计日处理鲜奶能力 1500 吨、系列乳制品年产能 42 万吨，拥有高标准牧草种植基地 5000 亩。

在古城乳业的带动下，朔州市乳业发展从无到有，从小范围到大规模，逐步形成了集种植业、养殖业及乳品加工业于一体的生态型产业链。

从 20 世纪 80 年代初，古城乳业就开始采取提供犊牛、担保贷款、技术指导的方式引导扶持周边的农户发展庭院养殖，对山阴县成为"农区奶牛养殖第一大县"起到了积极的作用。20 世纪 90 年代末，古城乳业又率先投资在山阴县兴建了 32 座自动挤奶站，开始了"分散饲养、集中挤奶"的规范化模式，此举根治了人为的原料奶掺假问题。进入 21 世纪，标准化奶源示范基地逐步建设，在规划、建设和自身发展的过程中，引导农民与基地合作，规范管理，通过疫病防治中心站的建立，服务于公司基地的养殖户。在提高奶农养殖效益，降低养殖风险的同时，带动农民走科学养殖、安全清洁生产的现代农牧发展之路。目前，半道地 5000 头标准化奶牛养殖场，引进新西兰、澳大利亚纯种荷斯坦奶牛进行圈养示范，由同行业一流的管理团队托管，采用 TMR 全混合日粮饲养，牛群日常管理采用利拉伐牛群发情监控管理系统，配套先进的挤奶设备和冷链设施，引领雁门关农牧交错带奶业转型升级。

借力退耕还林还草政策及企业规模化、专业化的养殖需要，古城乳业逐渐进行全产业链布局，打造一条发展本土化饲料产业的农牧结合模式——"公司＋合作社＋农户"。通过流转周边农户土地的方式，自建 3000 亩苜蓿种植示范基地，引导和带动当地农民种植紫花苜蓿、青贮玉米、甜高粱等，并以合同保护价收购基地农户种植的优质牧草，保护农户利益，在有效确保奶牛入口安全的同时为当地农户探索出一条牧草增收致富之路。已带动发展种植大户 26 户，普通农户 5362 户，年均牧草播种面积超 10 万亩，亩均增收 260 元左右。

奶制品的加工是农业产业化的核心，公司投资打造十万级无菌车间、引进机械手自动装箱生产线、购置世界一流的利乐公司全线中央控制生产线、增设自动纠错及无菌在线物料添加系统等，实现产能升级，不断优化产品结构，提升企业竞争力。除为周边地区提供了 1000 多个直接的就业岗位外，还通过青贮玉米收贮、运输、饲料运输等产业带动了 500 多名当地农村剩余劳动力就地转移就业。

40 多年来，古城人始终坚守自己就是"农民"的定位，在自身发展壮大的同时，以农业产业化落实乡村振兴，带领朔州市及周边农户走上了种植、养殖的致富之路。古城乳业先后被认定为"首批农业产业化国家重点龙头企业""全国五一劳动奖状获得单位""山西省模范单位""中国奶业脊梁企业""山西省级扶贫龙头企业""山西省功勋企业""第三届中国奶业 D20 企业"。

（六）小结

山西省工商联统计，在脱贫攻坚和乡村振兴方面，全省有 2606 家民营企业投资 42.95 亿元，实施项目 10290 个，帮扶 6332 个村的 48.07 万贫困人口。除上述 5 家企业外，还有许多民营企业参与乡村振兴的实例。例如，由煤炭企业转型而来的云丘山旅游开发公司投资 20 多亿元将云丘山开发为国家 5A 级旅游景区，通过移民搬迁、土地流转、吸纳就业、翅果油树种植、民宿开发等，带动周边 8 个乡镇、80 余个村的建档立卡贫困户 2573 户、8793 口人脱贫致富，户均年收入增加 8000～20000 元，探索出一条"农旅融合、村企共建"的旅游扶贫和乡村振兴新路子。又如，平遥煤化建设的横坡古村文化旅游项目，把生态种养、农副产品深加工等合作社经营产业与本村窑洞、乡土文化等特色资源相结合，开发出窑洞民宿、儿童主题游乐场、农家乐、灯光秀等兴村富民项目，举办横坡古村赏灯节、承办国际摄影大展采风活动等，促进乡村旅游发展。横坡村先后获得"全国文明村""中国美丽休闲乡村""全国乡村旅游重点村"等荣誉。再如，汇丰兴业集团出资 4 亿元兴建 5 个新农村，惠及 3000 余人，捐助 5000 万元用于乡村易地扶贫搬迁等。

1. 参与乡村振兴、推动共同富裕是新晋商履行社会责任的战略方向

按照经济学理论，社会分配可以分为三个层次：第一个层次是以竞争为动力的分配，即根据能力大小决定收入多少；第二个层次是以公平为原则的分配，即通过社会保障、社会福利进行再分配；第三个层次是以道德为动力的分配，即有些人自愿捐献出智慧和钱物帮助需要帮助的人。企业参与乡村振兴是从慈善的道德层面出发，通过实际行动，对社会财富进行三次分配，推动共同富裕，彰显企业的社会属性和社会责任。

乡村振兴，承载文明。文明是多样的，高速发展的科技是数字文明，乡村传统的历史印迹、和谐美丽的乡风是传统文明，企业参与乡村振兴不是将二者粗暴地割裂或是简单地结合，而是根据乡村特点因地制宜地发展。乐村淘运用 O2O 电子商务模式，打通线上、线下渠道，将农村产品品牌化、数字化，给予有产品、无渠道的农民更多信息和机会，用数字搭建致富桥梁。中阳钢铁则更注重建设有"颜值"的乡村，在保证农民物质、精神生活富足的同时，更注重环境保护和乡风建设，使当地成为远近闻名的示范村，将节俭、尊老的传统美德永远传承下去。

乡村振兴，承载梦想。许多民营企业家都出身农村，待功成名就后反哺家乡是他们的梦想和情怀，而且当前国家政策支持，农业发展必要，家乡农民急需，企业参与乡村振兴乃是大势所趋。一方面，尽量多地把自己的产业和项目引到乡村，增加就业机会，促进经济发展；另一方面，还可以利用自己的经验、资源、人脉和智慧，通过各种形式和途径帮助乡村，给产业找增效出路，给产品找市场销路，给农民找致富门路。振东集团便是如此，企业利用自身优势结合当地特点发展中药材植物产业链，变"输血"为"造血"，帮助村民脱贫致富；聚义集团亦是发挥亲缘和地缘关系，企业家在自己的家乡积极引导乡村完善治理体系和基础建设，村企携手共建美好明天。

2. 关系投资是新晋商参与乡村振兴、推动共同富裕的不竭动力

企业对农村贫困地区的关系投资是价值投资的重要补充，是企业以情感归属、回馈社会等责任感为动机，以非纯粹的投资行为参与和嵌入农村社会网络，弥补农村贫困地区价值投资的"失灵"，推动农村贫困地区实现从观念脱贫、经济脱贫、能力脱贫到全面脱贫的一种投资方式。与一般意义上的价值投资不同，企业通过关系投资促进农村贫困地区发展是企业作为投资者与农民作为被投资者之间互动的过程[①]。中阳钢铁董事长袁玉珠、振东集团创始人李安平、聚义集团创始人王殿辉均是出身农村地区的民营企业家，他们对于家乡、乡村都有着深厚感情，在实现了一定水平的财富积累后，先富带动后富，更愿意积极支持家乡的基础设施建设、改善家乡人民的生活条件、帮助父老乡亲发家致富，真正承担起企业家的社会责任。乐村淘创始人赵士权生在农村，长在农村，可以更好地把握参与乡村振兴和遵循乡村地区客观规律的关系，发挥自身企业优势及市场在资源配置中的决定性作用，让乡村走出一条互惠互利、共建共赢的可持续发展之路。

---

① 李先军. 乡村振兴中的企业参与：关系投资的视角［J］. 经济管理，2019（11）：38-54.

新晋商企业通过为农村发展提供基础的资本、人才、知识及组织供给，并在此基础上推动农民主体地位和行为能力的提升，以产业支撑、资本循环、人才成长和市场发育的状态，支持农村从一种相对贫困落后的稳态向新的更高水平的稳态转变，推动农村地区的长期可持续发展。

3. 做好乡村产业振兴是新晋商企业对乡村振兴成效的重要保障

乡村振兴是一项系统工程，是产业振兴、生态振兴、文化振兴、组织振兴、人才振兴"五个振兴"的统一体。唯物辩证法认为，要学会抓主要矛盾，学会解决主要矛盾的主要方面。党中央对乡村振兴提出了"产业兴旺、生态宜居、乡风文明、治理有效、生活富裕"的方针要求，在这20字方针中，"产业"摆在首位，是乡村振兴需要首先解决的问题，也是民营企业参与乡村振兴战略的重要抓手。

产业振兴是乡村振兴的物质基础。乡村产业振兴，就是要形成绿色安全、优质高效的乡村产业体系，为农民持续增收提供坚实的产业支撑。解决好产业振兴问题，也是解决好在脱贫攻坚时期常常遇到的"输血与造血"矛盾的关键。

要把保护绿水青山作为振兴乡村产业的重要前提。良好的生态环境是乡村的宝贵财富和最大优势，也是乡村产业发展的底色和底气。中阳钢铁注重绿色生产，资源循环利用，所建成的阳坡塔新村，群山环绕，绿树成荫，公共设施配套齐全，打造绿色经济、美丽经济、体验经济，发展乡村休闲旅游，实现生态环境与产业发展相得益彰。不少企业对乡村生态环境和产业发展的关系认识不到位，对利用生态资源发展生态经济的办法并不多，还存在低水平模仿、单一模式重复发展等问题，必须正确把握乡村产业振兴的生态战略方向，否则就会适得其反。

要把推进土地流转作为振兴乡村产业的重要基础。推进土地流转，是发展适度规模经营、建设现代农业的必由之路。振东集团在和顺县以土地流转为抓手开展农村土地全域综合治理，逐步实现了农田集中连片、空间形态高效节约的土地利用格局，大力发展中药材种植基地，形成了规模经济和范围经济，实现了企业产品质量与乡村产业振兴的有机结合。不少地方的农村耕地利用碎片化问题仍然突出，土地流转规模小，这在很大程度上制约了现代农业经营主体的培育和乡村产业发展。政府要按照"非禁即可"的要求，做好文化引导、关系协调和制度建设，鼓励民营企业以共生、共享、共建的方式参与乡村振兴战略。

要把村级组织建设作为振兴乡村产业的重要助力。村级组织建设是乡村振兴的组织者、推动者和实施者，要将农村经济发展工作作为村级组织建设的重点，切实把农村干部的兴奋点引领到经济发展、带民致富上。聚义集团创始人王殿辉兼任崔家沟村党支部书记，聚义集团与崔家沟村的村企共建将企业组织与村级组织有效衔接，在治理企业的同时实现乡村振兴，在带领村民致富的同时提升企业效益，形成了村企联建共建长效机制，更好地发挥了推动发展、服务群众、凝聚人心、促进和谐的作用。不少农村干部对农村经济发展不够重视，对农村产业建设缺乏思路，思想观念保守，人为设限，不接受外部力量参与乡村振兴建设，严重阻碍了农村发展进程，政府在选拔村级组织干部人选时要注重候选人的经济管理能力，保证村级组织推动乡村振兴的积极作用得到有效发挥。

要把夯实人力资本作为振兴乡村产业的重要支撑。人是生产力中最活跃的因素，乡村产业振兴既需要依靠本土人才发挥作用，也需要外部人才注入活力。政府要加快建立完善城乡人才交流机制和政策激励机制，引导双创资源向农村流动。企业搞活农村经济、促进开放交流的同时，农民素质提升问题也就迎刃而解了。

习近平总书记指出，消除贫困、改善民生、逐步实现共同富裕，是社会主义的本质要求，是中国共产党的重要使命。当代晋商积极参与乡村振兴，认真贯彻落实新发展理念，切实履行民营企业社会责任，用最大力度回报社会，充分彰显了当代晋商的家国情怀和责任担当。

三、绿色发展

"双碳"目标对传统煤焦钢企业提出了新的转型升级要求，企业必须告别"经济效益优先、兼顾社会效益和环境效益"的原则,转向"经济效益、社会效益和环境效益三者统一"的原则。山西煤焦钢企业在绿色发展方面做了一些有益的探索,本节呈现了九家山西煤焦钢企业的转型升级实践,希望见微知著,让读者对山西资源型经济转型成果有更为深刻的认识和理解,也为传统企业转型升级路径选择提供借鉴。

(一)潞宝集团:打造智能高端精细化工产业园区

潞宝集团创建于1994年,地处山西省长治市,现已发展成为一家以现代精细化工为主导,横跨电力、物流、红色旅游、现代农业、高端医药及氢能产业等领域的大型中外合资企业。潞宝集团拥有员工1万多人,总资产230多亿元,年营业收入330多亿元,平均每天为国家创利税500多万元。以潞宝集团为主体的潞宝工业园区,是山西省发展规模最大、技术设施最全、竞争优势最强的千万吨级焦化园区之一。

1. 智能化工:全球大型领先智能化焦炉项目

2020年,潞宝集团投资32亿元建成千万吨焦化基地7.65米特大智能型焦炉,是全国乃至世界上最大的顶装焦炉项目之一。除了年产200万吨焦炭外,还产出焦炉煤气6万立方米/小时、焦油10万吨/年和粗苯3万吨/年等副产品。与普通焦炉相比,整个焦炉系统采用世界上先进的炼焦、备煤、煤气净化、熄焦、筛焦工序等环保技术和设施,实现了超低排放标准,提高了生产效率,而且通过先进的智能操作系统全部采用了高起点的自动化控制模式,可以在中心控制室进行远程操作,使生产步入了"无人操作,有人值守"的新时代。

潞宝集团7.65米特大智能型焦炉项目迈出了智慧绿色工厂的第一步,未来企业将通过三维虚拟技术、大屏显示系统、视频监控系统、集合生产数据采集系统,从生产、管理、预警入手,将工业化和信息化深度融合,最终实现厂房集约化、原料无害化、生产洁净化、废物资源化、能源低碳化的目标,彻底颠覆人们对传统焦化行业的固有印象,打造"5G+五星智慧绿色工厂"。

2. 精细化工：两大精细化工转型新材料

2019年，潞宝集团投资建成了迄今为止全球最大的锦纶6短纤维项目，建立了黑色煤炭转化生产出高端白色合成纤维的产业链条，真正实现了"炭中抽丝"。锦纶6短纤维项目将过去论吨卖的煤炭、焦炭，变为论斤卖、论克卖的精细化工材料，真正把焦炭做成副产品，把精细化工产品做成主导产品，实现产品大幅度增值，实现了从现代煤化工向精细化工转型升级的历史性跨越，在行业内起到示范引领作用。

潞宝集团还与北京元延医药公司强强合作，引进国际国内领先的技术和设备，充分结合潞宝工业园区得天独厚的产业条件，建设并生产高端特色原料药及医药中间体。2019年正式生产，其投产后成为华北地区最大的高端特色原料药项目。未来，该项目生产的高端特色原料药将广泛应用于糖尿病、前列腺增生、癫痫病等疾病的治疗。

3. 洁净化工：循环经济与环境保护

潞宝集团立足于循环经济理念，实现煤化工和精细化工一体化发展，已成为行业中以焦化副产品作为原材料的精细化工产业链最长、产品种类最多的生产商之一，形成下游三条产品链：以焦炉煤气为原料，生产100万吨甲醇、60万吨乙二醇——甲醇制60万吨烯烃（15万吨乙丙橡胶、橡塑产品制造）；以煤焦油为原料进行深加工，生产30万吨针状焦、高性能沥青碳纤维，用于电子材料、高科技碳素材料制造；以工业粗苯为原料精制加工，生产60万吨精细化工（含45万吨己内酰胺聚合尼龙6纤维等有机合成材料）产品，应用于纺织、服装、航空及机械制造等领域。

潞宝集团不断加强环保力度，充分提高能源利用率，努力实现企业发展与环境保护双赢的目标。近年来，更新换代建设了一大批环保项目工程。一是提标改造、清洁生产。投资6.5亿元，对现有焦炉烟气进行提标改造，建成了两套干熄焦配套发电项目、脱硫脱硝装置配套铵回收利用设施，达到清洁生产的效果。二是污水处理，达标回用。引进美国、日本最先进的环保设备和技术，投资3.6亿元建成了亚洲最大的工业污水处理及回用工程，日处理能力达到24000吨，处理后的废水达到锅炉用水及饮用水标准。三是面源治理，精准发力。投资1.5亿元，对现有原料堆场进行全封闭建设。同时对堆场全面实行"双覆盖"管理，全天候对集团内所有道路及扬尘点进行抑尘作业。四是废液提盐，闭路循环。投资5000余万元，建成了国内先进的废液提盐装置，装置内所有污水实现闭路循环。五是固废利用，变废为宝。投资5000多万元建成了年产1亿块环保清洁型制砖项目，对煤矸石、炉灰等废物进行再生利用，实现变废为宝。

潞宝集团瞄准"智化工、精化工、净化工"的发展方向，全力延伸产业链条，大力发展精细化工，建设高端绿色循环产业，稳步推进产业转型升级，把原材料"榨成油，抽成丝"，把废料"锻成宝，炼成金"，打造集约环保型高端精细化工产业园区，走出了一条从无到有、从粗放到精细、从低端到中高端的发展之路，形成了以煤化工新材料为代表的优势产业链和产业集群。

（二）建邦集团：打造"森林中的钢铁企业"

建邦集团创建于1988年，位于山西省侯马市，是一家集进出口贸易、炼铁、炼钢、轧材、铸造、清洁发电、新型建材、矿山开采、铁路运输、现代物流、电子商务、金融投资、房地产开发、钢材深加工、教育培训、产学研融合于一体的跨区域跨国界经营、跨行业多元化发展的中大型钢铁联合企业。2021年，集团资产总额210亿元，员工5000余人，营业收入515亿元，实现利税30亿元。目前已形成年产600万吨铁（其中150万吨高纯铸造风电用生铁）、650万吨钢材、210万吨新型建材、12亿度清洁发电的产能规模。建邦集团是国家球墨生铁、高纯生铁、四面肋热轧钢筋、热轧钢筋用连铸方坯标准制定成员单位，中国企业500强，中国制造业企业500强，中国企业信用500强，中国民营企业500强，中国民营企业制造业500强，中国对外贸易民营企业500强，中国民营企业信用100强，工业和信息化部第二批符合钢铁行业规范条件企业，国家级绿色工厂，国家高新技术企业，全国节能减排示范企业，全国环境守法示范企业，国家两化融合示范单位。

近年来，建邦集团在做强钢铁主业的同时，不断延伸产业链，发展循环经济，已逐步形成了"控资源、进出口、大物流、清洁生产、气发电、电炼铁、铁铸件、钢轧材、材深延、渣产建材"的循环发展闭环生态链。钢铁生产过程中产生的"三废"（水、气、渣）全部回收利用，颗粒物、氮氧化物和二氧化硫全部超低，甚至近零排放。

在固体废弃物处理方面，铁、钢、材各工序产生的各类固体废物经过加工处理回用于生产环节，大大降低了生产成本；高炉渣经过处理用于制作水泥；转炉渣经过处理制作微粉和建材。而建邦集团持股的水泥厂就建在建邦通才公司旁边。水渣是高炉炼铁的渣子，里面基本上没有铁的成分，是硅酸二钙和硅酸三钙的混合物，含有部分游离氧化钙，是制造水泥的好原料，直接磨碎就是425号水泥。炼钢的钢渣由于转炉喷溅和泡沫渣的机理，含有大量的钢珠，还有氧化铁等含铁物料，经过加压热焖工艺后，通过磨碎磁选可以回收8%左右的含铁物料，其余可作为水泥微粉和铺路建材。

在废水排放方面，建邦集团在烧结、炼铁、炼钢、轧材、发电各区域分别设置有雨污分流系统，生产废水经沉淀、过滤后送生产系统回用，不能自行处理的废水经污水处理厂处理，然后再回到生产利用，实现废水"零外排"。吨钢耗新水由2015年的3.8吨降低到2020年的1.8吨，对于长流程企业来说，建邦集团的水资源循环及综合利用能力达到行业领先水平。此外，利用高炉冲渣水换热处理，向周边村镇及城市居民供暖，解决采暖问题，供暖面积达150万平方米。冬天供暖，夏天供冷。建邦集团目前已拿出设计方案，冲渣水换热处理后，将为高炉冷却系统提供冷能。

在废气回收方面，建邦集团通过对铁、钢、轧等系统进行改造，使煤气消耗大幅降低，回收率明显提高。目前，高炉煤气实现"近零"放散，煤气放散率降至0.02%以下，吨钢转炉煤气回收量达135立方米，炼钢余热蒸汽吨钢回收量达95千克。

建邦集团坚持"安全发展、绿色发展、低碳发展、循环发展"的生存理念，稳步推进"森林中的钢铁企业"建设步伐，深化转型升级战略，构建现代产业体系，坚持走绿色化、智能化、集约化发展之路，通过稳链、补链、强联、延链，不断提高优特钢、品种钢的产量及质量。以实施"环保创A"

行动为引领，持之以恒固碳降碳，积极发展废钢回收循环利用，缩短炼钢流程，全力构建高技术含量、高生产效率、高安全可靠性和低排放、低成本的可持续发展模式，确保早日实现碳达峰、走向碳中和。

（三）晋钢控股：搭建"三位一体"总体布局

晋钢控股集团（以下简称晋钢）创立于2002年，是山西省重点钢铁联合企业、山西省确立支持实施钢铁上下游整合重组的主体企业和晋城市产业链链主企业，现已发展成为集煤、焦、钢、材及余能综合循环利用和高端薄板精深加工于一体的全产业链钢铁联合企业，下辖8个规模以上工业企业，是中国民营企业500强、中国制造业500强、中国对外贸易500强企业。目前，晋钢总占地7平方千米，资产306亿元，员工10700人。2021年，实现销售收入420.62亿元，上缴税金超10亿元。2022年，晋钢预计产值超500亿元，到2025年晋钢将建成千万吨、千亿级全产业链现代钢铁产业集群。

晋钢聚焦贯彻新发展理念，坚持高质量转型发展，实现制造智能化、产品高端化、绿色低碳化转型，走出了具有晋钢特色的高质量转型之路，形成了"三位一体"总体布局。

1. 制造智能化

智能化转型体现在装备升级和智能管控等方面。在装备升级方面，投资236.6亿元建设晋钢智造科技产业园和晋钢机电装备产业园，围绕钢铁全产业链从智能机械化综合料场到冶金全流程，再到钢材深加工，全部引进国内外先进的工艺技术装备，实现装备智能化、大型化及全流程自动化。在智能管控方面，建设智能管控中心，通过智能化集成系统，应用MES（生产制造管控系统）、EMS（能源管控系统）、EAM（企业资产管理）、ERP（企业资源计划）及大数据、物联网等智能系统，搭建风、水、电、气无人化集中管控平台，生产工序全过程实现数据实时采集、传输、存储、分析、决策的智能预报，打造工业智能4.0生态圈，实现智慧型转型。

2. 产品高端化

晋钢立足全产业链延伸，从过去做大做强到现在做精做优，产品由普通建筑钢材到深冲用钢及超深冲钢、汽车结构钢、管线用钢、硅钢、彩涂镀层板等优质精品钢材。在智造科技产业园，1580毫米热轧生产线产品有深冲用钢及超深冲钢、汽车结构钢、管线用钢等优质碳素结构钢，为产品结构升级奠定基础。1450毫米冷轧生产线产品有0.2～2.5毫米冷轧薄板、冷轧退火板、镀层板（纯锌、铝锌硅、锌铝镁）、彩涂板（涂膜、覆膜），具有超耐蚀、长寿命、易加工等显著优势，填补了山西省内冷轧涂镀产品空白。在机电装备园区，拥有山西省最大的脚手架租赁公司，年产110万吨镀锌焊管、30万吨薄板深加工、电气设备加工等公司。

3. 绿色低碳化

携手北京科技大学、中冶京诚联合建设省级工程研究中心——山西省低碳氢冶金工程研究中心，加快自主创新步伐，进行气基竖炉、电炉核心装备的研发突破。在长流程应用方面，依托晋城丰富的煤层气资源，在现有装备基础上，通过改变燃料结构，用煤层气替代燃煤实现富氢冶炼，包括烧结富氢冶炼应用、富氢低碳高炉冶炼应用和煤层气在冷轧加热炉的应用；在短流程应用方面，在晋钢机电装备产业园建设短流程低碳氢冶金项目，建设气基竖炉、电炉系统及ESP全无头超薄带钢生产技术，生产优特钢产品。项目建成后年消化利用煤层气18亿立方米，可替代135万吨煤焦（相当于煤炭消耗193万吨），减少碳排放350万吨、硫排放3万吨，碳、硫排放均降低60%以上。

未来，晋钢将继续秉持"为客户提供满意的产品和服务"的理念，坚持产品和服务创新，持续优化用户体验，深耕终端市场，践行"双碳"使命，努力打造智能智造、业财一体、两化融合的现代钢铁企业。

（四）阳光集团：构建独立焦化全产业链生态

阳光集团创建于1992年，坐落于山西省河津市，目前已发展成为集煤炭开采、原煤洗选、焦炭冶炼、焦油加工、精细化工、炭新材料、自备电厂、铁路专线发运等为一体的全产业链循环经济型煤焦化工与新材料企业集团，是山西省政府确立的"焦化企业整合主体"，是全省三个"千万吨级焦化循环工业园区"之一,是全国独立焦化企业的"旗舰企业"。

1. 用配套循环产业链实现转型升级

阳光集团创始人薛靛民深谙焦化行业应遵循"规模才能经济、规模才能循环、规模才能环保"的发展规律,"不上工程,不上项目,转型发展都是空谈"。就上马什么项目,薛靛民有清晰的线路图,他说:"我们立足循环经济理念选转型项目,所上的项目必须是节能、环保、绿色发展、资源再生的项目,必须是体现新工艺、新设备、新技术和新材料的项目。"

阳光集团探索出了一条以碳基新材料与特色精细化工产品高度协同、互为资源、综合利用的,具有核心竞争能力的循环经济发展道路。如对焦化的副产物煤焦油进行深加工产生蒽油,蒽油加上沥青,就会生成炭黑。而炭黑是橡胶工业的重要原材料之一,用于轮胎和橡胶制品。炭黑项目与公司专心发展的战略目标息息相关,市场反响很好,被授予"中国橡胶协会百强企业""中国炭黑十强企业"称号。目前,阳光集团年原煤洗选能力达 400 万吨,年生产焦炭 509 万吨,4 套煤气净化系统年可外供煤气 10 亿立方米;年煤焦油加工 108 万吨,年炭黑产量近 40 万吨,生产精蒽、咔唑、蒽醌等 20 多种化工产品;拥有年吞吐千万吨级的自建铁路工业站,物流便捷畅达;拥有自主的煤研中心和炭黑研发中心,为产品开发和核心技术的打造提供了精准支撑。

2. 形成独立焦化多维度垂直一体化产业链生态闭环

2021 年 12 月,阳光集团向中国证监会递交了 IPO(首次公开募股)申请材料,冲刺股票上市。公司继续将"深度拓展产业链,环保高效促循环"作为主旋律,并将阳光集团产业链示意图(见图 9-1)在招股书中直观展示。阳光集团将形成多维度垂直一体化循环经济产业链生态闭环,在持续做强煤化工和精细化工主业的前提下,在国家"双碳"政策指导与指引下,围绕"低碳绿色高质量发展"的理念,以"新能源、新材料、新技术、新产品、新产业"为着力点,强化与优化煤基干馏循环经济产业链,全面升级资源综合利用价值与社会经济效益,启动"低碳减排与碳中和"绿色发展规划研究,全力创新碳基产业生态发展之路。

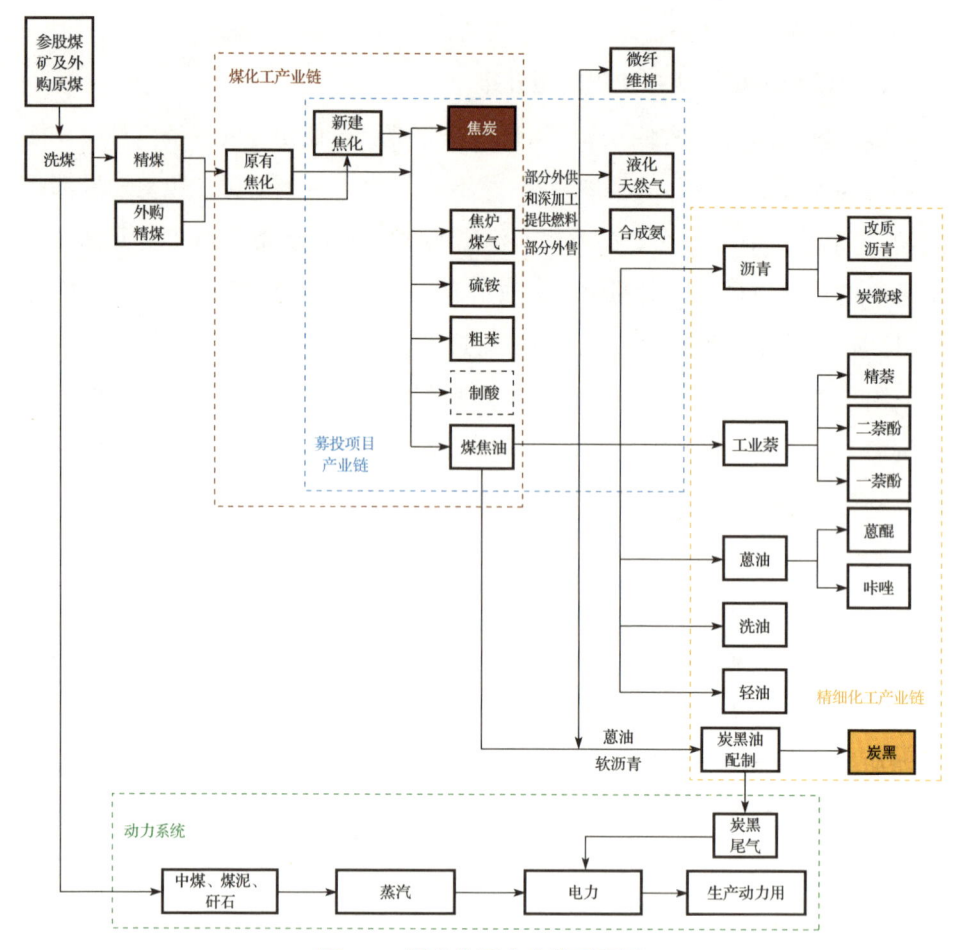

图 9-1　阳光集团产业链示意图

（五）中阳钢铁：打造一体化智慧管理系统

山西中阳钢铁有限公司（以下简称中阳钢铁）始建于1985年，位于吕梁市中阳县，是以煤炭、发电、焦化、炼铁、炼钢、轧钢为主业，焊丝深加工为特色的现代化钢铁联合企业。目前拥有员工1万余名，总资产200多亿元，年产值100余亿元。先后荣获"全国就业先进企业""全国钢铁工业先进集体""全国质量诚信标杆典型企业""钢铁绿色发展标杆企业""转型升级先进企业""光彩事业之星"等多项殊荣。连续多年上榜中国民营企业制造业500强、山西民营企业100强、山西民营企业制造业30强。

中阳钢铁扎实贯彻新发展理念，以智能制造为主攻方向，明确提出"智慧生产、智慧经营、智慧建设"的总要求，推动产业技术变革和优化升级，逐步探索出了由运营管理系统、生产管理系统、能源管理系统等组成的一体化智慧管理系统，赋能企业高质量发展。

第一，运营管理系统。运营管理系统集财务、采购、库存等功能于一体，包括"大财务""大材料""大原料"三大项目。该系统不但可以有效防范资金等管控风险，而且实现了企业与上下游的互联互通，全面强化了内外协同，有效提高了资金利用率、采购效率。

第二，生产管理系统。生产管理系统表现为替代人工的"远程计量系统"、服务安全检修的"智能摘挂牌系统"、提高炼钢节奏和钢水纯净度的"钢包全程吹氩自动对接系统"等子系统的应用，让企业实现生产现场精益管理，减少浪费，节约成本，提高生产效率。

第三，能源管理系统。能源管理系统通过高清的现场图像、实时的能源运转场景、动态的能源数据，为各工序余热、余能、余气的回收和综合利用，提供了可靠的管理支撑，使企业实现了能源的"一键"管理，在优化煤气平衡、减少煤气放散、提高环保质量、降低吨钢能耗、提高劳动生产率和能源管理水平等方面，有着显著的促进作用。

从局部发力，实现全面提升，从智慧车间到智慧工厂，逐步实现全流程、全产业链、全价值链的智能制造，将数字化、自动化、智能化深度融合，促进企业全面升级，是中阳钢铁实现突破的有效路径[①]。中阳钢铁董事长袁玉珠说："智能制造、绿色低碳发展，是传统产业转型升级的必由之路。我们会不断探索、精准发力，着力实现产业智与生态美的有机统一，奋力书写高质量发展新答卷。"

(六) 美锦集团：全面布局氢能源产业链

美锦能源集团有限公司（以下简称美锦集团）创建于1981年，总部位于

---

① 冯中华. 中阳钢铁：着力实现"产业智"与"生态美"协同并进[N]. 山西日报，2022-08-15.

太原市清徐县，是全国最大的独立商品焦和炼焦煤生产商之一，是氢能全产业链布局的头部企业，是能源行业率先转型升级的革新者。

美锦集团在焦化主业升级发展的同时，积极推动氢能领域全产业链布局，探索了研发—生产制造—商业化应用的"氢能源全生命周期"创新生态链，持续打造具备自主知识产权的氢能产业集群。坚持"一点（整车制造）、一线（燃料电池上下游产业链）、一网（加氢站网络）"的总体规划，上游搭建氢气"制—储—运—加—用"产业链；中游搭建从膜电极—燃料电池电堆及系统—整车制造的核心装备产业链；下游全力推进六大区域（粤港澳大湾区、长三角、京津冀、环渤海、能源金三角、中部地区）发展战略，探索新的盈利增长点，实现了产业链+区域双维布局。

美锦集团进军氢能产生有显著的产业链优势。在氢能产业链上游，焦炉煤气可供生产低成本氢气，公司在制氢方面拥有得天独厚的优势；在氢能产业链中游，公司早在五年前就做了氢能核心装备产业链布局，陆续投资或入股加氢站建设运营商、膜电极生产商、燃料电池电堆生产商等龙头企业；在氢能产业链下游，投资氢燃料电池汽车企业，将研发、生产、销售与渠道相结合。美锦集团氢能产业链如图9-2所示。

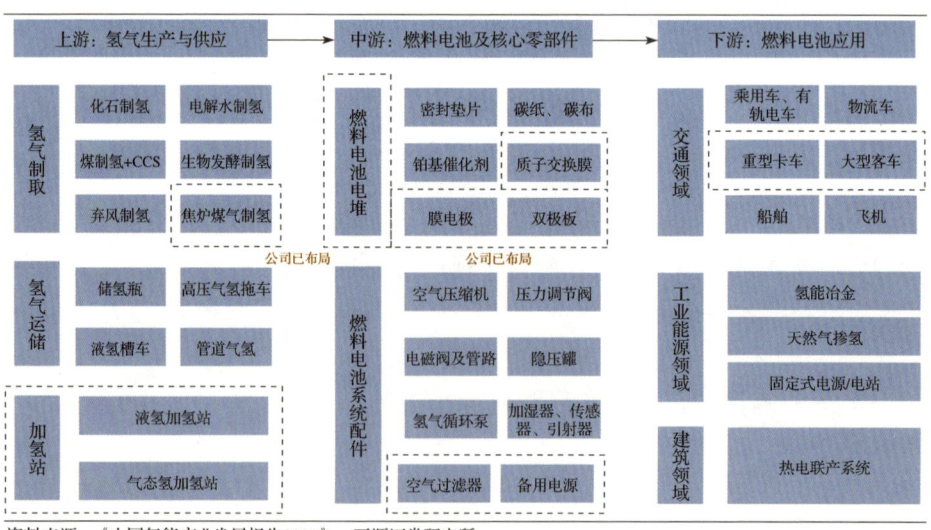

资料来源：《中国氢能产业发展报告2020》、开源证券研究所。

图9-2　美锦集团氢能产业链示意图

氢能产业链是目前山西省确定的十大重点产业链之一，美锦集团是"链主"企业。美锦集团在山西利用完整的煤—焦—气—化产业链，以及在国内氢能全产业链布局优势，已构建制氢—加氢站—氢燃料核心装备—氢燃料商用车示范运营闭环，在太原清徐县投资建设年产两万吨工业高纯氢项目，目前一期项目已投产，二期项目2022年开工建设。

未来，美锦集团将开展氢能的多元化应用，打造风光氢储一体化等示范项目，推动覆盖全国的绿色交通基础设施建设。此外，美锦集团通过推动碳减排项目开发及审定，推进氢燃料汽车行业与碳交易市场衔接，通过碳氢协同交易多举措助力社会低碳发展，实现碳中和目标。

（七）平遥煤化：构建新型产业发展格局

平遥煤化集团公司（以下简称平遥煤化）的前身是成立于1958年、建矿年产9万吨的平遥县第一煤矿，2002年实行了职工全员参股的股份制改制。现有下属企业18个，职工7000余人，总资产50亿元。发展产业集煤炭采选、炼焦化工、新型建材、天然气营运、铁路运销、物流运输、房地产开发、农林生态开发、旅游餐饮、金融贸易、推光漆器文化、新型光学材料、环保石头造纸等传统产业和新型产业于一体。

平遥煤化始终坚持以"安全发展、转型发展、创新发展、科学发展、跨越发展"为宗旨，立足煤、做足煤，在深耕煤炭主业、做精做细煤焦循环工业区的基础上不唯煤，摆脱"路径依赖"，走出"资源陷阱"，积极拓展新型产业，寻找新的增长点，先后投资建设了四大转型产业园：宇皓新材料产业园、天然气新能源产业园、唐都推广漆器文化创意园、横坡古村农林生态产业园。

宇皓新材料产业园是以新型光学材料和新型环保石头纸项目组成的高新技术产业园。新型光学材料项目采用国际领先的导光板生产工艺，主要生产面向液晶显示及照明行业用的光学级挤压板、激光导光板等产品，目前光学挤压板生产能力达到全国第一，激光导光板生产规模达到全球第一。新型环保石头纸项目采用国际领先的以碳酸钙石、煤矸石粉为主要原料的环保造纸技术生产文化用纸、工业用纸、包装用纸等产品，与传统木浆造纸相比，生产不需要水，不消耗林木资源，产品具有耐撕、耐折、耐油、防水、防霉、化学无毒、可接触食品等优点，产品主要出口伊朗、意大利、美国等国家。

天然气新能源产业园涉足管道天然气、压缩天然气、液化天然气的生产与运营及煤层气勘探开发。目前，公司建设有年供气总能力达7.4亿立方米的天然气门站3座，LNG（液化天然气）工厂1座，CNG（压缩天然气）加气站2座，LNG加气站3座。铺设天然气管网270千米，辐射县城及8个乡镇50余个行政村，可供气人口达20万人，县城城市居民气化率达90%。

唐都推光漆器文化创意园是集博物馆、漆树种植生态园、传统手工制作基地、漆艺文化展示基地等于一体的省级文化产业示范基地，吸纳国家级大师、省级大师、专业设计制作人员186名，推出产品近300种规格、上千个品种，被授予"第六批国家文化产业示范基地"，唐都推光漆器博物馆成为"中国漆器博物馆"，唐都推光漆器成为央视网商城的优质商家，为平遥旅游产业发展注入了新的内涵和文化元素。

横坡古村农林生态产业园依托文化底蕴深厚的横坡古村落资源，利用平遥古城品牌效应，实施覆土窑保护与开发工程，开发系列特色旅游产品，带动乡村旅游发展步入快车道，探索出了一条"古文化+旅游"的乡村振兴新路子。如今的横坡村，已是"全国文明村""中国美丽休闲乡村""全国乡村旅游重点村"。

从地下到地上，从粗放到节约，从资源依赖到创新驱动，平遥煤化的发展轨迹传承了晋商文化的经营之道，凝聚成一股创新发展的磅礴力量，形成了一个响亮的时代品牌。

（八）华鑫集团：形成焦化、化肥、白酒三足鼎立格局

山西华鑫集团（以下简称华鑫集团）始创于1998年，总部位于吕梁市交城开发区，现有总资产100亿元，员工3000余人，旗下拥有采煤、洗选、焦炭、化产、化肥、热电、贸易、房地产、旅游等相关产业，是一家集生产、经营、文化、生态建设为一体的循环型、现代化、规模化企业集团。

1. 华鑫焦化的低碳发展

煤焦化是华鑫集团的基础产业，下设选煤、炼焦、化产、电仪分厂，年产优质冶金焦 200 万吨，选煤 300 万吨，焦油 7 万吨，粗苯 2 万吨，硫铵 2 万吨，煤气 4 亿立方米，产品质量享誉国内外。公司坚定践行生态环境保护理念，自我加压、达标整改，先后投入 1.2 亿元上马了尾气脱硫脱销、脱硫废液提盐、炉头烟气治理、污水深度处理等环保装置，实现了源头减量、过程减排、末端治理，走出了传统焦化高质量发展的新路子。华鑫集团以华鑫焦化为基础形成的循环产业流程，如图 9-3 所示。

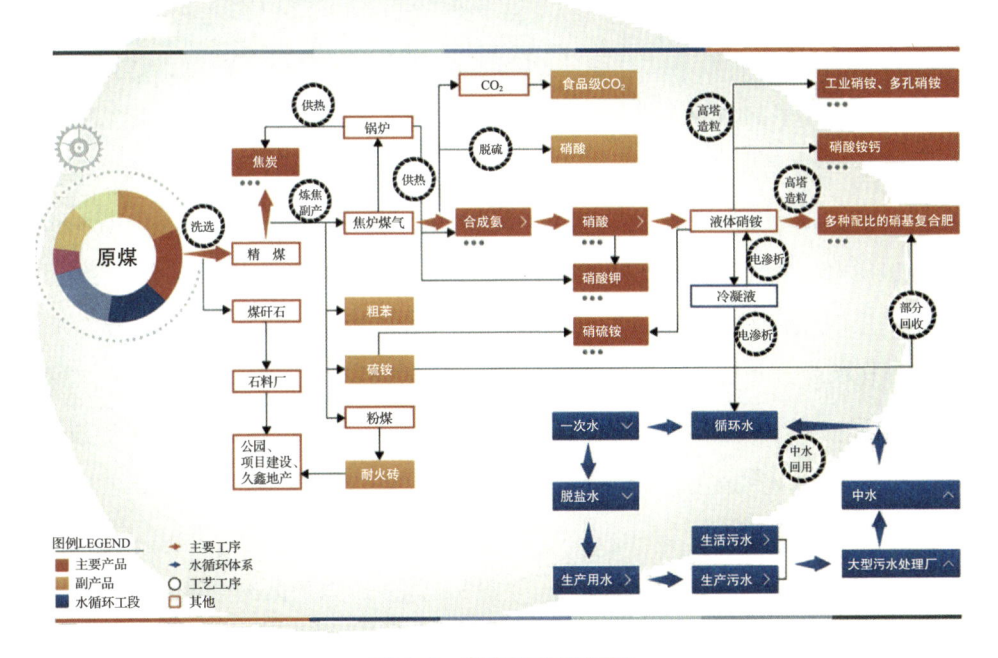

图 9-3　华鑫产业流程图

华鑫集团执行山西省"上大关小"政策，投资 50 亿元，建设 180 万吨/年焦化及化工新材料项目，该项目充分利用当地的煤炭资源生产冶金焦，符合国家产业政策和能源政策，符合山西吕梁地区的工业发展方向和华鑫集团的总体发展战略，实现了对优质炼焦煤的合理利用，有利于集团加快实施调整产业结构、扩大产品规模和提高产品质量。

2. 华鑫肥业筹备上市

华鑫肥业是华鑫煤焦化实业集团在焦化产业链上进一步延链强链的化工企业。华鑫肥业年产 18 万吨合成氨、60 万吨硝基复合肥的"18-60"项目于 2012 年正式上线。利用焦炉气为原料，生产合成氨、硝基复合肥，也是目前利用焦炉气的较好途径。项目生产过程清洁、自动化程度高、产品成本低，所采用的工艺成熟、设备先进、技术可靠，其合理的产品链条和先进的工艺组合，为提升生产和管理的效率提供了有力支持。主要产品包括原料级的合成氨、硝酸、硝铵磷、各配比硝基复合肥、硝酸钾、硝酸铵钙等，产品注册商标为"华鑫"，在省内外有良好的美誉，出口澳大利亚、南美洲等 60 多个国家和地区。

自 2016 年起，华鑫肥业携手国内多位农业技术专家，经过长达半年的时间，研发出了高效生态高分子硝基复合肥——"鑫聚力"聚合硝基生态肥。2016 年，华鑫肥业投资 18 亿元的工厂正式投产，"双劲""丰收小超"等产品问世；2017 年，"鑫聚力""多肽硝硼钙镁"投产，"多元益生素"研制成功；2018 年，"鑫聚力"养护双效 24-6-10 上市，全水溶极限产品研制成功。多年来，华鑫肥业致力于研发新技术，在硝基肥领域不断专创独研，逐渐形成了独特的技术优势，而且将此优势转化生产为"养＋护"功能型肥料。"养＋护"功能型肥料的推出受到了市场用户的广泛认可，华鑫肥业 2021 年被认定为全国高新技术企业。

3. 庞泉酒业整装待发

2011 年，华鑫集团收购了位于吕梁庞泉沟生态保护区的一家仅有 300 吨产能的小酒厂，进入清香酒行业。

在清香酒行业内，华鑫集团董事长曹立华是第一个提出"生态酿酒"的民营企业家，曹立华表示："要致力于将庞泉酒庄打造成为集古法酿造、智能酿酒、酒庄旅游、酒文化传播于一体的生态文化旅游项目，力争成为清香型白酒发展的新典范。"

庞泉酒庄采用"沉浸式生态酿造法"，拥有 100% 纯粮、高山富氧、营养山泉、超长发酵、智能酿造、陶坛老熟六大核心优势。在整套品质体系的支撑下，庞泉酒庄秉承古法酿造，汲取传统精髓，踏踏实实酿好酒；遵循自然生态，利用天赋资源，富氧山水藏好酒；采用智能设备，坚持科学酿造，精确无误养好酒。基于以上优势，成就了庞泉酒庄"低醉醇净"的清香型白酒行业标杆品质。本着"山上治本、身边增绿、林业增效、产业富民"的发展思路，华鑫集团立足庞泉沟国家级自然保护区，投资2亿元签约10万亩天然林，充分发挥"公司+合作社+农户"利益联结机制，大力发展农、林、牧、旅产业，以实际行动助推交城山脱贫攻坚和全域旅游建设。

2017年，吕梁被授予"世界十大烈酒产区·吕梁产区"的称号，成为吕梁白酒行业的"世界级"名片。庞泉酒庄成为一抹"亮色"。2018年庞泉酒庄定位成形，开工建设2.5万吨原酒生产线，同时开始打造酒旅文化游体验项目。2020年8月，庞泉酒庄实现了酒庄智能化生产线正式投产出酒。2021年，庞泉酒荣获中国酒业协会"清樽奖"金奖。

相关数据预测，未来5年，清香白酒市场规模和产业规模将达1500亿元、200万千升，在行业占比由15%上升至20%以上。清香白酒将实现中国白酒"三分天下"的品类地位，在白酒的高端和次高端消费市场将占据30%左右的份额，在中高档白酒市场将占据20%左右，在低档白酒市场仍将占据35%左右。

立足山西、布局全国、放眼全球，依托庞泉国家自然保护区的天然优势，依托酒庄智能化的酿造体系，以及自动化的生产体系等优势，庞泉酒业的未来大有作为。

（九）昕益集团：搭建智慧矿山与创意文旅双驱模式

昕益集团的前身是成立于1956年的新中国第一批公私联营煤矿——灵石煤矿，2000年改制为全员股份制有限责任公司，股东总数为987人。目前有员工4500人，资产总额32亿元。下辖四座煤矿企业，全部实现了综采、综掘，其中旺岭煤业为国家一级标准化矿井、现代化矿井、省级绿色矿山，已完成"5G+"智慧矿山建设。近年来，昕益集团积极寻求"由黑向绿"的生态文明建设，开发"王家大院"旅游品牌，建成"灵石之光"煤炭主题馆，建成"灵石县蜂蜜文化产业园",为煤炭行业插上数智化和科技文旅的翅膀,不断推动着转型创新发展。

1. "5G+"智慧矿山建设

昕益集团紧紧围绕矿井"采煤智能化、掘进自动化、辅助无人化、信息集成化"的工作目标,投资1.5亿元建设旺岭煤业5G智慧矿山,实现了采煤方式由机械化到智能化的时代变革。煤矿巷道掘进通过监控摄像头和红外摄像头、传感器和传输基站等设备,将综掘机实时工作画面传至地面集控中心,实现了远距离"可视化"遥控作业。掘进工程可依据综掘机司机预设的轨迹定位掘进,做到高标准一次成巷、不留尾工。而且掘进区域采用红外技术人体活动监测预警系统,当综掘机启动及工作人员误入截割区域时,会采取预警、停机操作,为安全生产提供了有力保障。与普通综掘工作面相比,智能化掘进提高了迎头施工人员的安全系数和工作效率,降低了作业人员的劳动强度。与传统开采模式相比,智能开采将职工从危险性较高的采煤工作面转移到安全环境较好的顺槽监控中心和地面集控中心,单班作业人数减少一半,在改善员工生产环境的基础上保持了安全条件下的稳产高产。

2. 王家庄园文旅景区建设

王家庄园位于国家历史文化名村灵石县静升古镇,占地面积210亩,是昕益集团"以煤为基,转型发展"战略下投资2.6亿元建设的地面企业,是"晋中市百项重点工程"。目前已成为灵石县集"科技创新、文化创意、生态农业、观光旅游、休闲度假"五种功能于一体的综合型国家AAA级文化旅游景区,有"王家大院后花园"之美称。王家庄园景区游乐主题丰富,由海洋迪士尼科技馆、风情别墅园住宿区、园林生态餐厅、珍奇植物园、煤炭文化主题馆、军事文化体验馆、蜂蜜文化产业园七大部分组成,另有三雕艺术走廊、采摘园、音乐喷泉广场、人工湖室外公园、山楂林等景观,是一个集吃、住、游、学、玩、赏于一体的综合型现代庄园。

3. 煤炭主题馆建设

昕益集团将王家大院独特的旅游区位优势与煤炭文化相结合,建设"灵石之光"煤炭主题馆。煤炭主题馆围绕山西煤炭重要化石资源——煤炭的演变进程及开采技术的变革过程，运用现代最先进裸眼3D、多媒体数字技术进行模拟，展示煤的形成、开采历史、资源分布、煤炭工业发展前景及煤炭对于国家发展的重要地位与作用等科普知识，真实还原煤矿工人井下生产场景及采、掘、机、运、通等流程，让人有身临井下的真实感受。"灵石之光"煤炭主题馆展示了山西的煤炭文化特色，挖掘了山西的煤炭旅游资源，进一步弘扬和传播着山西的煤炭奉献精神，独具山西特色，令人深感震撼。"灵石之光"煤炭主题馆是山西省科普教育基地、山西省应急消防科普教育基地、山西省防震减灾科普教育基地、晋中市中小学生研学实践教育基地。

4. 灵石县蜂蜜文化产业园

为响应县委、县政府提出的"两养三种"助农发展，同时充分发挥本土蜜源丰富、生态环境良好的优势，以点带面示范带动全县蜜蜂产业转型升级，大力推进养蜂业标准化、规模化和产业化，昕益集团建设了灵石县蜂蜜文化产业园。该园由年产120吨蜂蜜产品生产线、观光体验园、蜂产品展示区、蜜蜂博物馆、中小学生德育教育基地、实验室和蜜粉源植物园七个区域及其附属配套设施构成。建筑面积2300平方米，总投资2000万元，主要用于灵石蜂蜜产业研究、教育和宣传，既能为蜂农解决销路难、价格低等问题，让"蜂农"创收、增收，而且带动了灵石全域旅游经济的发展。实现经济效益和社会效益双丰收。

（十）小结

山西传统企业转型总体上呈现出从粗放到集约，从高耗能到低碳绿色，从采掘文明向制造文明转变，从资源依赖向创新驱动转变，从煤焦钢基地向综合能源基地和现代产业基地转变的特征。实现路径主要包括以下几点。

1. 发展循环经济

循环经济是一种以资源的高效利用和循环利用为核心，以"减量化、再利用、资源化"为原则，以低消耗、低排放、高效率为基本特征，符合可持续发展理念的经济增长模式，是对"大量生产、大量消费、大量废弃"的传统增长模式的根本变革。

上述9家传统企业均体现了循环经济的基本思想，均体现了产业链、循环链、产业集群、产业生态的格局，从严格意义上来说，上述企业都是由若干单体企业构成的有机组合体，而不仅仅是若干单体企业的简单集合。例如，阳光焦化构建了焦化封闭循环产业链，实现自我循环；美锦集团以焦化为基础在全国布局氢能源产业，培育氢能源产业链集群；华鑫集团以煤焦为基延伸的化肥产业筹备上市；潞宝集团打造智能高端精细化工产业园区，向平台化发展；等等。

2. 数字化赋能产业

促进大数据、云计算、人工智能、物联网等数字技术在传统产业的应用，系统提升能源、资源的利用效率和质量，保障安全，提高废物循环利用水平。

上述9家传统企业无一例外都将数字化作为赋能产业、监测数据的重要手段。例如，晋钢集团实现智能化、绿色化、高端化三位一体的高质量发展格局，实现系统的功能优化；又如，中阳钢铁将数字化运用到战略管理、作业管理、运营管理等多个环节和流程中，实现人机有效结合：打造一体化智慧管理系统；再如，昕益集团建设了5G智慧矿山，充分挖掘数字化对于采矿安全和效率方面的作用，等等。

3. 加大绿色投资

实现碳达峰、碳中和是一场广泛而深刻的经济社会系统性变革。这将催生一批新技术、新行业、新商业模式，成为新经济的重要组成部分。

山西传统企业转变观念，实现绿色低碳发展，"立足煤、做足煤、不唯煤"，摆脱"路径依赖"，走出"资源陷阱"。例如，建邦集团将"三废"接近零碳化，致力于打造"森林中的钢铁企业"；再如，平遥煤化的唐都推光漆器为山西漆艺守正创新、繁荣发展做出了积极贡献；宇皓新型光学材料填补了该领域的国内空白，成为国内最大的激光导光板生产基地；横坡古村的打造为发展乡村旅游、实现乡村振兴提供了范本；石头造纸颠覆了人们对造纸的传统认知，60%的产品出口海外。华鑫集团转型发展庞泉白酒，助力农村振兴；昕益集团投资建设王家庄园、煤炭主题博物馆等文旅项目，进入绿色产业；等等。

山西传统企业转型发展已经蹚出了一条新路。集约化经营、数字化赋能、绿色化发展、平台化协作的山西传统企业转型实践，成为当代晋商崛起的重要源泉和内在力量。

四、产业集聚

做强做大传统特色产业是山西发展非煤产业、加快创新转型的重要突破口。山西在充分挖掘县域资源禀赋、产业基础和历史传统优势的基础上，加快培育发展特色产业集聚度高、专业化分工协作程度高、产业辐射带动能力强、品牌优势突出、就业富民拉动效应明显的专业镇。目前，已经涌现出祁县玻璃器皿、怀仁陶瓷、定襄法兰、杏花村白酒、清徐老陈醋等特色鲜明的产业集群和专业镇。这些产业集群和专业镇的主体是无数民营企业，其是县域经济的重要支柱。在市场力量的推动和政府的积极引导下，玻璃器皿、陶瓷、法兰、白酒、食醋等产品的种类齐全、技术水平领先、产业链条完整、出口优势明显、发展潜力巨大。晋中祁县被誉为"中国玻璃器皿之都"，朔州怀仁被誉为"中国北方陶瓷之都"，忻州定襄被誉为"世界法兰之都，中国锻造之乡"、汾阳杏花村被誉为"中华名酒第一村"，太原清徐被誉为"中国醋都"，成为山西的"亮丽名片"。

（一）晋中祁县：中国玻璃器皿之都

晋中祁县是老晋商发源地，也是万里茶路的中心。玻璃器皿是祁县的传统产业，玻璃器皿产业因出口而兴，产品约60%～70%销往国际市场。其中，美国市场占出口量的50%，欧洲市场占出口量的30%，其余销往南美、中亚及非洲等市场。可见，祁县玻璃器皿远销海外正是老晋商精神的延续。

祁县玻璃器皿起源于民国初期，采用人工吹制工艺生产玻璃器皿已经有了百余年历史，至今仍是祁县玻璃器皿的主要加工方法。正是靠这种方法起步，玻璃器皿产业成为祁县独具特色的优势产业，迈入了集群发展的高速路。目前，全县有玻璃器皿生产企业50户，包装、深加工、花纸、贸易等配套产业200余户，从业人员2万人，占祁县工业总产值的35%，年产值达26亿元。产品包括10余个系列8000多个品种。祁县玻璃器皿产业创造出许多"中国第一"的辉煌成绩，将"中国玻璃器皿生产出口基地""国家外贸转型升级专业型示范基地""中国玻璃器皿之都""全国唯一的国家级玻璃器皿产品质量监督检验中心""'一带一路'中小企业特色产业合作区"等多个"国字号"招牌收入囊中，还涌现出诸如大华、宏艺、红海等一批"单打冠军"，彰显了祁县玻璃器皿产业的独特魅力。

21世纪初，祁县玻璃器皿出口额占全国总量的1/5，成为在国内具有主导地位、在国际市场占有相当份额的优势产业。但是，在过去的发展中，祁县玻璃器皿产业一直走粗放型的道路，高污染、高耗能、低水平、重复劳动、低档产品过剩、高档产品不足等弊端，一直伴随着企业和行业的成长。围绕提高产品附加值和降低能耗，祁县实施龙头带动战略，把大华、宏艺等企业作为产业龙头重点扶持，以点带面进行示范，逐步完成了从土圆炉到煤气炉，再从煤气炉到电熔炉的三级跳。面对大多数企业规模小、产品雷同、低价竞争等问题，祁县提出"规模扩张与质量上档并重，技术创新与机制创新并举，代理出口与自营出口并进"的发展思路，在鼓励优质龙头企业扩大生产规模的同时，对低端、低效企业实施关停整合，玻璃器皿产业集聚优势和特色品牌优势开始形成。得益于一系列政策支持引导，祁县玻璃器皿产业渐趋健康发展。"一厂一特色，家家有精品"的格局逐步形成。手绘、描金、彩绘等深加工产业及配套产业也风生水起，渐成规模。

红海玻璃一直在工艺玻璃的道路上前行。一方面巩固提升祁县玻璃器皿人工吹制优势，另一方面发挥手工套色、花挺、混色、热粘等工艺特长，精品化、特色化、艺术化，闯一条"文化+产业"的路。谈到传统企业如何创新，祁县红海玻璃董事长李健生指出："以红海玻璃为代表的祁县玻璃器皿企业生产的拉汀玻璃杯，是一项非物质文化遗产技艺，这是山西的骄傲，我们不能躺在非物质文化遗产产品上'睡大觉'，一定要让非物质文化遗产产品和市场、时尚结合，打造新的礼品、工艺品，向艺术品发展，提高附加值。同时依托祁县玻璃产业集群，打造玻璃艺术小镇，把玻璃艺术小镇打造好，为祁县玻璃走向世界玻璃的制高点发挥桥梁作用。"在祁县红海玻璃文化艺术园的大厅里，一幅巨大的"一带一路"区域合作图铺满了整个墙面，上面标着祁县玻璃器皿在中东、东南亚、欧洲、美洲、中非等地区的出口路线，直观展示了祁县玻璃器皿的当代风采。

龙头企业大华公司的6条共85吨自动化生产线，带领玻璃器皿生产由传统的人工吹制向机械化和人工吹制并举的方向发展，正在新上机制彩色玻璃器皿生产线，推广使用自动化深加工装备，推动全县玻璃器皿产业向智能化制造方向发展。

特色、高端、智能制造，祁县玻璃在不同赛道上闯出了新路，这将惠及整个行业和县域经济的健康蓬勃发展。

（二）朔州怀仁：中国日用陶瓷之都

提及瓷器，人们首先想到的是江西景德镇的工艺瓷器、广东佛山的建筑陶瓷及河北唐山的卫生陶瓷，却常常忽略了中国北方的山西省朔州市怀仁市——一个传承了千年的制陶之地。

煤系高岭土在全国陶瓷界被誉为"国宝"，朔州怀仁境内拥有储量丰富、质量上乘的高岭土。得天独厚的原材料优势，也让有着1000多年陶瓷器皿制作历史的怀仁成为全国闻名的日用陶瓷生产基地，"怀仁陶瓷"被确定为国家地理标志证明商标。

怀仁自古以来就是中国陶瓷的重要产地之一。据《中国陶瓷史·历代名窑》记载："怀仁窑，在今山西怀仁，故名。明《大明一统志》有'锦屏山在怀仁县西南二十五里，山旧有瓷窑'。现发现的制陶遗址有小峪、张瓦沟、吴家窑三处；始烧于金代，历经元明两代。烧瓷以黑釉为主，弦纹瓶及罐等器物胎体厚重，装饰有粗线条划花及剔花两种，有雁北地区特色。"怀仁陶瓷以吴家窑、碗窑最为出名，民间相传闻名遐迩的大同九龙壁主体琉璃瓷就是由怀仁吴家窑赵氏兄弟烧制而成的。中华人民共和国成立初期，吴家窑瓷厂生产的黑釉描金盖杯被载入《中国陶瓷史》，并于20世纪70年代被人民大会堂选用。吴家窑陶瓷厂也是山西第一家生产出口瓷的企业。雁北瓷厂还为1994年广岛亚运会专供运动员、裁判员就餐的炻瓷餐具。怀仁陶瓷由此扬名海内外。

如今的怀仁，把陶瓷产业作为全县产业转型和实现工业新型化的首选目标，不断做精做优日用陶瓷，大力发展高技术陶瓷，促进陶瓷产业市场化、高端化、品牌化和国际化，走出了一条转型升级、打造"北方瓷都"的怀仁路径，为县域经济发展注入了强劲动力。

怀仁现有陶瓷生产企业53家、陶瓷生产线123条，日用瓷年生产能力达到18亿件，年产值达35亿元，直接产业和间接产业工人达4万多人。产品已由过去单一的日用陶瓷，向中高档的工艺瓷、包装瓷、琉璃瓷、建筑瓷、艺术瓷、酒店瓷、工业瓷七大类3500多个花色品种等多元化和高端化方向发展，涌现出亿家亲等陶瓷龙头企业。如今，怀仁陶瓷的销售网点遍布全国，日用白瓷约占国内三分之一的市场份额，不仅在全国享有盛誉，而且部分产品已远销美国、德国、日本和澳大利亚等发达国家。

怀仁陶瓷产业有坚实的研发基础和人才支撑。怀仁重视陶瓷产业的技术研发，被认定为省级陶瓷研发中心和检测中心。坐落于怀仁的朔州陶瓷职业技术学院开设了学制为3年的陶瓷制造工艺专业，先后建成8家省级企业技术中心，为全县陶瓷产业提供技术和人才支撑。怀仁陶瓷企业与景德镇陶瓷大学、朔州陶瓷职业技术学院等科研院所开展产学研合作，解决企业效率和产品质量问题，实现技术转化和应用。

怀仁坚持"品牌立瓷、科技强瓷、文化兴瓷"发展战略，把陶瓷作为转型发展的重要产业，以打造"南瓷北移"承接地为主线，形成了产、学、研、销、展"五位一体"的产业群，使陶瓷产业成为助推县域经济发展的重要支撑。

(三) 忻州定襄：世界法兰之都，中国锻造之乡

定襄自古铁匠多，早在明万历年间就有"一斗芝麻铁匠"的记载，锻制的铁锹远销内蒙古、河北及周边州县。如今，该县有锻造企业300余户，从

业人员超4万人，以法兰为主的锻造产品占全国市场份额的30%以上、占全国出口总量约七成，风电法兰占全国市场份额的60%以上，是亚洲最大的法兰生产基地、世界最大的法兰出口基地。

定襄大型锻造企业非常重视向管理要效益，普遍采用了数控设备、碾压机、大型油压机、天然气及六西格玛和6S管理模式，众多制造企业取得了国际质量管理、环境、职业健康、能源、两化融合等体系认证。山西天宝集团以数字化推动智能化，以智能化培育新动能，以新动能促进新发展，通过采用"5G+"云平台现代高新技术，建设年产6万吨风力发展环锻件智能制造项目，总生产能力达12万吨以上，达到国内领先水平。山西天宝集团副总经理闫志龙说："数字化、智能化为山西天宝集团插上了飞跃的翅膀，锻造工艺作业人员配置由每班16人减少到每班2人，风电法兰由日产两块到日产上百块，生产功效大大提高，安全性和产品质量都大大提升。"

面对锻造产业集群发展水平不高、相关企业关联度不高、技术创新能力不强等问题，积极应对碳达峰、碳中和带来的机遇和挑战，定襄县以法兰特色专业镇构筑产业创新高地，组织成立法兰行业协会，强化企业间分工与协作；持续做好"能耗双控"工作，推进绿色转型；引导企业实现专精特新发展，向技术创新要增长动力；发展绿色锻造产业基地的引领作用，以恒跃公司成为工业和信息化部"绿色工厂"为契机，推进绿色制造体系建设，不断提高法兰锻造产业的"含金量""含新量""含绿量"；为锻造产业打造出量身定做的创新发展平台，正在建设涉及综合服务中心、企业孵化与加速器定制中心、会展与交易中心、法兰装备互联及精密锻造研发中心、传统制造与现代智能化体验中心五大服务功能的锻造产业智能制造创新服务基地。

定襄法兰正在围绕上下游产业链进行强链、补链、延链，抱团合力闯市场，不断获得市场主导权和技术主导权，一个世界瞩目的定襄法兰特色专业镇已初具雏形，期待未来在高质量发展之路上越走越稳。

(四)汾阳杏花村：中华名酒第一村

杏花村是山西十佳旅游景点之一，以汾酒闻名天下，被誉为"中华名酒第一村"。其酿酒史可追溯到6000年前的仰韶文化时期，在漫长的历史长河中积淀了丰富深厚的酒文化。早在1500多年前的南北朝时期，杏花村就以酿酒、酒文化闻名，所产之汾酒素有"甘泉佳酿"的美誉。盛唐时，这里以"杏花村里酒如泉""处处街头揭翠帘"成为酒文化的古都。历史上，我国著名文人、学者如李白、杜甫、杜牧、宋延清、顾炎武、傅山、巴金、郭沫若等都赋诗赞誉。李自成进北京路经杏花村，停留三日，留下"尽善尽美"的题匾，杏花村曾一度更名为"尽善村"。

杏花村酒之所以清香纯正，主要得益于其岩溶水资源丰富。杏花村酒酿造对水的要求是"水必得其甘"，坐落在山西著名的郭庄泉岩溶水保护区内的杏花村，地下有非常丰富的岩溶水资源，水中富含大量对人体健康有益的矿物质。井水清澈透明，清冽甘爽，煮沸不溢，盛器不锈，洗涤绵软。该水pH值为7.3~7.6，属弱碱性，按照世界卫生组织公布的"国际好水"的标准界定，杏花村的水是"最高层级"的水，也是酿造好酒的绝佳用水。

在汾酒的引领下，杏花村清香白酒衍生了汾阳王、汾杏、晋善晋美等品牌，切实推动"清香"型白酒走向全国。以杏花村产区第二大白酒文化产业集团——山西新晋商酒庄集团为代表的一批优秀企业，在共舞清香的发展理念指导下，积极响应全国白酒产业发展趋势，加速融入白酒文旅融合发展格局，正上马一批对产区发展影响深远的白酒项目。侯清泉董事长说，酒庄建设会严格遵守"传承不守旧，创新不离宗"理念，既要突出传统酿造技艺真谛，夯实本源，还要形成独具特色的"车间大院化、大院工业化、传统技艺科技化"，做好"杏花村第二瓶美酒"。

此外，杏花村还诞生了汾阳王酒品牌，汾阳王酒一直遵循着"传统工艺、始终如一"的古训，沿用传统"地缸发酵、缓火蒸馏、陶缸储存"的方法，专注于品质的不断提高，酿就清雅纯正、绵甜爽净、余味悠长的酒中精品。2006年"汾阳王酒"传统酿造工艺被认定为山西省非物质文化遗产。

在龙头企业汾酒集团的引领下，汾阳王、汾杏等民营企业品牌紧跟汾酒的步伐，以传播、壮大汾阳产区势能为己任，做好产区表达，增强产区培育，正在打造一个世界级清香型白酒产业集群。

(五)太原清徐：中国醋都

"山西的现代农业发展，要打好特色牌"，作为山西农产品的亮眼"名片"，走出山西农业的"特""优"之路，老陈醋当仁不让。

"自古酿醋数山西，追根溯源在清徐"。清徐是山西老陈醋的正宗发祥地，酿醋历史悠久，酿醋史可追溯至2500年前。1924年，清徐"福源昌"生产的山西老陈醋获得了巴拿马国际博览会优质商品一等奖。2006年，清徐老陈醋酿制技艺被列入第一批国家级非物质文化遗产名录。近年来，清徐县成立了醋产业协会，精心打造"清风徐来、无醋不在"区域公用品牌，开展了清徐老陈醋成都行、天津行、广州行、济南行等推介活动。2020年12月30日，中国轻工业联合会和中轻食品工业管理中心联合授予清徐县"中国醋都·清徐"称号。

经过多年发展，清徐县有获得食品生产许可认证的食醋企业81家，高粱种植基地6万余亩，食醋全系列产品年产量达70万吨，占山西省的80%、占全国的近30%，位居全国区域食醋产销量之首，是全国最大的食醋生产基地。目前已形成以紫林、水塔、东湖为引领的食醋产业群，设有紫林、水塔、东湖3家通过省级认证的企业技术中心，有紫林醋业联合众多科研院校成立的山西省食醋工程技术研究中心，培育了"紫林""水塔"两件中国驰名商标，14件山西著名商标，5个省级名牌。东湖牌老陈醋是山西老陈醋历史文化的继承者和典型代表，其传承的是始创于1368年的"美和居"的衣钵，保留了国家级非物质文化遗产"美和居老陈醋酿制技艺"。山西老陈醋集团有限公司以"做精老陈醋、做强保健醋、做大醋文章"为战略目标，坚守传统原料配方，传统非物质文化遗产工艺，将老陈醋融入开发现代休闲食品、美容产品，以及醋泡黑豆、生姜等中医药防病产品，同时结合山西餐饮特色，打造"山西醋宴"，带动山西餐饮业及杂粮种植业的发展，最终实现"醋让生活更美好"的良好愿景。目前，清徐老陈醋工艺呈现以东湖为代表的传统业态，以水塔、紫林为代表的渐进式创新业态，以原力π功能醋饮为代表的技术革新业态，推陈出新，传承跟进。每种业态各有优势，但无论哪种业态，都不会固步自封，而是结合自身特点和市场需求，逐步进行优化改进。

在醋的发展过程中，针对食醋产品国家标准对地域产品特色、工艺特点不能具体体现的问题，太原市委、市政府制定了严于国家标准的山西陈醋地方标准，通过提高山西陈醋的工艺标准、总酸指标等要求，提升准入门槛，统一行业规范，突出山西陈醋产品质量，促进山西陈醋产业可持续发展。针对省内醋产业集聚度较低、各自为战的情况，政府出面联合"水塔""紫林""东湖"等龙头企业，搭建醋产业集群平台，集中宣传"山西老陈醋"这一地理标志品牌，提升"母品牌"知名度；整合各醋企的优势资源，形成系列产品组合拳，发挥头部企业的"航母效应"，带动各醋企品牌"百花齐放"。

（六）小结

产业集聚发展具有创新驱动、知识溢出、产业放大的优势，是晋商企业崛起的路径之一。目前在集群生长和专业镇发展方面已经做出了有益的探索，为后续产业集群发展积累了一定的经验和产业基础。同时产业集群也存在着一些问题，如产业集群中缺乏龙头企业或龙头企业带动作用不够；企业一直处于产业链下游，附加值低，品牌力量薄弱；产品的技术壁垒不高，企业发展缺乏自主性和竞争力等。究其原因，其中主要因素为晋商"长于单打而短于合作"的行为特征。晋商企业之间的合作意识弱，导致产品同质性高，模仿性强，容易形成恶性竞争，区域品牌价值贬值，大大压缩了生存空间。

目前，山西产业集群依托的主要是资源禀赋和传统要素，即通过本地的劳动力、资本、历史及土地和区位上的先天优势，形成一定规模的集群。在产业集群的形成阶段，资源禀赋和传统要素是必备条件，奠定了产业集群的坚实基础。随着产业集群的进一步发展，产业集群内的企业必须借助产业协会或研究院开展技术和产品研发，引领市场需求，与时俱进创新，才能实现产业集群升级，走向产业链的高端。

对山西区域性产业集群发展提出以下建议。

第一，发展龙头企业。要高度重视龙头企业对区域性产业集群发展的带动作用，把培育和吸引龙头企业、领军企业放在更加突出的位置，鼓励重点龙头企业通过兼并重组等方式做大做强，打造一批大企业、大集团，带动集群发展迈上新台阶。

第二，完善产业链。充分发挥现有企业集聚形成的产业基础优势，通过建链、补链、强链实现产业链上下游企业的纵向合作和相关产业链之间企业的横向互动，形成纵横交错的企业协同网络。

第三，增强创新活力。大力建设研发创新体系，从产业未来发展趋势出发，加速集群企业、科研院所和产业协会等不同主体之间的实质性相融，形成适合市场和引领市场的创新高地。

第四，打造优势区域品牌。构建强大的产品区隔及防护壁垒，彰显集群独特的核心竞争优势，利用数智化手段实现成本集约化，对外树立策略多样化、服务多元化的整体形象。

第五，优化区域生态。推动产业集聚区与区域经济协同发展，壮大生产型服务业和生活性服务业，打造开放包容、合作共享的区域生态，提高产业竞争力。

五、专精特新

山西省积极推进企业走"专精特新"发展之路，引导中小企业长期专注细分市场发力，涌现了一大批专精特新企业。截至2021年年底，全省专精特新企业2113家，省级专精特新"小巨人"企业363家，国家级专精特新企业达100家，在31个省份中排第19位。

本部分选择8家山西专精特新企业作为示例，总结山西专精特新企业的特征，并对山西专精特新企业未来发展做了展望，展现了创新对新晋商崛起的巨大推动力量。

（一）科达自控：中国智慧矿山行业解决方案的引领者

山西科达自控股份有限公司（以下简称科达自控）成立于2000年，于2021

年11月在北京证券交易所（以下简称北交所）上市，是北交所首批上市公司、山西第一家北交所上市企业，也是北交所智慧矿山第一股。公司下设8个子公司，母子公司共有5个高新技术企业。公司主营业务是应用工业互联网技术体系，向客户提供矿山数据监测与自动控制系统、市政数据远程监测系统、自动控制相关产品和365在现（线）自动化技术服务，解决客户对于生产过程中的智能化改造和自动化控制的需求，主要应用于智慧矿山、智慧市政等领域。

1. 专注智慧矿山系统技术研发，实现"从0到1"的跨越

传统矿山作业以人为主要劳动力，矿工作业环境常常存有瓦斯爆炸的隐患，矿工的生命安全威胁和工作环境恶劣的问题是传统矿业的核心痛点。智慧矿山系统致力于实现机械化换人、自动化减人、智能化无人的目标。付国军董事长认为，真正的智慧矿山系统必须实现定位、产品和系统的有效匹配。为了实现矿山复杂环境下的精准定位，科达自控智能化系统所覆盖的范围越来越多，既有传感、控制器及通信系统，也有软件、平台、算法要素。煤矿环境具有特殊性，如煤矿环境中极易受易燃易爆、有毒有害物质的影响，加上煤矿工艺本身的复杂性及与地面不同的井下定位，使多数智能化产品无法适应井下状况；能应用于煤矿场景的智能化系统，则需要将其中硬件设备改造为防爆材质。科达自控母子公司共拥有130多个矿用产品安全标志证书，涵盖了矿山智能化所需的80%的产品，针对矿山属性形成特定的产品特性。智能化系统需对煤炭工艺的了解作为建设基底，科达自控深耕煤炭行业20余年，对生产流程、生产环境较为熟悉，所设计的算法模型趋于合理。科达自控智能化系统可以应用于"采、掘、运、提、排、通、选"环节，即可以提供采煤、掘进、运输、提升、排水、通风、洗选的全矿井解决方案。在生产环节、控制环节可以实现无人化值守和瓦斯实时监测，在数据监测、数据分析运算、执行、安全防护、网络通信等领域也大有可为。综上，科达自控拥有全矿井解决方案和各子系统的解决方案，真正通过智慧矿山系统彻底改变了传统采矿行业的运作模式，提高了传统采矿行业的综合效益。

2. 拓展智慧系统技术应用场景，不断实现"从1到N"

专注智慧矿山系统技术研发，让科达自控对智慧系统技术的本质有了深刻的领悟，这为智慧系统技术的多场景应用奠定了坚实的基础。科达自控的发展犹如毛竹的生长，毛竹在最初的三四年间只能长几厘米，当到了第4、第5年的时候，就开始每天长高30厘米左右，经过五六周的时间就会长成"参天大树"。虽然科达自控技术服务主要还是集中于为煤矿企业客户提供解决方案，但是，地下矿井所采用的自动化技术与地面自动化技术相似，如自动化信息化运算模型的分析技术，由于煤矿应用更为复杂、标准更高，因此其能更广泛地适配其他工业领域的标准。目前，科达自控的智慧化系统已应用在工业物联网和市政等相关领域。随着国家新基建不断推进，科达自控所布局的智慧市政、智慧水务、智能充电桩等业务也有了稳定的发展。

科达自控坚持发展符合工业互联网逻辑的技术架构，服务于智慧矿山与智慧市政业务，并通过"物联网+"服务，应对行业线上化的趋势。秉承"工矿生产和城市生活智慧化"的发展使命，致力于做"工业互联网"行业解决方案的引领者，科达自控为人类工业互联网时代贡献了一个山西样本。

（二）泰宝科技：中国密封制造行业引领者

山西泰宝科技有限公司（以下简称泰宝科技）始建于1987年10月，30多年来发扬工匠精神"转型不转行，创新在本行"，目前已经成为一家集高性能密封件研发、生产、销售、售后服务于一体的国家级专精特新"小巨人"企业。

1. 实现高性能密封件国产化

泰宝科技坚持以"实现高端密封产品国产化和完善成套关键技术为己任"，围绕我国迫切需要解决的密封产品设计理论、加工技术、原材料及成品分析应用等方面的问题进行系统攻关。通过引进消化吸收国外先进技术，不断创新关键工艺，完善密封质量标准和检测技术，使泰宝科技成为国内行业中的先锋企业。泰宝科技立足高端装备产业链的需求，研制的"高性能液压支架（TSM）密封件"已被国内多家煤机装备制造企业和煤炭生产企业配套使用，替代了国外进口同类产品，产品还通过主机配套出口俄罗斯、印度、孟加拉国等国家，一举改变了我国高端装备行业密封件长期依赖进口的"卡脖子"局面。该产品的研制对于保证煤矿井下的安全、高效生产，减少停机次数，延长液压支架维修周期，节约煤炭采掘成本及提升我国液压支架的整体技术水平有着重大和深远的意义，取得了良好的经济效益和社会效益，为国内矿山绿色开采、安全高效生产提供了保障。

2. 打造高精尖密封领域国际先进水平

泰宝科技是国家（行业）标准制定单位、工业和信息化部工程机械高端液压件及液压系统产业协同工作平台成员单位、全国橡标委密封制品分技术委员会成员单位、中国液压气动密封件工业协会成员单位、"科技部国家火炬煤机配套装备特色产业基地"骨干企业、中国煤炭机械工业协会成员单位。

泰宝科技先后主持和参与制定了18项国家与行业标准，主要有国标《液压传动聚氨酯密封件尺寸系列活塞往复运动密封圈的尺寸和公差》《全断面隧道掘进机用橡胶密封件公差》《风力发电机组主传动链系统橡胶密封圈》等。

为了打造行业高端品牌，泰宝科技聚焦国际密封行业前沿科技，与中国科学院煤炭化学所、北京化工大学、山西省化工研究所等高校院所合作，攻克了高端特种聚氨酯密封、高性能聚甲醛材料改性及导向环成型工艺等关键技术。依托拥有的关键技术，开发出了10多个系列上万多个规格型号的特种密封件产品，获得了30余项专利，在油田钻采设备特种密封件、盾构机推移油缸密封件和液压支架等方面填补了多项国内空白。2022年4月被授予"全国五一劳动奖"。

贾宪宝董事长表示，泰宝科技将始终秉承"追求卓越，精益求精"的理念，与新老客户精诚合作，为打造密封行业知名品牌、振兴民族工业而不懈努力。

（三）中德集团：中国新型材料制造专家

山西中德投资集团有限公司（简称中德集团）成立于2001年11月，在董事长程田青"正己善为"经营哲学的倡导下，铸就了宝贵的诚信品牌，目前成为集塑钢型材、塑料管材、铝材、汽车轻量化零部件、供应链金融五大支柱产业为一体的大型企业，缔造了当代晋商的创业传奇。中德集团下辖7个全资子公司、1个控股子公司，拥有5个研发技术机构，是"中国驰名商标"、国家级专精特新"小巨人"企业、高新技术企业，国家塑料异型材标准委员会成员单位，中国塑协管道专委会理事单位、中国汽车轻量化联盟成员单位。目前，中德集团拥有国内领先的生产线220条，产品涵盖九大系列200余个品种，1000余家营销分公司遍布全国各地，产品出口到美洲、欧洲、非洲和东南亚等地，形成了"立足山西、辐射全国、跨出国门"的营销格局，是国内同行业的"五强"企业之一。

1. 在型材领域创新迭起

中德集团始终把创新作为企业发展的源泉和动力，突破陈规，自主创新，使新产品不断涌现。2003年，公司研制开发的塑胶共挤（双密封）型材，在山西省首次实现了密封胶条和型材的一体化生产，不仅提高了产品的抗老化性和抗渗透性，而且降低了生产成本，提高了生产效率，并以绝对的品牌优势出口蒙古国，在市场上引起轰动。

不到一年，新产品又接踵推出，在火爆的市场再度掀起波澜——中德集团精心打造的"铝塑复合（断桥隔热）型材"又撩开了面纱。这是更有创新性的品牌产品，它集中了铝合金型材及塑钢型材的优点，隔热、隔音效果十分显著。之后，为满足客户对型材颜色多样化的需求，中德集团相继开发了毛塑共挤（四密封）型材、彩色覆膜型材、彩色通体型材等，真正实现了中德型材的多姿多彩，为客户提供了多样化的选择。

一年后，中德集团再度把眼界放宽，组织科研小组对西藏、青海、新疆和海南等地区高紫外线辐射这一特点进行技术攻关，研制出一种具有很强抗紫外线和耐高温性能的耐候型材。2006年5月，中德型材一举中标西藏拉萨、羊八井、当雄三个火车站。连战连捷，2007年2月又被奥运工程自行车场馆选用。

产品的不断创新使中德集团在市场上、在行业中拥有了显著的优势，人无我有、人有我新、人新我特、适销对路的经营策略，让中德型材挺进东北、西北、西南等各大市场，迅速成为建材行业的后起之秀。

2009年，投资1.2亿元的中德型材四川公司在成都温江成立，接着又相继在青海西宁等地建厂扩产。产品继出口蒙古国后，又以自主身份出口泰国、俄罗斯、乌克兰、危地马拉等30余个国家和地区，成功实现了由国内市场向国际市场的拓展，形成了"立足山西、辐射全国、跨出国门"的营销格局。2013年，中德集团成为山西省首批"外贸出口升级示范基地"。

目前，中德集团的塑胶共挤、彩色ASA复合共挤、铝塑复合型材（断桥隔热）、浮雕拉丝共挤型材、平移密封王等产品的技术在国内处于领先水平。其中，塑胶共挤与彩色ASA复合共挤技术的运用，在国内首次实现了"三机一体化"型材挤出，填补了国内的空白。

2. 型材、管材、铝业业务齐头并进

作为国内建材行业前五强企业，在中德集团高质量发展的"棋盘"上，塑钢型材、塑料管道、铝合金等传统支柱产业一直以来占据着重要的战略地位。牢牢把握住创新这个基本点，中德集团通过创新经营思路、技术革新等手段实现塑钢型材、铝型材、塑料管道等传统产业技术装备的升级改造，提高了质量，降低了成本。

第一，中德型材势头强劲。中德型材聚焦节能、智能、高端产品开发，全面提升产品力。不断加大产品、材料及智能化、高端化为基础的核心技术投入，相继推出了"金属拉丝""3D炫彩花纹""耐火窗专用型材""被动窗"等一系列新品，不但引领行业技术升级，同时也带动了消费的升级，在业界和市场均获得了良好口碑。截至2022年，中德集团申请专利总量为90余项，多个项目得到商家一致认同并推广，与国内顶尖企业合作的样板工程遍布全国。海外战绩卓著，已收到来自欧洲、非洲、南美洲、中东、东南亚等世界各地的订单，被授予塑料门窗行业发展20年突出贡献单位、塑料门窗行业技术创新先进单位、中国房地产开发企业500强首选供应商品牌。

第二，中德管业发展增速。中德管业公司充分发挥先进技术和装备优势，加快推进高附加值产品研发力度，彩色地暖管、1.2米大口径PE管、家装管、抗摔高质量管件等产品技术在国内处于领先水平。中德集团不断深挖客户需求、研究客户需求、满足客户需求，通过不断创新磨合，逐步强化生产、销售、科研等相关部门的协作能力，对客户的需求形成快速反应机制，被越来越多国内知名企业认可，随着管业大口径PE管、家装管等一大批未来明星产品广泛上市，在保持销量快速增长的同时，为未来放量增长奠定了坚实基础。

第三，中德铝业高端发力。中德铝业铝合金建筑型材和工业铝产品的生产制造项目贯彻"高起点、多产出、高效益、质量好"的建设方针，依托中德集团现有资源，采用国内外先进适用的生产技术和设备，喷涂工艺采用德国汉高处理液配方，产品完全符合出口欧盟环保标准。目前，中德集团建有8万吨铝合金型材挤压生产线，1万吨铝合金机加工生产线和1万吨铝合金压铸生产线，生产技术和装备水平在同行业中处于领先地位。产品以高科技、高质量参与市场竞争，满足国内外工业铝和汽车轻量化产品市场需求，以其先进的系统方案、专业的研发配套附件及更具价值的技术支持服务、全程监管的方式、与国际接轨的经营模式，赢得了广大客户的信赖。主要产品有阳极氧化、粉末喷涂、木纹转印、断桥隔热等系列产品，已广泛应用于建筑、门窗幕墙和工业等领域。

3. 向汽车轻量化配件领域发力

近年来，中德集团把中德新材料科技股份有限公司作为集团转型升级的重要战场，把"新能源汽车轻量化配件制造"建设作为点燃新一轮发展的重要引擎，主攻新能源汽车零部件、智能交通工具、通用航空配套三大应用领域。目前，公司拥有铝镁合金压铸加工核心技术和1万吨铝合金型材生产线的产销规模，已经实现给北汽新能源汽车、华晨汽车、昌河汽车、大运、陕汽等汽车厂家提供多个部件的配套。

为了延伸产业链，打造新材料基地，中德集团在现有土地基础上投资2亿元建设了电动汽车电池壳体全流程生产线。该项目主要产品为新能源电动汽车电池壳体，主要供给世界知名电池组厂商欣旺达公司，最终产品用于吉利、北汽、江淮、长安等新能源汽车。目前，该技术团队拥有世界一流的电池壳体焊接技术，拥有十多项专利技术，产品平均毛利达30%。随着我国新能源汽车的发展，这一产业的年均增长将在40%左右，市场前景广阔。该项目填补了全省在铝镁合金高端焊接领域的空白，为山西省构筑新能源汽车产业链打下坚实的基础。

程田青董事长不仅领导中德集团不断走向更高阶段的"专精特新",他还担任山西省专精特新企业联合会第一届主席,正带领当代晋商走向更高境界的"专精特新"。

(四)利虎集团:中国汽车玻璃行业专家

山西利虎玻璃集团有限公司(以下简称利虎集团)成立于 1987 年,目前是山西唯一的浮法玻璃生产企业和玻璃深加工企业,拥有浮法玻璃生产线 6 条,拥有玻璃钢化、热弯、夹层、防弹、中空等深加工生产线 20 余条,日产 2800 吨优质浮法玻璃、500 吨汽车用安全玻璃,拥有 400 万套中高档汽车玻璃整车配套能力和 10 万平方米高铁、城市轨道交通车安全玻璃配套能力,产值达 26 亿元。利虎玻璃集团拥有 36 件实用专利,3 件发明专利,9 项软件著作权,为国内郑州日产、东风雷诺、上汽通用五菱、北汽、长城、长安、奇瑞、陕西重汽、中国重汽、北方奔驰、北汽福田等 30 多家汽车厂提供整车配套服务。

近年来,利虎集团确立了转型发展、创新发展、绿色发展的企业转型升级发展战略,上马了太阳能建筑节能特种玻璃生产线技改项目。该项目以提升产品等级质量为目的,以技术升级改造为手段,通过对整体设备的更新和技术改进,使浮法玻璃生产线从玻璃水的熔化到成型玻璃检测和装箱销售,每一个环节上都有了质的提升。尤其是在检测方面,利虎集团的玻璃检测不再依赖于人工检测或是国产检测仪的检测,而是采用目前世界上最先进的德国伊斯拉的玻璃在线检测系统,和利虎集团冷端的线控、切割、调标系统整体联控,实现玻璃自动分等、抓取,且每片玻璃都有编码,能够实现每片玻璃的质量追踪。该项目可形成太阳能板、节能玻璃基板、汽车玻璃及普通浮法玻璃的集群,打造部件化玻璃产业链和清洁生产机制,可生产 1.6~6 毫米的无色透明及本体着色玻璃,A 级品率 75% 以上。为发展汽车安全玻璃、轨道交通安全玻璃、建筑节能玻璃、太阳能聚光热发电反射镜玻璃和军用等特种玻璃生产奠定了良好的基础。

利虎集团还积极与科研单位、高校合作,以浮法玻璃生产为基础,加大汽车玻璃、轨道交通便利、新能源玻璃及其他高附加值深加工玻璃的生产比重，通过发展玻璃深加工，延伸产业链，自用消化主业产能，打造新的主业，形成新的市场竞争优势。瞄准市场搞研发，创新引领新高地。目前研发的新产品有调光玻璃、HUD（抬头显示）玻璃、星空顶氛围天窗玻璃、隔音玻璃、夹丝玻璃等，让汽车玻璃成为功能与视觉艺术的完美统一体，创造了人们对美好生活需要的新产品。

（五）易通环能：中国节能环保技术专家

山西易通环能科技集团有限公司（以下简称易通环能）成立于2005年12月，注册资金4600万元，占地面积300亩，是国家产教融合型企业、国家高新技术企业、国家专精特新小巨人企业、国家973科技项目示范单位、山西省优秀企业、山西省民营科技企业、山西省科技成果转化示范企业。公司现有员工500余人，总资产3.2亿元，拥有院士创新中心、省级企业技术中心、工程技术研究中心、博士工作站等科研平台。易通环能集研发设计、生产制造、投资运营、技术咨询、工程承建于一体，主要产品有农业（农村）废弃物资源化综合利用成套设备、秸秆打捆直燃锅炉、双循环低温余热发电机组、LCO法烟气脱硫脱硝一体化处理成套设备、中高档钕铁硼永磁材料、森林草原火灾防控装备系列产品等，主要产品的技术水平在国际、国内居于领先地位。

1. 由黑色到绿色的"科技易通"

易通环能发端于一个濒临破产的煤矿，目前已经成为集产品研发、生产制造、可再生能源开发、工业余热利用等于一体的综合性企业，完成了由地下向地上、由黑色转绿色、由低端向高端的战略转型。与天津大学、郑州大学、山西机电职业技术学院、山西电力设计院、山西生态环境研究中心等一批高校院所展开相关合作研究，在天津大学和易通集团分别成立了"低温热科学与利用技术研究中心"和"博士工作站"，拥有多个实验室和专业试验平台，合作建设了多个示范基地，聘请了环境、热工、化工、机械多学科的6名教授、8名博士及12名硕士，与企业技术中心工程师团队紧密合作完成了"双循环低温发电技术""LCO法脱硫脱硝脱汞一体化技术"两个项目的产品设计、样机试制、工程示范、标准制定等一系列研发工作，取得了一批具有自主知识产权、获得国家多项专利的高新技术，填补了多项国家空白，受到了国家、省、市、县各级领导及相关部门的关注与支持。低温发电与脱硫脱硝一体化两项技术，突破了我国在再生能源利用、大气污染治理领域的技术装备瓶颈，对推动我国节能降耗、环境保护具有重要意义，同时将带动山西省的节能环保产业水平跨入全国先进行列。

2. 做好美好乡村建设"变废为宝"文章

农业生产、农村生活产生的废弃物处理是美好乡村建设的难点和痛点。作为可再生能源利用的倡导者和实践者，易通环能不断探索和研究农村废弃物资源化综合利用技术和场景。易通环能的"农村农业废弃物资源化综合利用技术"项目克服了"大规模集中、无害化填埋、产业化分割"的现有处置技术的弊端，以资源循环利用及高度系统集成的方法，创新性地形成了农业生产、农村生活产生的废弃物（农业生产秸秆、农村垃圾、人畜禽粪污、废旧塑料薄膜等）"全量资源化"综合利用的"一站式"处理工艺路线。此项目有效地解决了农村农业废弃物收、储、运和终端处理的制约瓶颈；开辟了农村农业废弃物以"肥料化""能源化"为主的"全量资源化利用"新途径，大幅度提高了废弃物的资源化价值，极大地降低了运行成本，实现了项目运行的可持续；传统生态文化与现代创新技术的集成运用，实现了废弃物资源化过程的"安全性、经济性"，技术的标准化、设备的模块化使工艺技术具有很强的针对性和灵活性，有利于项目的可复制、可推广；创新性的"资源化主导、县域统筹、全消纳、零污染"的综合利用处理模式，实现了农村农业废弃物处理的全覆盖，真正实现了"资源"价值最大化与环境效益最佳化的双重效应。

董事长赵宝明满怀信心地表示，易通集团将一如既往秉承"科技易通、和谐共生"的企业理念，坚持以科技创新为引领，以科研成果转化为抓手，以创建价值易通为目标，把易通集团建设成为全球最具竞争力的低碳环保系统技术集成商，成为绿色低碳、循环发展的一支生力军。

（六）华兴电机：中国电机铸造行业专家

山西平遥华兴电机铸造有限公司（以下简称华兴电机）的前身为建于1981

年的平遥县兴达铸造厂，于 2000 年与台湾华金钢铁有限公司合资组建而成，是当地创建最早、规模最大的电机壳铸造企业。董事长李贵宝坚持"创新驱动、质量第一、诚信合作"的经营管理理念，在实现电机铸造企业自动化、智能化、数字化、信息化的同时，开发和生产特殊功能的电机整机产品，以质量为生命线，用品牌和多品类、多型号产品征服市场和用户，用诚信赢得客户青睐。曾获"中国中小企业创新 100 强""全国工人先锋号"等多项荣誉。

华兴电机面对严峻的环保形势，2018 年投资 1.5 亿元，新建新型全自动消失模电机壳铸造技术改造项目、铝合金压铸项目和新能源汽车水冷电动机外壳项目，积极推动传统铸造产业升级改造，引进新技术，打造自动化、智能化、数字化生产线，实现高质量发展。目前，消失模、压铸、静压、树脂沙、垂直分型 6 条自动化生产线高效运行生产，达到国内领先水平。

山西平遥华丰防爆电机有限公司是华兴电机为适应山西能源重化工基地的需求，在多年生产电机壳的基础上，利用自身的技术优势、资金优势、产品优势而新建的专业从事电机研发制造的高新技术企业。自 2011 年成立以来，拥有标准生产厂房和综合办公楼，生产和检测设备先进完备，型式试验站功能齐全，技术力量雄厚，质量管理体系健全，能够满足中小型高效电机、防爆电机、专用特种电机的研发制造，在电机行业拥有品牌声誉和明显的核心竞争力。

华兴电机还鼓励员工在工作中创新、在工作中研发，员工创新的 YB3 轴面油封打击套制作、快捷加工中心孔夹具等在生产制造时运用起来更安全、方便、快捷，为企业生产、产品进步做出了卓越贡献。

近年来，华兴电机与晋中学院、平遥现代工程技术学校等单位签署战略合作协议，与职业院校合作建立"数控人才孵化基地"，加强产学研合作交流，对企业的人才培养、技术发展都有非常大的作用。

华兴电机是国家电机生产重点企业，拥有防爆排风扇扇叶安装设备、可视接线盒等 12 项与电机相关的实用新型专利证书。公司产品享誉全国，销往浙江、江苏、广东、山东、台湾、上海等全国 20 多个省市，成为卧龙电机等全国知名电机公司的主要供应商。华兴电机产品还出口意大利、俄罗斯等 20 余个国家，受到了客户的一致好评。

（七）长达交通：中国标线技术先锋

山西长达交通设施有限公司（以下简称长达交通）自 1996 年创办以来，始终专注于标线这一细分行业，深耕细作 20 余年，现已成为集标线涂料研发、生产、销售及工程设计、施工、售后于一体的国家级高新技术企业。其中长达交通最先引进国内并建设中试基地进行研发替代、批量生产的双组份涂料，在 2018 年施划到了港珠澳大桥，冬奥会重点保障高速路面上。2019 年凭借双组分高亮标线涂料 AB，长达交通成为首批国家级专精特新"小巨人"企业。目前，长达交通拥有两项标线施工工法，核心自主知识产权达 19 项，并且每年都按照不低于营业收入 4% 的科研投入进行产品和技术革新。山西省这一交通标线领域的"小巨人"坚定不移地走在中国标线技术先锋的路上。

1. 用技术的力量"让路面更生动，让出行更安全"

长达交通的发展从来都是以技术见长，公司拥有由多名博士、硕士、大学教授、业内专家组成的研发团队，配备了先进的实验设备仪器。积极联合山西省交通科学研究院、太原理工大学、长安大学、西安工业大学等高等院校，与之建立广泛的、长期的技术研发交流和项目合作。长达交通已被认定为山西省省级技术中心。技术带头人、法人杜利民是"中国公路百名优秀工程师""山西省新兴产业领军人才""太原市高端创新型人才"，编著出版了国内第一本系统介绍标线材料并能实际应用的道路标线专业书籍《道路标线材料及应用》。长达交通拥有 7 项标线涂料发明专利及多项实用新型专利，2 项标线施工工法，参与制定了《新划路面标线初始逆反射亮度系数及测试方法》等多项国家标准和《彩色防滑路面》等多项行业标准。依托强大的研发实力，长达交通致力于成为标线市场的培育者、服务者和技术拓荒者。

长达交通致力于成为标线市场的培育者、服务者，更是技术拓荒者，成立 20 多年来，取得了标线行业多个第一：第一家提出微表处路面适用型标线产品；第一家打出城市标线抗污理念；第一家提出高反光标线并开始应用；第一家针对高寒、高海拔地区推出标线产品；第一家推出 MMA 振动雨夜标线产品；和美国 3M 公司提出全天候标线概念并成为其在中国唯一授权反光涂料加工商；……长达交通不断以新技术、新产品、新模式，刷新行业标准、填补市场空白。

长达交通以双组份高亮标线为例的产品快速、安全、高亮，日划线量达 15000 平方米，较大限度地减少封闭作业时间，提高道路通行能力，通过涂料配方调整和完善工艺流程可采取车载化施工，整个作业过程无需人员下车，路面上无作业人员，保证了施工人员的生命安全。多年来根据实际使用效果不断调整配方，实现持续高反光、高耐磨，达到涂料对玻璃珠极强的黏接力，实现对玻璃珠的"锚定"，使标线具有持续高反光性能，在国内较先提出高亮标线理念，并将此类标线在全国高等级公路大规模推广使用。

近年来，我国交通部对公路的日常养护逐渐重视起来，标线的厚度及逆反射值成为有关部门的重点检测对象和关注指标。其中双组份标线在标线养护中的优势凸显出来，同其他道路标线相比，双组份道路标线具有不受温度变化的影响、更加耐磨、抗裂、施工效率高、环保节能而且施工具有多样性等优势，让道路标线重新焕发光彩的双组份道路标线备受市场青睐，在国内外拥有广阔的销售市场。

2. 用梦想的力量"让应用范围和场景有无限可能"

长达交通在全国设有 16 个办事处，在太原、长沙、徐州建有 3 个生产基地，在兰州和四平设有周转仓库，业务辐射全国 30 个省、市，先后参与了全国多项重点工程项目，比如港珠澳大桥、冬奥会兴延高速、青岛上合峰会等项目，取得多项工程奖项。2019 年，长达交通获批第一批国家专精特新"小巨人"企业；2020 年，旗下的山西中涂交通科技股份有限公司获批第二批国家专精特新"小巨人"企业，2021 年山西中涂交通科技股份有限公司又被财政部、工业和信息化部认定为第一批国家财政重点支持建设的国家专精特新小巨人企业。长达交通还是山西省重点支持的高新技术企业、科技成果转化示范企业、科技创新型企业，双省级企业技术中心，目前正按照国家开展高质量发展的相关政策合作谋发展、创新赢未来要求，联合产业链上相关单位，在一些新型材料、低碳、自动驾驶下交通标识材料研究等方面开展工作，同时开展全寿命周期理论下交通标识材料回收再利用、特殊气候环境下路面快速修复材料、新型环保地坪材料、特种防腐材料等方面的研究。

下一步，长达交通将加大与国内、国际交通标线领域的高校、科研机构合作，引进国际先进的制造与施工装备，在道路交通标线细分领域做精做强，同时发力"地面涂装"大产业。

（八）长城电气：中国智慧电力服务先锋

长城电气股份有限公司（以下简称长城电气）成立于2011年3月，拥有最先进的全套智能化电气成套设备数控生产线，目前已发展成为集研发、制造、技术服务及进出口贸易于一体的综合型智能电力服务企业，产业覆盖"发、储、输、变、配、售、用"电力设备和电器元件的研发制造。长城电气控股经营1家长城人工智能研究院，4家控股公司，5个事业部，包括电力设计事业部、电力工程事业部、智能电器事业部、电力设备事业部、电能交易事业部。长城电气是国家高新技术企业、国家级和省级专精特新"小巨人"企业、国家重点研发计划项目实施企业、国家电网公司供应商资格认证企业、山西省服务型制造示范企业等。

1. 深耕电气智能制造

智能制造是长城电气主营核心业务，主要从事电力设备和电器元件的研发制造。多年来持续进行科技投入，与太原理工大学、中北大学、山西财经大学等建立了产学研合作和全方位战略合作关系，在电气技术应用、机械设计研究、企业管理创新等层面进行了多个项目合作，尤其在元器件与电力设备产品由"大"变"小"、元器件生产与电力设备制造由"专"到"精"方面成果斐然。拥有市级企业技术中心，拥有各类知识产权103件（项），其中发明专利6项，实用新型专利28件，软件著作权20项。购进国内最先进的数控设备，引入MES生产管理系统，强力推进升级用友U8，实现了生产管理全面数字化、"用云上云"等质的提升。产品涉及高中低压成套开关设备、智能箱式变电站（光伏、风电）、变压器（油浸式、干式）、真空开关（户内、户外、永磁）、智能框架断路器，适用于电力设备和电器元件的不同使用场景。中压开关柜、智能箱式变电站、户外柱上真空开关均已取得国家电网供应商资格认证。近年来，长城电气扎实推进"立足山西，面向全国，走向世界"的战略发展格局，产品和服务逐渐打开内蒙古、四川、黑龙江、新疆、山东等区域和国家电网、中国宝武、中国建筑等央企市场。公司产值和销售收入近三年稳居全省同行业前三名。在电气成套设备制造领域，电气行业领跑山西。

2. 走向智慧能源解决方案供应商

在全球能源发展面临资源紧张、环境污染、气候变化三大难题的背景下，能源格局优化成为必然趋势。长城电气积极推进"智慧能源"战略布局，持续分阶段推进大数据、物联网、人工智能与制造业的深度融合，着力打造平台型企业。长城电气智慧能源以互联网平台为载体，融合从清洁能源生产到区域为能源网输配，再到能源消费环节的能量与信息流的采集、存储、监控、分析、数据挖掘与有限智能调控，围绕"源—网—售—用—云"一体化，重点覆盖能源生产运维与能源创新消费，以生产运维监控和电力DSM（需求侧管理）为出发点，为5G基站建设、特高压、城际高速铁路和城市轨道交通、新能源、大数据、工业互联网、能源互联网等各行业用户提供高效、低耗、智慧、安全的电气系统整体解决方案，面向开发园区、工业大用户、楼宇客户、住宅小区大众家庭等能源消费群体提供多种形式的能源互联网产品。

董事长陈光华对未来满怀信心，他表示，长城电气将坚守制造，一切探索和创新都将回归制造本质，用实际行动"让电辉映世界、让电放射光华"，全力打造新时代民族电气工业品牌。

（九）小结

"专精特新"引领中小企业发展。目前，山西涌现出来的专精特新企业，具有以下特征。

第一，专注。只专注于某个细分领域，把这个细分领域做到极致。如科达自控围绕采矿业痛点不断创新智慧矿山技术服务，成为中国智慧矿山第一股；泰宝科技聚焦于密封技术，解决高精尖端领域的密封技术问题。

第二，持续创新。坚持科技属性与创新驱动，不断增强市场竞争力。如中德集团专注新型材料制造领域的不断精进，在型材领域创新迭起，型材、管材、铝材齐头并进，向汽车轻量化零部件发力，不断取得突破。易通环能围绕节能环保做文章，建立产教融合平台，推出多项节能环保技术并实现应用转化。

第三，坚持长期主义。选择一个足够长和宽的市场赛道，能够承担科技投入大且长带来的经营风险，同时能够容纳多个竞争对手，形成多元商业模式的共存与竞争，这样才有高科技行业发展壮大的可能性。长达交通在道路交通标线细分领域做精做强的同时，发力"地面涂装"大产业。长城电气聚焦电力制造和服务领域，从传统电力制造转到智能电气制造与服务，正在向智慧电气服务发力。

关于未来发展，一方面，山西专精特新企业要始终将创新作为主旋律，不断实现从市场端到研发端的"数据反馈"和从研发端到市场端的"产品迭代"的良性循环，把握市场先机，先发制人，用企业动态能力应对环境和市场的不确定性，让专精特新企业成为支撑新晋商崛起的重要力量。另一方面，山西国有企业和驻晋中央企业要以产业发展共同体为先锋、以协同发展平台为基础，构建产业生态体系，促进产业链上下游、产供销、大中小企业融通创新、协同发展，将充分竞争领域的市场留给专精特新企业，吸纳专精特新企业为其做配套，主动引领和支撑专精特新企业的发展，提升产业链供应链的安全性和稳定性。

六、老字号

山西老字号在传承中发展，在创新中前行，是新晋商崛起的重要组成部分。山西老字号的发展现状如何？山西老字号的传承与创新具有怎样的特点？山西老字号在传承与创新发展中面临哪些难题？山西老字号如何着眼未来更好发展？本节选择山西老字号典型企业东湖老陈醋集团，对其坚守传统、探索未来的实践进行较为系统地案例阐释，从山西老字号企业的发展特点、面临的问题以及发展建议等方面探讨山西老字号的"老"与"不老"命题。

(一) 山西老陈醋集团：坚守传统、探索未来

"源浚者流长，根深者叶茂。"一个俊才成长为真正的栋梁，需要把根深深扎入泥土，并且根扎得越深，其枝叶越茂。山西老陈醋集团有限公司（以下简称老陈醋集团），就是扎根于山西老陈醋核心地理产区的一棵良木俊才，凭着在山西老陈醋工艺、标准方面的深深扎根，以山西老陈醋坚守者、引导者和探索者的角色定位，不断向"老"字求秘密，不断向"老"字求发展，守正出奇，进而不断引领食醋市场健康发展。

山西老陈醋集团有限公司坐落于历史文化名城山西太原，其前身是明代"美和居"老醋坊。1956年，美和居、福源昌等20余家酿醋坊公私合营，1957年申请"东湖"注册商标。历经60多年，山西老陈醋集团有限公司已形成集生产、研发、旅游、教学实践基地于一体的综合性企业。从盛极一方的酿醋名坊到新中国成立后民族酿造业代表的地域名企，山西老陈醋集团有限公司便是山西醋酿造史的缩影。"东湖"牌山西老陈醋以高粱、大麦、豌豆、麸皮、谷糠五色五谷为原料，以蒸、酵、熏、淋、陈五大工艺及数十道工序为根本，以夏伏晒、冬捞冰为熟成条件，酿造优质食醋，含有媲美中药材川芎成分的川芎嗪、抗氧化成分黄酮、多种有机酸、微量元素、矿物质、人体必需氨基酸等，用实际行动践行山西老陈醋、酿造食醋国家标准，以国之酿造精粹助力饮食健康，以东湖牌山西老陈醋之绵酸香甜鲜调和五味，以多元化产品实践"醋让生活更美好"。

1. 山西老陈醋传统工艺的坚守者

在进入新千年以来，中国传统食醋行业引入弗林斯液态发酵罐技术，严重冲击食醋行业产品品质。老陈醋集团也是受其影响的一员。近十年来，由于市场需求的快速变化，老陈醋集团正在经历着新的市场考验。

第一，中国食醋产业市场需求增长迅速。2015年以来，食醋产业进入高速发展阶段，当年，食醋的市场规模约270亿元，增长率达16.59%。在食

品行业里许多产业已经面临增长乏力的市场瓶颈下，食醋产业的增速成为食品行业增速最快的产业，成为调味品行业的第二大支柱产业。

第二，中国食醋产业市场集中度低为各大企业扩大产能留足了想象空间。中国食醋产业无市场化品牌只有区域性品牌。中国食醋产业年产量约300万吨（以总酸3.5度计），食醋行业CR5（业务规模前五名的公司所占的市场份额）不足15%（日本和德国的食醋行业CR5基本在60%~80%)，行业排名第一的食醋企业年产量不足行业总产量的5%，行业品牌集中度低。

第三，扩大产能成为各大企业或资本方进入食醋行业的重要手段。面对市场的强势走高，各大醋企及资本方快速进入食醋市场。以山西市场为例，在2022年前半年已有山西紫林醋业年产10万吨酿造食醋生产线二期项目、山西姚锦坊50万吨/年食醋系列产品生产线一期项目上马。

面对如此规模产能的扩张，站在全国乃至全球大市场的食醋乃至调味品竞争局势来看，山西老陈醋集团董事长郭俊陆认为：一是产能不等于质量；二是市场竞争将更加无序且惨烈，二是产品低品质、弱品牌仍然是行业痛点。种种考验，让郭俊陆董事长不断深入思考：扩大产能就能做大山西老陈醋品牌吗？他带领老陈醋集团用行动回答了这个问题。具体做法从四方面展开。

一是传承真正山西老陈醋酿造工艺。老陈醋集团从严格挑选"高粱、豌豆、大麦、麸皮、谷糠"五种原料开始，严格按照国家级非物质文化遗产的"蒸、酵、熏、淋、陈"五步工艺，经过82道工序，以及"夏伏晒、冬捞冰"的400多天时间，最终酿造成一瓶东湖老陈醋。凭着对山西老陈醋600多年历史传承的责任与使命，老陈醋集团从认知、组织、技术、人才等方面实现了"美和居老陈醋酿制技艺"的研究、认定、传承、保护，确保艺不遗失。

二是优化菌曲制备技术与质量。

三是溯清山西老陈醋发展与生产的历史与文化内涵。东湖老陈醋作为一家"老字号"，通过东湖醋园、东湖醋博园、中国谷醋遗产园等形式向消费者和社会梳理山西老陈醋的历史与文化内涵，让消费者深刻理解从历史到如今，什么是真正的老陈醋，老陈醋之所以成为老陈醋的内在工序规范与产品成品规范是什么。

四是拒绝低端竞争、低价竞争。以真正的酿造质量引领行业健康发展。对标国外食醋市场，国外产品价格是国内品牌产品价格的 3 ～ 5 倍。国内食醋品牌中，江苏恒顺醋业的产品平均吨价为 9500 ～ 11000 元；山西各品牌醋的平均吨价又较恒顺低很多。面对如此低品质的行业价格，如果再通过扩产能进行低端竞争和低价竞争，将进一步拉低行业品质和盈利能力。东湖老陈醋为了引领行业向良性发展，拒绝低端竞争和低价竞争，坚持高品质、高价值、高内涵发展理念。

2. 山西老陈醋产品和品牌升级的引导者

山西老陈醋集团在把好质量关的同时，作为传统山西老陈醋传承人，郭俊陆董事长认为，好产品不等于好价格。公司做好产品传统工艺与质量就能做好山西老陈醋品牌吗？公司定位为传统老陈醋工艺与质量的坚守者远远不够，还要做山西老陈醋产品和品牌升级的引导者。其考量的市场因素如下。

第一，市场中符合消费升级要求的高品质产品比例低。食醋的国家标准分为固态、液体和配制，市场的消费情况表明：我国食醋品类中，纯粮固态发酵食醋不足总产量的 5%，多营养成分的高品质食醋占比极低。

第二，食醋市场的品牌化程度较低。在市场中具有品牌化的企业的产量约占总量的 30%。区域化口味差异较大、地方特色食醋产品较多，华东五省以镇江香醋为主，市场占有率达 70%；山西陈醋有全国 18 个省份的市场覆盖率，是全国市场消费认知度最高的品牌，其中主要品牌山西水塔的主战场集中在东北三省和湖北，山西紫林的主战场为河南、山东，其他地域性品牌因其规模小、受众人群少、未形成品牌优势。

根据当下市场的产品与品牌分布特征，山西老陈醋集团的郭俊陆董事长认为，山西老陈醋仅仅做好质量是不够的，不足以应对消费需求端的不断升级与变迁。因此，郭俊陆董事长组织团队深入研究老陈醋与消费者的关系，经过一番努力，重新总结了老陈醋与消费者的匹配度（见图 9-4）。当前，企业遇到的最大矛盾表述为"企业更多认为醋是营养品和药，而消费者更多认为是调味品之间的矛盾"。

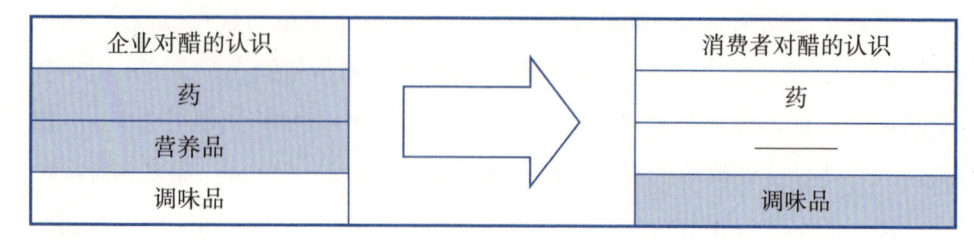

企业对醋的认识		消费者对醋的认识
药	⟹	药
营养品		—
调味品		调味品

图 9-4 "醋—消费者"的匹配

各品质醋企将醋更多地理解为药、营养品，而不仅仅是调味品，希望将这部分价值传递给消费者，而消费者更多地将醋理解为调味品，甚至酸味剂。企业希望通过传递药用、营养保健而获得高附加值，但是消费者认识不到该部分价值，缺乏有效形式。企业希望传递醋的药用、营养功能，但是消费者达到类似功能存在大量替代品。

针对市场上产品与消费者的价值错配，郭俊陆董事长提出了山西老陈醋产品和品牌升级策略。

一是坚持产品高品质化。为了响应消费群体购买力提升和大健康消费理念提升带来的产品价格层级消费不断拉高，东湖品牌坚持主打老陈醋、陈醋等高中端产品，不断引领食醋市场产品升级新趋势。

二是开发新的细分产品。消费者生活品质的提升促进品类多元化，电商平台等新购买场景构建出"厨房革命"，这要求老陈醋进行升级换代。除了传统的根据度数、年份、食物搭配进行产品细分之外，新的消费需求要求企业以越来越受青睐的有机酸、氨基酸、微量元素、维生素等营养成分的需求强度进行产品细分。

三是开发新的保健醋品类。经过多年研发，东湖推出东湖牌保健醋，在发酵过程中添加了薏米、红枣、山药、核桃仁、黄豆芽等。东湖保健醋同中国传统食疗食补的养生文化结合，充分发掘产品内在价值，引领品牌升级。

四是展示"美和居老陈醋酿制技艺"。通过该种方式为核心，以"文化+旅游+研学"的新传播方式，不断再塑东湖老陈醋的内在价值。该酿制技艺被欧美人称为"中国秘密"、被日本人誉为"中国秘法"。通过该酿制技艺所生产的山西老陈醋，被112岁的世界酿酒专家、中国酿造泰斗秦含章教授赞为："东湖老陈醋品味浓厚，醋味不冲，酸中带甜，并有酒香，饮后滋味无穷，引人入胜，令人难忘。"

3. 山西老陈醋新消费方式的探索者

产品和品牌升级就能光大山西老陈醋品牌吗？这是郭俊陆董事长一直思考的一个问题。面向未来的山西老陈醋应该是什么样子，这恐怕是所有山西品质醋企都必须回答的一个问题。郭俊陆董事长认为，山西老陈醋不仅是一种传统意义上的调味品，还是一种珍贵的保健品和营养品，在"做大老陈醋，做强保健醋"公司战略指导下做出了良好的商业实践。但是，正像可乐真正进入大众生活是从用来治病的咳嗽糖浆蜕变为气泡饮料开始的。山西老陈醋如果要真正发扬光大，必须开拓新的消费品类，扩大新的使用范围，正像郭俊陆董事长所说"山西醋只是调味的话，撑死就是100亿元，扩大范围后，可能达到1000亿元"。

为此，郭俊陆董事长带领山西老陈醋集团从以下几个方面着手。

一是开发醋类食品以开拓新消费品类。以老醋花生、醋泡豆、醋心巧克力、黑芝麻醯丸、老醋芝麻沾、醋醅饼干、醋醅月饼为代表的休闲食品，以健康美味的新食品理念，开拓醋的新食品消费品类。

二是开发醋饮料以开拓新消费品类。将醋的保健健康的功能与酸爽的饮料消费诉求紧密结合，开拓一种非配置类、非碳酸类的健康新饮品。

三是开发醋药品以开拓新消费品类。以醋灸贴、醋足贴、醋口服液为代表的药类新品，将其内在价值产品化。

四是开发全醋宴以扩大新使用范围。通过旗下的老醋食府餐饮品牌，融合山西东湖老陈醋每一款不同度数产品的特点、优势，结合晋菜口味特征，创新推出了全醋宴的数十道菜品，真正让山西老陈醋深度进入百姓的日常饮食，如经典的醋炒鸡蛋被接触过的游客连连称赞。通过扩大新的适用范围，真正做到东湖老陈醋所宣示的，"健康中国里，醋能起到作用，添油加醋"。

从山西老陈醋传统工艺的坚守者，到新产品和品牌升级的引导者，再到山西老陈醋新消费方式的探索者，山西东湖老陈醋集团通过一次次的角色定位转换，深入向传统"老陈醋"求发展，成为新时代晋商企业的典范。

（二）山西老字号的"老与不老"

"一块招牌，就是一段岁月，就是一段传奇。"老字号企业与一般的企业有所不同，其字号、产品、标志性建筑及创始人都承载着丰富的文化特质和历史内涵。老字号不仅对特定时代的历史文化具有一种固态展演功能，而且其传承性与创新性也具有明显的动态文化属性。保护传承老字号、促进老字号创新发展，既是对晋商精神的继承，更是涵养文化自信的需要。山西老字号历经风风雨雨，能够存活下来并流传至今的企业，都是大量淘沙、市场竞争中的佼佼者，涉及食品、零售、餐饮、医药、制造业、丝绸、工艺美术和文物古玩等众多行业，影响力和美誉度与日俱增。目前，山西有"中华老字号"企业27家、"三晋老字号"42家。

1. 山西老字号企业发展的特点

（1）食品药品老字号历史悠久，非遗技艺源远流长。

杏花村的酿酒历史由来已久，最早可追溯到6000年前的仰韶文化时期，1500年前的南北朝杏花村汾酒已成为宫廷贡酒。唐代大诗人杜牧的一首千古绝唱："借问酒家何处有，牧童遥指杏花村"令杏花村和汾酒天下闻名。1915年汾酒又在巴拿马万国博览会获得甲等金质大奖章，使得汾酒成为民族工业的优秀代表。汾酒是清香型白酒的典型代表，采用"地缸固态分离发酵、清蒸二次清"的传统酿造工艺生产，该酿造工艺已列入国家非物质文化遗产第一批名录。在清香型白酒龙头企业汾酒的带动下，一批白酒品牌得以成长起来。如新晋商酒庄打造"车间大院化、大院工业化、传统技艺科学化"的酒庄特色建设风格，探索以酒旅文化体验为核心的白酒酒庄发展模式。再如庞泉酒庄打造国家自然保护区庞泉内的酒庄，独创生态智酿系统，一个属于清香白酒酒庄的新文化表达时代就此开启。

平遥牛肉加工源于西汉，立于唐宋，兴于明清，盛于当代，距今已有2000多年的历史。平遥牛肉是中华老字号，国家著名、驰名商标，获得中国国家地理标志保护产品称号，实施原产地域产品保护。平遥牛肉跟随平遥商人走遍大江南北，肉路随商路而"货通天下"。1838年"兴盛雷"平遥牛肉老字号开业，冠云平遥牛肉历史悠久，清慈禧太后途经平遥时"闻其香而提其神，品其味而解其困"，食之后誉为皇宫贡品。"冠云平遥牛肉传统加工技艺"被列入国家级非物质文化遗产名录。除了冠云平遥牛肉外，云青、延虎等平遥牛肉品牌均是中华老字号。

平遥推光漆器是中国四大名漆器之一，以手掌推光和描金彩绘技艺著称，始于魏晋南北朝时期，唐开元年间有了极大发展，盛于明清，距今已有千年的历史。到唐代开元年间，平遥漆器制作已形成了一套比较完整的制作工序流程，髹饰技艺达到很高的水平，形成了独特的漆器制作风格。特别是到了明清两代，随着晋商的兴盛和足迹远涉，平遥漆器所到地区越来越远，影响力也越来越大。"平遥推光漆器髹饰技艺"列入第一批中国非物质文化遗产名录，唐都漆器有限公司为国家文化产业示范基地。

山西自古酿醋甲天下，老陈醋历史可追溯到1368年（明洪武元年）山西老陈醋原创者——"美和居"醯坊，距今有650多年的历史。山西老陈醋集团作为山西省和全国调味品及制醋业唯一的全国非物质文化遗产生产性保护示范基地，完整保留国家级非物质文化遗产"美和居老陈醋酿制技艺"，并以清徐县东湖水阁楼为标志注册了山西醋业第一个商标"东湖"。山西的酿醋工艺列入多项非遗，"美和居老陈醋酿制技艺"、"清徐老陈醋酿制技艺"均被列入国家级非物质文化遗产名录，宁化府的"益源庆全固态发酵酿制工艺"被列入省级非物质文化遗产名录。

广誉远始创于1541年（明嘉靖二十年），距今有近500年的历史，其主打产品龟龄集、定坤丹源自明清皇宫，是中华中医药宝库珍藏的养生至宝，是博大精深的中医药文化的智慧结晶，现为国家级保密处方，分别在2008年和2011年被列入国家级非物质文化遗产代表性项目名录，在国际传统医药界有深远影响。

六味斋始创于1738年（清乾隆三年），距今有近300年的历史，生产的酱肉系列产品曾作为皇宫贡品享誉京师，是中国酱卤肉制品的典型代表，"六味斋酱肉传统制作技艺"被列入国家级非物质文化遗产名录。

双合成始创于1838年，有近200年的历史，致力于传统中点、西点制作。"郭杜林晋式月饼制作技艺"被列入国家级非物质文化遗产名录。

（2）坚守传统和品质信誉，弘扬老晋商精神。

广誉远严苛制药，精益求精，秉承"修合虽无人见，存心自有天知"的古训，遵循"非义而为，一介不取；合情之道，九百何辞"的准则，恪守诚信自律的晋商精神，以信誉为根本，"以义制利"铸就了百年老店的历久弥新。

平遥牛肉依靠当地特有的土壤、水质、气候、人文等因素，全面继承"相必健、屠必静、腌必足、卤必精、修必正"的"老字号"手工技艺，严格执行相、屠、腌、卤、修五大工艺流程。经国家肉类食品质检中心检测，平遥牛肉的钙、铁、锌含量分别比一般牛肉高127%、59%、32%，维生素含量均比一般牛肉高。

六味斋酱肉一直保持着独有的以手工技艺为基础的加工方法，从选料、分割、卤制、酱制、刷酱，到装锅、炖煮，层次、顺序都有严格要求。煮制时，要一摸、二看、三听、四闻。经化验，饱和脂肪酸减少了30%～50%，胆固醇降低了50%以上。

"东湖"老陈醋仔细挑选"高粱、豌豆、大麦、麸皮、谷糠"五种地产杂粮原料，严格按照国家级非物质文化遗产"美和居老陈醋酿制技艺"的"蒸、酵、熏、淋、陈"五步工艺组成。一滴老陈醋酿造成功，需用82道工序，至少400多天时间，经过"夏伏晒、冬捞冰"的浓缩过程，熟成1年以上的"老、陈"醋。东湖老陈醋富含川芎嗪、黄酮、多种有机酸、微量元素、矿物质、人体必需氨基酸等，引领山西老陈醋、酿造食醋国家标准。

山西老字号企业始终坚持在传统领域深耕细作，始终坚持品质至上、精益求精，把品质和信誉作为老字号的立业之本。同时对文化传承独具匠心，将活化的历史潜移默化地植入到员工和消费者的心中。东湖老陈醋所属的山西老陈醋集团为传承、发展国家级非物质文化遗产，弘扬山西醋文化，建成全国调味品行业唯一的国家AAAA级旅游景区"东湖醋园"、向中外游客展示国家级非物质文化遗产——"美和居老陈醋酿制技艺"；建成老西醋博园，设有醋疗养生体验馆，展示东湖老陈醋的工艺、原料与人体养生哲学原理的奥妙所在，让来宾和游人在亲身感受中充分领略东湖老醋工艺的自然养生之道。此外，平遥牛肉集团建造了"平遥牛肉博物馆"，太谷荣欣堂筹建了"太谷饼历史文化博物馆"，六味斋建成了"六味斋云梦坞文化产业园"等，这些博物馆以图文并茂的形式，讲述老字号产品的历史渊源和文化背景，通过场景再现，生动展示了老字号的传统技艺制作过程。

（3）焕发老字号品牌活力，向新而行。

山西老字号企业在加大老字号保护力度、健全老字号传承体系的同时，紧跟时代步伐，培育老字号发展动能，搭好"国潮"顺风车，不断为老字号注入新活力。

杏花村汾酒推出"中国汾酒酒心巧克力"，中西味道交融、清香与甜蜜碰撞，以新的形象亮相世界舞台。挖掘"竹叶青"的时尚元素和时代感，进一步强化国内外消费者对于老字号品牌的新认知。

近年来，专业酿酒老字号企业太原酒厂不断创新发展，在传承传统工艺的基础上，为产品打上时代标签，重点打造了"晋泉""晋酒""晋祠""晋府"四大品牌、百余种产品，满足了不同层次消费者的需求，企业生产和销售都取得了优异成绩。

双合成将"中国味道、山西特色、福喜内涵"的食品文化注入品牌，由原来的单一品牌发展为拥有双合成、梅森凯瑟、娘家三个品牌。其中双合成品牌以传统中点为主，西点为辅；梅森凯瑟品牌主打时尚西点；娘家早餐作为太原市政府便民工程，主打早餐、主食。

六味斋立足传统酱肉加工的核心业务，不断拓展业务范围，目前已经发展成为涉及生产加工、连锁商业、科研开发、检验检测、农业种植、餐饮服务等领域的综合型食品企业集团。六味斋云梦坞景区将户外烧烤业务和工业旅游相结合，打造新的消费热点，游客不仅能参观现代化的生产工艺流程，还可在云梦坞的湖光山水间畅享撸串的快乐。六味斋积极利用京东、天猫、拼多多等线上平台销售各类休闲产品；同时，与饿了么等平台合作，开展外卖业务和美食团购业务。

冠云平遥牛肉在原有线下营销的基础上，利用互联网思维加强电商转型。产品的风味向适应全国不同层次的多品味转变，如"悠U牛吧、悠U牛筋、筋肉香恋、QQ香去骨猪蹄"等一批适应不同地区的产品应运而生，备受消费者青睐。

白鸽服装不断在观念、技术、服务、管理、营销等方面提升创新能力，先后推出团体定制、私人定制模式，实现了零库存，推出了老百姓能消费得起的定制服务，为企业发展注入新元素。白鸽还利用微信公众号、抖音企业号等平台进行大力宣传，努力突破区域性限制，将商品销售渠道延伸到全国各地。

太原市钟楼街、老香村、恒义诚、华泰厚、乾和祥、大宁堂等老字号，延伸老字号品牌价值，生产富含时尚元素、符合国潮消费需求的产品，吸引了大批年轻人前来消费打卡。

此外，政府重视山西老字号健康发展，山西省商务厅牵头组织相关厅局多次召开专题研讨会，通过实地走访企业等多种形式，系统梳理企业面临的问题和需求。通过开展地方老字号的认定，成立老字号协会抱团发展，组织全省老字号企业参加由省政府主办的"山西品牌中华行""山西品牌丝路行""山西品牌高铁行""山西品牌网上行"等活动，使山西老字号品牌知名度大大提升。

2. 山西老字号企业存在的问题

（1）经营理念封闭保守。

部分企业满足现状，小富即安，缺乏竞争压力和意识，从而无法应对激烈的市场环境；部分企业过分强调保持"传统特色"，严守"祖传秘方"，错失市场发展机遇；部分企业管理层老化，经营机制僵化，技术进步投入欠账较多，造成运营资金缺乏，经营困难；部分企业至今停留在作坊式生产、家族式管理的模式中，没有建立现代企业管理制度。

（2）老字号品牌形象陈旧。

部分企业忽视了对老字号文化的挖掘和整理，对品牌定位没有与时俱进，传播中重宣传其"传统特色"，没有时代色彩；部分企业创新不足，现代文化元素融入较少，品牌老化严重，缺乏必要的品牌建设，难以获得新生代消费群体的认同；有的企业运作品牌的能力欠缺，没有很好利用老字号金字招牌实施品牌延伸拓展，人们对老字号的认识大多仍停留在老品牌、老产品、老顾客、老做派的刻板印象，企业效益、市场规模均得不到有效提升。

（3）市场营销能力亟待开发。

部分企业销售渠道较为单一，没有建立与互联网接轨的新型营销体系，难以运用大数据、移动互联网等新技术来提升营销水平，网络营销、体验营销、绿色营销、品牌营销等先进营销模式能力较弱。

（4）技术瓶颈和技艺传承困境普遍存在。

许多老字号企业的传统产品，在保持老味道、老工艺、老特色的同时，其生产模式很难在机械化作业上有所突破，企业的人力、物力、财力也不足以支撑技术创新的要求。同时，现有老字号企业大多分布在传统行业，产品附加值和技术含量相对较低，对年轻人就业的吸引力不大。尤其对于需要保持手工技艺或需要师徒相传的岗位，因为劳动强度和工作环境原因，工作人员纷纷跳槽，技术骨干外流，导致传统工艺面临失传。

3. 山西老字号企业的发展建议

（1）尊重"传承不守旧、创新不离宗"的辩证发展理念。

山西老字号企业要深入挖掘老字号传统文化内蕴，坚守非物质文化遗产技艺和老字号的本真性、完整性和活态性，传承老字号精华，让优秀的中华传统文化和晋商精神源远流长，留下老字号乡愁记忆。同时积极探索老字号与潮流文化的接轨方式，通过创造性转化创新性传承赋予品牌的二次生命，延续它们的生命周期。既要避免过度包装、舍本逐末或者毫无诚意、不伦不类的跨界混搭等表面的创新升级，又要避免故步自封、单打独斗、"老子天下第一，独此一家，别无分店""酒香不怕巷子深"、对市场变化缺乏有效响应等现象，挖掘岁月积淀赋予品牌的信誉度和美誉度及其蕴藏的价值潜力。

（2）活化品牌，提升价值。

老字号品牌的特质使得企业推出新品牌的成本过高并且存在不确定性风

险，品牌活化成为企业应对品牌老化和品牌衰退问题的有效路径。老字号品牌活化包含品牌真实性构建和价值迁移两个维度，企业通过品牌真实内核的传承与更新和品牌价值链的延伸与拓展激活老化的品牌。拥有技术优势的老字号企业倾向于通过品牌建构真实性和跨领域品类扩张进行品牌活化，具有产品优势的老字号企业则是基于品牌原真实性和品牌价值链延伸进行品牌活化（许晖等，2018）[①]。山西老字号企业一方面应根据品牌价值的变化情况，及时调整品牌策略，不断创新，拿出应对市场变化的新举措；另一方面，通过对品牌价值的评估、量化，吸引和增强消费者对品牌更多的关注和认知，提高品牌影响力，提升品牌价值和核心竞争力。

（3）坚守品质，赢得信任。

老字号品牌必须不断创新，才能在市场竞争中立于不败之地。老字号创新，重点要在不断提升产品和服务质量上下功夫。老字号能够历经百年甚至千年风霜，除了自身努力外，离不开跨代际顾客的认可。老字号往往拥有一批忠实的顾客，从其对于老字号品牌的忠诚度、对于老字号产品的消费习惯来看，就是名副其实的"粉丝"。老字号的"粉丝效应"来源于需求满足、情感共鸣与价值认同。山西老字号企业要保护、传承并创新传统技艺，在此基础上，引入先进的质量管理方法和模式，运用先进适用技术创新传统工艺，提高产品质量和工艺技术水平。尤其老字号在规模扩大，特别是特许加盟经营模式的引入，要将坚守品控底线作为重中之重。

（4）借力借势，争先发展。

山西老字号要采取跨界合作，合力形成老字号"注意力"资源。拓展原有的消费群体，突破以"老"为核心的刻板印象，通过跨界合作与带有相同、相似文化元素、文化调性的品牌进行创新融合，进而产生化合反应，推动"注意力"的叠加。当然，跨界合作也要遵循适度原则，警惕一味地求新求异，使得创新变成猎奇。老字号产品创新应牢牢把握"文化附加值＋创

[①] 许晖，张海军，冯永春. 传承还是重塑? 本土老字号品牌活化模式与机制研究——基于品牌真实性与价值迁移视角［J］. 管理世界，2018，34（04）：146-161+188.

意附加值"的特色，强调品牌联合的契合度①。事实上，如果不是以产品或服务特色为根基进行营销，则必然会缺乏可持续性，也会拉低老字号的美誉度。

山西老字号要善于"搭车"互联网经济，拓展国内外传播与销售渠道。老字号在互联网场景下进行业务拓展，意味着产品可以突破区域性局限，到达更广泛的消费者，意味着消费者自身除了购买行为外还可能成为产品的主动传播者、推荐者，线上渠道给老字号带来的是新消费力量与新评价声音。

山西老字号要拓展场景体验，将购买行为延伸为老字号"文化游"。目前已经有多个老字号企业建成博物馆，这里建议设置更多的体验环节，让消费者有机会体验老字号产品的制作流程，进而对老字号发展历程产生共鸣；将制造工厂拓展为观光工厂，成为亲子文化消费生活、国内外游客在地化文化体验的新增长点。

七、代际传承

20世纪八九十年代成长起来的第一代创业民营企业家，经过近40年的奋斗后，目前无论是企业资产抑或家族财富都积累到一定程度，家族企业也已然进入交接班阶段。有调查显示，家族企业二代中有接班意愿的仅为35%，其中很大一部分原因是创业者自身不愿意淡出权力中心，在培养接班人的问题上认识不充分造成的。当然，二代和一代在思想观念上的差距，也使得二代对接班产生较大的抵触心理。

山西资源型企业的二代传承更为艰难。一方面，大起大落的行业周期让二代望而却步。政治因素、经济因素、社会文化因素、技术因素等综合作用，使得资源型行业不确定性带来的风险无法估量，再加上转型必行，先前经验失效，接班人失控成为必然，所以不愿意蹚"这潭浑水"。另一方面，

---

① 杨越明.老字号：在传承与创新中找寻平衡发展之道［J］.人民论坛，2022（14）：106-111.

习惯于现代都市生活的二代不愿意回到保守落后的山西工作。二代的创新和活力与现代都市更易融合，与保守落后的山西格格不入，更不用说要面对职业化程度不高的资源型企业员工所带来的内耗。另外，一代对权力的留恋、一代与二代在经营理念、思想观念、处事方式等方面的代沟也是阻碍二代传承的因素。在此情形下，如何能够破解家族企业的传承之困呢？下面从当代晋商传承的丰富实践中选择三个典型样本，对它们的传承情况做个介绍，为新晋商面对和解决代际传承问题提供借鉴和启发。

（一）教场坪：高新产业孵化式传承

山西教场坪能源产业集团有限公司（以下简称教场坪）位于有塞上绿洲美誉的山西省右玉县，创建于 2003 年，注册资金 2.6 亿元。公司现已发展成为一个以煤炭生产洗选为主，集酒店餐饮、金融地产、生态苗木等于一体的综合性集团公司。创始人张来拴秉承为社会做贡献的宗旨，开拓创新，积极进取，在实现规模化经营的基础上，进一步优化产业结构，延伸煤炭产业链，围绕低碳经济，大力发展新型产业，实现转型发展、可持续发展，为实现"做强企业、造福一方"而不懈努力。

张来拴之子张晋芳博士毕业于北京交通大学，他深谙父亲的价值观和梦想，投身轰轰烈烈的芯片创业事业，实现自身价值的同时完成父亲的夙愿。2007 年，时逢第一代苹果手机在中国大陆引爆智能设备热潮，一个蓬勃发展的移动互联网时代呼之欲出，当时还是研究生一年级的张晋芳，受导师启发，看到了人机交互领域巨大的发展潜力，开始了自己的创业之旅。张晋芳和四个志同道合的研究生同学一同创办集创北方，做起了"创二代"。自成立以来，集创北方屡屡攻克技术难关，取得一个又一个技术突破。2018 年推出第一颗国产 TDDI 芯片（显示驱动与触控一体化芯片），2019 年推出国内第一款支持低至 0.4 毫米 pitch（间距）的 mini-LED 显示驱动芯片，2020 年推出国内第一颗支持 4K 分辨率的中大尺寸显示驱动芯片，集创北方在多项细分领域上位列中国大陆厂商甚至全球第一。从 2022 年北京冬奥会开幕式上震撼观众的巨幕地屏和冰瀑屏，到冰立方、鸟巢看台两侧实时转播的比赛画面、炫彩屏幕离不开数以百万计的显示芯片，这些显示芯片均是由集创北方历时多年自主研发的。集创北方拥有1200余项专利，实现了显示芯片关键技术零的突破和关键技术的本土化，打破了国外垄断。

在张晋芳的带领下，集创北方成为全球领先的显示芯片解决方案提供商。集创北方的成长凸显了"创二代"张晋芳特有的眼光、担当和能力。

（二）平遥煤化：相关产业培育式传承

平遥煤化的前身是成立于1958年的地方国营平遥第一煤矿，地处晋中平遥县。1994年郭兴银担任矿长时，企业资源面临枯竭，产量维持在10万吨停滞不增，在职职工500多人，退休职工400多人，亏损严重、工人工资欠发6个月之久。从一线煤矿工人一步一个脚印干出来的他，没有怨言，没有气馁，勇敢地接过了沉甸甸的担子。上任第一年就一举摘掉企业亏损帽子，采煤量同比增长44%，实现利税同比增长1.6倍，上缴税费则超过了前3年总和，不仅还清了企业外债，而且补发了拖欠职工的工资。起死回生、扭亏为盈，并没有使郭兴银感到满足，2002年，平遥煤化实行了职工全员参股的股份制改制，在他的带领下，企业规划建设了一个集煤炭洗选、炼焦、化产品回收、三废利用、新型建材、煤气发电为一体的煤焦循环工业区，截至目前园区内煤矿总数达到5个，企业煤炭产能为390万吨，精煤洗选产能400万吨，焦炭产能200万吨，发运能力200万吨/年，煤矸石烧结砖1.2亿标块/年，实现了煤炭资源的充分利用和企业的可持续发展。

千里之行，始于足下；锲而不舍，金石可镂。掌门人郭兴银的创业史是一部带领煤化人的艰苦奋斗史。为了将"奋斗者为本"落到实处，郭兴银创新公司治理模式，规定只有在岗的股东才能分享平遥煤化的经营成果，股东权益不再采用分红的形式，而是以员工奖金的形式发放，人在岗时所持的股份有效，实行人走股退，避免不在岗的持股人挤占在岗持股人的劳动成果。郭兴银用言传身教将踏实肯干、勇于担当、诚实守信、公平正义、与人为善的品质刻在子女们幼小的心灵里。其子郭伦铭从学校毕业后扎根企业基层，深入市场一线，用智慧、奉献及敢为人先的精神感染着周围的人，赢得了群众的信任和口碑。郭伦铭重视绿色低碳发展理念，先后执掌山西宇皓新型光学材料有限公司和山西宇皓环保纸业有限公司，他鼓励采用环保材料为企业发展提供新动能，使平遥煤化在转型创新发展方面迈出了重要一步。新型光学材料项目采用的是国际领先的导光板生产工艺，光学挤压板生产能力全国第一，激光导光板生产规模全球第一。该项目是2012年度山西省转型发展标杆项目，是山西省高新技术企业，是晋中市级企业技术研究开发中心。宇皓环保石头纸项目采用的是国际领先的以碳酸钙石、煤矸石粉为主要原料的环保造纸技术。环保石头纸产品已通过美国食品与药品管理法规（FDA）认证、欧盟ROHS、REACH以及GB9685、GB11680等国内外多项有关检测认证。产品出口伊朗、意大利、美国等国家，是省转型综改项目，是市级企业技术研究开发中心。

郭伦铭用实实在在的业绩证明了自己的实力，赢得企业内外的认可。目前他除了负责宇皓新型光学材料项目和宇皓环保石头纸项目外，还担任平遥煤化董事、常务副总经理，分管集团公司的人事、信息化、创新等工作，将更多的精力放在了企业人才和技术创新方面。他还是山西省政协委员，在社会平台上助推自身成长，为企业和社会做出更大贡献。

（三）安泰集团：传统产业内涵式传承

山西安泰控股集团有限公司（以下简称安泰集团）的前身为1983年由李安民创建的介休义安焦化厂，地处晋中介休市。早期以洗煤、焦化为主导，之后逐渐扩展到精细化工、特种钢铁、电力、建材、投资、房地产、国内外贸易、文旅等领域。李安民于1985年将股份制引入企业，诞生了山西省第一家股份制民营企业。1993年，以发起方式设立安泰集团，引入现代企业管理制度。2003年，安泰集团在上交所正式挂牌上市，成为山西省首家上市民营企业。2004年，李安民的小儿子李猛出任安泰集团总裁，扛起接班重任。2014年，创始人李安民辞去董事长职务，李猛被选举为新董事长，安泰集团全面进入二代企业家时代。

第一，接班前准备。创始人李安民深知管理教育的重要性，20世纪90

年代初将李猛送到美国攻读 MBA 硕士学位，李猛学成回国后，主动要求从基层干起，将学到的管理知识应用到企业实践中。1994 年起负责公司的对外出口销售业务，先后任国贸公司执行董事兼总经理、公司常务副总经理等职，其组织能力、管理能力和营销能力逐步提高。李猛表现出色且处事兼具稳重和进取，得到了企业内部人员的认可，李猛的领导权威逐步树立起来。

第二，管理权下放。2004 年后，李安民只负责对外公关联系及媒体宣传，企业的管理运作由李猛全面负责。李猛担任总裁后，对公司的管理经营架构、人才结构进行了更为科学的调整，同时根据国家宏观调控政策和产业政策要求，重新定位企业的发展走向，更加注重节能减排、产业链延伸深度转化和多元发展。在李猛的治理下，安泰集团在山西民营企业中率先取得 ISO 9001 质量管理体系认证和 ISO 14001 环境管理体系认证。与此同时，人本管理理念的深入实施和对人才的高度重视，使得安泰集团具备了做大做强最为核心的人的因素。从产业发展的良好基础到立足现代企业制度的体制机制，安泰集团在新一代掌门人有力推动下步入了一个快速、科学、可持续发展的崭新阶段。

第三，创始团队全面淡出企业。2014 年，李安民卸任董事长，同时将创始团队妥善安置，李猛接任董事长，安泰集团实现了控制权的顺利交接及企业平稳发展的双重目标。在接管企业的过程中，李猛在一系列开创性行为中展现了自身所拥有的商业视野、领导能力及企业家精神。在李猛董事长的带领下，安泰集团现已发展成为由原国家环保总局批准的全国首家以焦化行业为特征的山西安泰工业示范园区，园区内现拥有山西安泰集团股份有限公司等十余家企业，涉及洗煤、焦化、精细化工、炼铁、炼钢、轧钢、电力、建材、服装、酒店、房地产等行业，近年来，园区企业连续多年入围全国民营企业 500 强、制造业 500 强和山西省民营企业 10 强，并荣获"省优秀民营企业""省节能先进集体""省十大优秀环保企业"等称号。

（四）小结

1. 当代晋商代际传承模式分类

当代晋商代际传承问题是普遍问题，各个企业的传承情况和进展程度不同。如图 9-5 所示，以产业选择为一个维度，反映二代继承产业与一代产业之间的相关性，可以分为原有产业、相关产业和新产业三种选择；以传承程度为另一个维度，反映传承所处的发展阶段，可以分为准备、进行和完成三个阶段。据此可以形成 3×3 的矩阵，由此形成九种传承类型，对应九种传承模式。上述三个当代晋商传承样本贡献了三种代际传承模式，这三种代际传承模式处于代际传承进展较为成熟的模式。

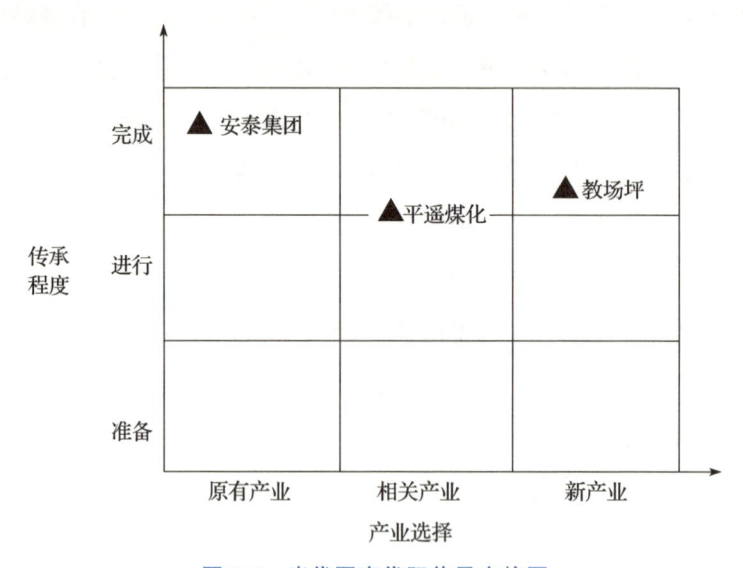

图 9-5 当代晋商代际传承方格图

教场坪集团的高新产业孵化式传承属于新领导发展模式，位于代际传承方格图的上—右区域。就产业选择看，二代所创立的集创北方跳出父辈从事的资源型企业，另辟新产业，进入芯片高科技领域；就传承程度看，充分发挥了二代的能量和特长，二代经过 12 年的打拼，让集创北方已经成长成为芯片领域的独角兽。这种传承模式将企业发展带入不可估量的新车道，巧妙地解决了二代传承意愿问题，也为新晋商崛起另辟蹊径，处于传承的完成阶段。

平遥煤化的新兴工业培育式传承属于增量业务模式，位于代际传承方格图的上—中区域。平遥煤化集团另辟光学材料和环保造纸这两个相关产业，由二代独自运营增量业务获取经验，在干中学、学中干中领悟晋商精神，成熟后再接管家族企业。这种传承模式抓住了企业转型发展与二代传承的结合点，被大部分企业所采用。

安泰集团的传统产业内涵式传承属于创立者复制模式，位于代际传承方格图的上—左区域。安泰集团一代创业者很早就把二代放在原有产业，让他从基层开始锻炼，并通过言传身教对二代进行全方位熏陶，让传承得以水到渠成。这种传承模式最为稳健，是一代创业家追求的理想模式，但是受限于二代的继承意愿和准备水平，可遇不可求。

当然，晋商传承也有失败的例子，如原海鑫钢铁李海仓突然离世后，其子李兆会中断海外学习仓促继任，但因内外社会关系处理不当，再加上盲目投资和扩大规模，导致资金链出现断裂，直接引爆了海鑫钢铁破产门危机。

2. 当代晋商传承模式选择依据：二代权威合法性

当代晋商传承模式选择可以从二代权威合法性的角度找到依据。二代在继承过程中面临着继任者个人权威和能力权威建构的难题，在二代树立自身权威的过程中，家族成员的权威、企业元老的权威及父辈个人成就和取得的企业业绩都给二代带来了压力。在父辈传统权威的压力下，二代可以选择多样化的继任方式，其中一种极端方式是在父辈创业的传统领域继续经营（坚守产业），便利地获取家族资源和支持；另一种极端方式则是远离企业原有业务，摆脱企业内部各方面的束缚，通过在自己的"新领地"中打拼，证明自己的实力，从而获得个人权威和能力权威的合法性（李新春等，2020）[1]。

教场坪为资源型企业传承贡献了一种新的模式——高新企业孵化式传承，是远离父业另创领地的典型样例。这种模式一方面超越了资源型企业处于产业链低端的限制，另一方面凸显了二代传承的高科技特色，更别说做出了超越父辈的成就。通过新领导发展模式采取高新企业孵化式传承，既实现了资源型企业的高端产业转行目标，更使二代跳出家族企业的束缚开辟新的天地，充分挖潜，不断超越，创造民族奇迹。二代张晋芳从2008年创立集创北方，进入芯片高科技领域，得到了一代创业者在资源和情感上的大力支持，顺利超越一代创业者的传统疆界而进入新领域，形成组合创业格局。张

---

[1] 李新春，贺小刚，邹立凯. 家族企业研究：理论进展与未来展望[J]. 管理世界，2020，36（11）：207-229

晋芳经过12年的打拼，集创北方成长为芯片领域的独角兽，实现了二代继承者的权威构建。教场坪的高新企业孵化式传承一方面水到渠成地实现了资源型企业跨行发展，另一方面也用事实表明了"另创领地"策略的确有助于民营企业二代的权威构建，是传承中最具积极意义的样例。

安泰集团的传统产业内涵式传承是坚守父业的典型样例。一代企业家深耕煤焦企业的同时未雨绸缪，不回避传承问题，让传承得以水到渠成。之所以得以顺利传承，主要归结于以下因素。第一，科学制订接班人计划。遵循接班人的成长规律，按部就班培养。第二，注重接班人的教育深造。一代创业者为让子女有良好的教育，不惜代价送去外国一流大学深造，让二代拥有更多知识和更广视野，接受发达国家先进理念和文化的熏陶。对传承责任有系统认知和理解，有助于明确接班人的努力方向。第三，注重接班人的基层磨炼。二代进入企业首先从一线干起，使其接地气，学习掌握关键技术和业务，在熟悉情况、作出成绩后，才让其逐步挑起重担。在实践过程中，让别人形成对接班人的认知，建立领导力，同时发现人才和获得人才，为组建人才核心团队奠定基础。第四，注重传帮带。一代创业者深耕行业多年，对政策变化、行业趋势、市场动态及企业经营管理走向有本能的直觉，因为在同一领域中传承，所以通过"陪跑"传承经验和工作作风，弘扬企业家精神，做出决策示范，带动二代全面成长。第五，注重扫清传承障碍。在科学的现代企业制度的基础上，为了避免一代和二代在经营理念和工作方法上出现冲突，一代创始团队要彻底淡出，让二代形成自己的创业团队，给予充分信任，放手大胆展示二代的风采。以上因素均有利于继任者个人权威和能力权威在父辈产业中的构建，守业能更便利地获取家族的资源和支持。

平遥煤化走出了一条相关产业培育式传承之路，是介于远离父业和坚守父业这两种极端情况之间的代表性样例。通过一代创业者为接班人量身打造了适合其主导的转型项目，让接班人具有使命感、责任感和接续能力，通过增量业务模式自然产生接班意愿。二代从事的转型业务，一方面有利于便利地获得家族资源和支持；另一方面避免完全跳出一代创业者的疆界而失去资源互补共抵风险的有利条件，通过逐步实现二代权威合法性建构，水到渠成地实现传承。平遥煤化在顺利实现传承的同时，还使企业顺利实现了企业的多元化转型，取得了一举两得、两全其美的效果。这种传承模式抓住了企业转型发展与二代传承的结合点，因其与远离父业和坚守父业相比更为温和，既在一定程度上做到了二代的相对独立，又在一定程度上保留了与一代产业的有效衔接，所以被大部分企业所采用。

3. 当代晋商成功实现代际传承的建议

第一，早做传承计划。代际传承体系的设计离不开专业化的管理，这是企业传承和发展的必经之路。要及早做好二代培养及接班计划，按部就班培养二代的领导力，逐步树立二代在组织中的权威合法性。

第二，做好传承研究。深入解析百年传承成败案例的历史经验，引导当代晋商从"家族理性"向"企业理性"转变，由着眼于"家族利益最大"转到"企业成长最优"，引导企业顺利推进交接。

第三，夯实管理基础。优化企业治理结构，组建配合默契的接班团队，逐渐淡化血缘关系，强化契约关系，加强互信合作，实现企业的和谐、包容发展。

第四，注重晋商精神的传承。企业的核心是企业家，而企业家的本质就是企业家精神。只有让接任者真正将"诚实守信、开拓进取、和衷共济、务实经营、经世济民"的晋商精神内化于心，持续成为企业成长的不竭动力，企业才能基业长青，永续发展。

八、省外晋商

省外晋商充分发扬老晋商开拓创新、敢为人先的精神，将新晋商气概传播到五湖四海，不断演绎新的商业奇迹，谱写新的时代佳话，涌现出李彦宏、郭台铭等全球知名企业家。囿于时间，本课题组未对省外晋商展开调研，本节仅选取了社会影响力大、知名度高、公开资料丰富的五个省外晋商样本，基于二手资料做了简要介绍，后续将对省外晋商展开深入系统的研究。

(一) 李彦宏与百度

李彦宏，山西阳泉人，百度创始人、董事长兼首席执行官。2018 年改革开放四十周年大会上被党中央、国务院授予"改革先锋"称号。他秉持"用科技让复杂的世界更简单"的理念，追逐"技术改变世界"的梦想，20 世纪 90 年代率先深入研究搜索引擎技术，拥有"超链分析"技术专利。2000 年归国创业成立百度公司，发展成为全球第二大独立搜索引擎和最大的中文搜索引擎。百度的成功，也使中国成为除美国、俄罗斯和韩国外，全球仅有的 4 个拥有搜索引擎核心技术的国家之一。

在中国互联网由 PC 时代向移动互联网时代更迭的过程中，李彦宏积极布局人工智能，注重人工智能前沿科技研究。在自动驾驶技术领域，百度拥有超过十项中国第一，是全球领先的自动驾驶开放平台。在人工智能领域，百度是全球为数不多的提供 AI 芯片、软件架构和应用程序等全栈 AI 技术的公司之一，被国际机构评为全球四大 AI 公司之一。近几年，在中国人工智能专利申请和授权方面，百度始终排名第一。同时，百度是中国对话式人工智能的开创者，创造了中国领先的对话式人工智能操作系统小度助手。百度持续推动人工智能、大数据等技术与制造、汽车、教育、金融、生活服务等领域的深度融合及在社会治理方面的应用，助力我国经济的高质量发展和智慧城市的构建。

目前，百度已成为中国顶尖的互联网巨头之一，是涉及搜索、O2O、交通、文化、电子商务、教育以及人工智能等领域的拥有强大互联网基础的领先 AI 公司。2021 年中国互联网百强排行榜中，百度列第三名。

(二) 李连柱与尚品宅配

李连柱，山西省太原市人，2004 年创建了尚品宅配，现任广州尚品宅配家居股份有限公司董事长。尚品宅配总部位于广州金融城东区，在全国拥有 88 家直营店、2202 家加盟店，并在佛山、无锡、成都三地布局生产基地。目前已成为涉及家具零售、家具批发等的定制家居上市头部企业。

尚品宅配是行业最早提出 C2B+O2O 创新模式的企业，通过"C2B+O2O"创新商业模式，迅速发展成为现代家居服务企业；以强大的软件技术、创新能力、先进的柔性化生产工艺、云计算和大数据实践，成为中国工业 4.0 的样本。2016 年，被工业和信息化部评为"智能制造试点示范"（全屋家居大规模个性化定制）。2017 年 3 月 7 日，在深圳证券交易所上市。2019—2021 年，连续 3 年入选 CCTV 大国品牌。2020 年，尚品宅配入选首批"定制之都"示范单位，尚品宅配定制生活馆成为唯一一家"示范体验馆"。2021 年，推出 BIM 整装技术，赋能装企，打造中国装修行业服务新标准。

（三）管毅宏与九毛九

管毅宏，山西省太原市人，2005 年创建了九毛九集团，现任广州九毛九餐饮连锁有限公司法定代表人、董事长。九毛九总部位于广州市南沙区，目前已成为一家以经营山西风味面食、山西菜系为主的餐饮连锁企业。

九毛九在"品味山西面粹，传承晋商文化"的企业理念指导下用一碗山西手工面俘获"地球人"的心，目前，九毛九每天卖出的面条超过 50000 碗，平均每分钟卖出 34 碗。以"打造中华面食第一品牌"为目标，先后获得"羊城连锁餐饮优质品牌企业"、"百佳"餐饮企业、"广东省服务业百强企业"、"最旺人气奖"、全国首批"餐饮业质量安全提升工程示范企业"等荣誉。除了九毛九品牌，还有太二酸菜鱼、怂重庆火锅厂、那未大叔是大厨、赖美丽藤椒烤鱼 4 个品牌。如今，门店数量已经超过 400 家，特许经营门店 33 家，员工 13000 多人，构成了九毛九集团的餐饮版图。2020 年 1 月，九毛九在香港证券交易所成功上市，为中式餐饮连锁经营企业上市提供了样本。

（四）曹和平与长春欧亚

曹和平，山西省平顺县人，现任长春欧亚集团股份有限公司党委书记、董事长。中共第十六、十七、十八、十九次代表大会代表，全国第九届人大代表。荣获"改革开放 40 年百名杰出民营企业家""全国劳动模范""全国五一劳动奖章""国务院政府特殊津贴""全国杰出企业家"等荣誉百余项。

长春欧亚总部位于长春市南关区，目前已成为以现代百货、商业综合体、商超连锁为核心业态的国内大型商业企业。

欧亚集团创新业态组合，构建新型商业模式，打造的欧亚卖场被冠以"中国商业第一业态"，特别是以单体60万平方米的面积问鼎世界第一大商业综合体。作为本土商业航母，欧亚集团充分发挥区域零售主渠道的重要作用，彰显了大型零售企业的社会责任与担当。公司先后荣获"中国商业名牌企业""全国商业信誉企业""全国五一劳动奖状"等称号。

（五）郭台铭与鸿海集团

郭台铭，祖籍山西晋城，鸿海集团创办人，以570亿元财富列《2022胡润百富榜》第75位。鸿海集团是中国台湾地区最大的企业，为拓宽海外市场创立富士康，成为世界上最大的电子制造服务商。目前，鸿海集团已成为涉及专业研发生产精密电气连接器、精密线缆及组配、电脑机壳及准系统、电脑系统组装、无线通信关键零组件及组装、光通信元件、消费性电子、液晶显示设备、半导体设备、合金材料等产品的高新科技企业。

鸿海集团在电脑、通信及消费性电子产业引领潮流，享有盛誉，是全球前三大EMS（电子制造服务）厂商之一，与全球顶尖的电脑、通信及消费电子领导厂商结成长期策略联盟。该公司自创颠覆电子代工服务领域的机光电垂直整合（eCMMS）商业模式；提供客户从共同设计（JDSM）、共同开发（JDVM）到全球运筹及售后服务等之全球最具竞争力的一次购足整体解决方案，是全球3C（电脑、通信、消费性电子）代工领域规模最大、成长最快、评价最高的国际集团，成为当今全球3C代工服务领域的龙头。

商会篇

世界晋商发展报告——崛起中的新晋商

第十章

新晋商商会组织的发展与贡献

改革开放以来，随着山西省民营经济的持续快速发展，新晋商队伍的迅速成长，商会组织作为新晋商表达自身愿望、维护共同经济社会利益、促进工商业繁荣的主要社会团体涌现在各个行业中。伴随着商会组织的快速发展，商会组织的自治性和民主性也得到明显增强，吸引了越来越多的新晋商参加，并自发组建商会组织，商会组织成为新晋商企业和新晋商最基本、最规范的社会组织形式，成为市场经济条件下实现资源优化配置不可或缺的重要环节，成为实现政府与晋商、晋商与晋商、晋商与社会之间相互联系的重要纽带，在经济社会发展中发挥着越来越重要的作用。

一、山西商会组织的发展历程

随着中国早期资本主义的萌发，中国近代商会在商人会馆、会所、行帮的基础上逐步产生。1902年，上海的官员和商人成立上海商业会议公所，为中国最早的新式商会。同年，袁世凯在天津创办了天津商务会所，张之洞在武汉创办了汉口商业会议所。1904年年初，清政府颁布的《商会简明章程》第 26 条，规定所有的"商业会所"一律改名为"商会"，并倡导在商务繁盛之地设立商务总会，在商务稍差之地设商务分会。山西由于地处内陆，新式工业起步较晚，直到1892年才有了第一家近代企业——太原火柴局，1898年山西省地方政府又创办了山西通省工艺局和山西机器局。伴随着近代工商业的兴起和发展，清光绪三十年（1904年），祁县、平遥、太谷三县商贾依照《商会简明章程》，联合周边各县巨商成立山西总商会，会址设在太谷县城内南寺街 6 号院。会长由祁县、平遥、太谷三县的绅士商人遵照章程公推一人担任，一般是由拥有大量资本和办有企业的大商人、资本家担任。商会另有总办会办 4 人，理事若干人（无定额），下设文牍 1 人、书记 1 人。商会负责处理全省日常商务事宜，主要有三项职责：一是调查全省范围内的商情，并定时向商部报告。二是向商部转达通省商人的申请意见，传达商部的公文命令。三是向商部申请公司的设立、商标的登记、产品免税措施和申请专利权等有关商业事宜。

1911年辛亥革命爆发，清王朝垮台。1912年山西总商会由太谷迁到太原，原太谷总商会改为分商会。山西总商会及各地分会创立之后，除了在联络工商、调查商情、兴办商号、调息纷争等方面发挥作用外，还将活动延伸到政治引导、文化教育、社会公益等广阔的社会领域。随着山西商业逐步恢复繁荣，山西商会会员增至 778 户。根据这种情况，总商会经会董讨论，开始重订章程，召开各行会代表会议，筹备商团、商务公断处和会计讲习所等，积极开辟商会管理区域。商会请示官府批准，将开化寺北部辟为市场，并命名为"共和市场"。那里地处闹市，店铺纷纷迁往，茶庄、绸市、百货相继集中于此，当时曾有"太原大栅栏"之称。后经扩建改造，成衣店、照相馆、鞋帽店也陆续向钟楼街、桥头街、柳巷一带扩张。一时间，那些繁荣地带的铺面房价日益昂贵，呈现"寸土寸金"之势。太原的商业、工业、手工业店铺、公司总数发展达2500多户。

解放战争时期，面对动乱时局，山西商号负担沉重，普遍难以维持。商会鉴于当时情况，曾多次为商民向政府呼吁。1948年7月8日，商会召开理事会，经决议，派以梁殿齐为首的"太原商界请愿团"进京请愿，要求"减轻商民负担，以解商困"。之后，又进行了多次请愿活动。虽然商会的请愿和呼吁的作用有限，但毕竟是近代山西新式商人组织为商民利益所作的切实努力。在这一进程中，随着沿海地区资本主义商品经济的飞速发展，地处内陆的山西逐渐失去了在商业上的优势地位。虽然山西各地在政府的倡导下也普遍建立商会，其发展程度却明显落后于沿海大埠的商会。但作为资产阶级的商业团体，山西商会对近代工商业的发展、民族资产阶级的成长和社会变革起到了一定的积极作用。

中华人民共和国成立之初，按照中共中央《关于组织工商业联合会的指示》，山西省在改造旧商会、旧工业会、旧同业公会的基础上，自下而上地组建工商联地方组织。1952年10月17日，在中共山西省委、山西省人民政府的直接领导下，山西省工商业联合会第一次会员代表大会隆重召开。当时，党中央、政务院对改组、改造旧同业公会、建立新同业公会，做出了政策规定。1952年6月，中共中央批准中央统战部《关于改组工商业联合会的批示》中明确："同业公会是工商界历久相沿的组织，在处理劳资关系、公私关系和在今后国家实行计划经济时，仍有其重要作用。改组同业公会是要改变过去少数上层把持操纵，用来对抗国家，压迫中、小工商业者的状况，而不是废弃这一组织形式。改组同业公会也是要改变它过去在工商联各种组织中的地位，使之成为工商联领导下的专业性组织；过去工商联以同业公会为会员单位的规定，今后应改变为以企业户为单位。"1952年8月颁布的《工商业联合会组织通则》中，明确了将同业公会转变为工商联领导下的专业组织，规定"市、县工商业联合会按照行业设立同业公会或同业委员会"。山西各地工商联按照中央精神纷纷建立了同业公会。到1955年年底、1956年年初，山西省资本主义工商业实现了全行业公私合营以后，政府经济部门纷纷成立专业公司（或者局），直接管理企业。同业公会的经济活动日趋消失，着重开展同业的自我思想教育。1957年2月，中共中央批准同意并发出的《关于继续发挥工商业联合会的作用的意见》中说"同业公会是工商联的专业性组织，是工商联的组成部分，应该继续保留并发挥作用。同业公会应该成为专业公司（局）进一步改造私营工商业者的有力助手。它应该着重代表本行业工商业者的合法利益，反映他们的意见和要求；推动本行业工商业者积极参加社会主义竞赛，并协助本行业改进公私共事关系。""文化大革命"开始后，随着工商联被迫停止活动，同业公会组织也陷于瘫痪之中。

党的十一届三中全会后，山西省工商联于1977年成立恢复工作筹备领导小组，启动省市县工商联恢复工作，协助各级党组织对原工商业者落实政策，开展经济咨询服务，为个体私营企业提供帮助。1980年5月9日，山西省工商联第四届会员代表大会在太原召开，因"文化大革命"停止活动12年之久的山西省工商联恢复活动。工商联商会各市县（区）党委、统战部，帮助县（区）恢复或建立工商联组织，逐步建立各乡（镇）分会组织。与此相应的同业公会等行业管理的各种形式也迅速发展起来。1989年12月，山西省工商联、体改委、省委统战部联合发出《关于组建同业公会试点工作的意见》之后，1990年3月召开了试点工作会议，并组团赴天津考察学习。同时山西省工商联领导先后深入五台、汾阳、河津、临汾、介休等40个市（县）进行指导。到1990年年底，介休、五台、浑源、汾阳、河津5县组建了11个同业公会，共有会员392户，在协助政府加强行业管理方面做了有益尝试。1991年，中共中央下发了《中共中央批转中央统战部〈关于工商联若干问题的请示〉的通知》，对前一阶段工商联的同业公会试点给予了认可，"近几年来，有的地方工商联成立了同业公会，协助政府做了有益的工作，特别是在第三产业（饮食、服务、修理等行业）成立的同业公会起到了积极作用"；并指出工商联"在县、镇试点中，应选择非公有制经济为主的、零星分散的、政府部门不易照顾到的行业"来组建同业公会。工商联开始恢复和建立同业公会，这些商会为政府、企业和行业提供了大量有效的服务，在政府职能转变和市场经济建立的过程中，在加强行业自律、规范市场活动、维护良好经济秩序、协调经济主体关系、调解纠纷等方面发挥了重要的作用。

20世纪90年代中期以后，特别是2000年以来，随着改革开放的进一步扩大和社会主义市场经济体制的建立，党和国家对商会和行业协会建立的必要性和重要性给予高度重视，在一系列文件中对行业组织和商会发展给予了支持。2002年，中华全国工商业联合会第九次会员代表大会通过《中国工商业联合会章程》，指出中华全国工商业联合会同时是中国民间商会；在第二十四条中更明确指出，"工商业联合会可按行业设立同业公会或同业商会等行业组织，同级工商业联合会是其业务主管单位。"2003年10月召开的中共十六届三中全会上通过的《中共中央关于完善社会主义市场经济体制若干问题的决定》明确提出，"积极发展独立公正、规范运作的专业化市场中介服务机构，按照市场化原则规范和发展各类行业协会、商会等自律性组织。"将发展行业协会和商会作为完善市场体系和规范市场秩序的重要举措之一。2004年9月中共十六届四中全会通过的《中共中央关于加强党的执政能力建设的决定》提出："发挥社团、行业组织和社会中介组织提供服务、反映诉求、规范行为的作用，形成社会管理和社会服务的合力。"2007年5月国务院办公厅下发的《关于加快行业协会商会改革和发展的若干意见》明确了行业协会商会的责任义务、改革的方向等重要问题，为行业协会的发展扫清了制度障碍。2010年中共中央、国务院下发《关于加强和改进新形势下工商联工作的意见》，不仅高度肯定了商会的作用，明确指出"商会是市场经济体系的重要组成部分，充分发挥各类商会的重要作用是转变政府职能、完善社会主义市场经济体制的必然要求"，提出了"中国特色商会组织"这一发展方向，而且将"加强行业协会商会建设，服务非公有制经济发展"作为工商联的基本任务之一，将"充分发挥工商联在行业协会商会改革发展中的促进作用"列为工商联的五大职能之一。自此，工商联组建的同业公会等行业商会组织及异地商会组织在非公有制经济占主要成分的行业，以及一些新兴产业的发展中起着重要的作用。

二、新晋商商会组织的发展现状

在中国特色社会主义进入新时代的历史进程中，党中央不断加强和完善社会治理体制，要求由政府一元化管理向社会多元共治转变。随着行政管理体制改革和政府职能转变的深入推进，越来越多的社会事务从政府转到了社会组织身上，要求社会组织协同参与社会治理，共同承担社会责任。作为政府与企业及企业家之间沟通联系桥梁的新晋商商会组织，被视作市场经济中除政府和企业的另一治理主体，随着社会主义市场经济的发展和社会主义市场经济体制的不断完善，特别是政府职能转变步伐的加快，在山西省得到了迅速发展。截至2022年6月底，山西省工商联商会组织总数达1916家，其中，省内各类商会达1738家，省外晋商组织达178家，省级工商联商协会达69家。

（一）民营经济迅速发展为新晋商商会组织发展提供了坚实基础

党的十八大以来，习近平总书记就民营经济多次发表重要讲话，充分肯定民营经济的重要地位和作用。山西省省委、省政府坚决贯彻落实习近平总书记重要讲话重要指示精神，以更实举措促进民营经济健康发展。省委、省政府召开全省支持民营经济发展大会、全省民营企业家座谈会，连续出台支持民营经济发展"30条""23条"等政策措施，形成了支持民营经济发展的政策环境。不断深化"放管服"改革，以"承诺制+标准地+全代办"改革为牵引，深化政务服务"全程网办"，持续打造市场化、法治化、国际化营商环境。颁布实施《山西省优化营商环境条例》《山西省促进中小企业发展条例》，为民营企业发展提供法治保障。开通"民企直通车"，省、市、县三级领导干部和省直部门领导结对帮扶5000家民营企业。落实税费减免各项政策措施，加大财政奖补支持企业创新升级。在省委省政府和社会各界的大力支持下，山西民营经济创造了非凡业绩，做出了重大贡献。2021年山西省市场主体总量达315.55万户，其中，民营企业84.03万户，个体工商户214.0万户；全省实现民营经济增加值10390.6亿元，对GDP的贡献率为46.0%；全省规模以上民营工业企业实现营业收入为15991.8亿元，同比增长54.8%；全省民间投资同比增长10.1%，占全省固定资产投资比重达53.9%；全省民营企业进出口总额达789.5亿元，同比增长121.5%，占全省进出口总额比重达35.4%；全省民营经济税收总额达1921.3亿元，同比增长16.2%，占全部税收收入比重达53%。随着制约民营经济发展的各种不合理规定的废除和各种隐形壁垒的消除，民营企业数量不断增多、规模不断扩大，进入的领域和行业不断拓宽，新晋商更加需要有自己的团体来表达和维护利益，同时也需要有自己的社会组织来规范经营活动，商会作为互益性合作平台应山西民营经济的发展和新晋商企业发展的内在需求而得以蓬勃发展。

（二）政策环境逐渐完善为新晋商商会组织发展提供了制度保障

党的十八大以来，党中央高度重视商会等社会团体在经济社会发展中的重要作用，制定了一系列相关政策，商会发展的政策环境不断完善。2013年《国务院机构改革和职能转变方案》对社会组织登记管理体制做出重大调整，明确成立行业协会商会类、科技类、公益慈善类、城乡社区服务类社会组织，一律向民政部门直接申请登记。2015年《中国共产党统一战线工作条例（试行）》明确提出"要发挥工商联对商会组织的指导、引导、服务职能，推动统战工作向商会组织有效覆盖，确保商会发展的正确方向"。2015年7月中央办公厅、国务院办公厅印发的《行业协会商会与行政机关脱钩总体方案》中提出"促进行业协会商会成为依法设立、自主办会、服务为本、治理规范、行为自律的社会组织"。2016年8月《关于改革社会组织管理制度促进社会组织有序健康发展的意见》提出，"结合政府职能转变和行政审批改革，将政府部门不宜行使、适合市场和社会提供的事务性管理工作及公共服务，通过竞争性方式交由社会组织承担"，并要求进一步发挥商会类等组织在促进地方繁荣、参与社会事务管理、提供公共服务中的作用。各地商会逐步取消与行政机关的主办、主管、联系和挂靠关系。针对工商联所属商会，2018年6月，中央办公厅、国务院办公厅专门印发30号文件，进一步明确各级工商联对所属商会履行业务主管单位职责。2020年正式颁布的《中国共产党统一战线工作条例》进一步明确，培育和发展中国特色商会组织，推动统一战线工作向商会组织有效覆盖；工商联对所属商会履行业务主管单位职责，对会员开展思想政治工作、教育培训，对所属商会主要负责人进行考察、考核；工商联对其他以民营企业和民营经济人士为主体的行业协会商会加强联系、指导和服务。在新的时代背景下，"中国特色商会组织"成为我国社会治理结构中发挥组织优势的又一治理主体，新成立的新晋商商会组织依法登记并由工商联作为业务主管单位，一些业务主管单位为其他单位或直接登记的新晋商商会变更由工商联作为业务主管单位，这些商会积极探索发展新时代中国特色商会组织新路径，在促进山西全方位高质量发展中发挥越来越重要的作用。

（三）自身建设不断加强为新晋商商会组织发展提供了广阔空间

近年来，新晋商商会组织以增强自身能力为改革发展的重要着力点，不断加强自身建设，取得较好成效。山西省福建商会荣获"全国先进社会组织"称号，52家商会被全国工商联认定为"四好"商会。一是组织形态更加多样。商会已经从以行业协会、同业公会为主的组织形式，发展到目前包括行业协会、行业商会、国际商会、同业公会、异地商会、乡镇商会、街道商会、社区商会、市场商会、楼宇商会、园区商会、联谊会、综合商会等多种组织形态。二是商会功能逐步实现。各类商会组织积极作为，坚持互益性、民间性、自律性、法人性等特征，强化政治引导、参政议政、经济服务、民间协调等功能，办成许多单个民营企业想办而难以办成的事，承担了一些政府做不到、做不好或不便做的事。三是法人治理体系逐步完善。各商会不断健全由会员大会、理事会（常务理事会）、会长会和监事会（独立监事）构成的法人治理结构，基本达到权责明确、协调运转、制衡有效的治理目标。探索成立常务会长班子，完善集体决策机制。秘书处执行层的职责定位也得到进一步明确。四是商会党建工作达到切实推进。省工商联成立商协会行业党委，省级工商联商协会均建立党的组织，明确了商会党组织把方向、议大事、促进落实职责定位，宣传党的路线、方针、政策，逐步提高自觉性，山西省浙江商会、安徽商会、内蒙古商会等商会积极推进党建规范化建设，43家商会获评全国工商联、省工商联商会党建工作示范单位。五是内部管理制度不断健全。以章程为核心的内部管理制度是商会规范自身建设的基础，大部分商会已制定较为完善的内部管理制度文件，不断健全会长、副会长、秘书长的履职规范，大多数会长能做到每年向会员大会或理事会报告工作，接受内部质询和监督。六是秘书处职业化水平逐步提升。越来越多的商会配备了专职秘书长和秘书处工作人员，初步实现年轻化，能力素质进一步提升，稳定专业的秘书处队伍正在形成。

三、新晋商商会组织对促进山西省经济社会发展的贡献

近年来，新晋商商会组织积极作为，在完善社会主义市场经济体制、促进"两个健康"、推动经济增长、加强社会管理等方面的作用越来越显著。

（一）加强思想政治教育，发挥促进新晋商健康成长的引导作用

商会虽然是民间组织，但加强对会员企业出资人的教育引导，既是商会服务会员企业的重要手段，也是商会发展的意义所在。特别是随着以党领导的工商联为主干的中国特色商会体系日臻完善，各级各类新晋商商会组织充分发挥思想政治引导功能，注重了解和掌握会员的思想动态，着力引导会员学习贯彻党的路线方针政策，开展不同主题的理想信念教育实践活动，加强思想政治工作，日益成为党和政府连接新晋商的重要枢纽，成为党团结凝聚新晋商的重要平台和开创统战工作新格局的重要阵地。各级工商联加强对商会领导成员的培训，组织商会主要负责人参加工商联举办的会议和活动，通过政策学习和专业培训提高整体素质。注重把优秀的商会负责人吸收到工商联执委会、常委会领导班子中，举荐符合条件的商会负责人进入省人大、省政协。商会党支部积极探索党组织发挥作用方式，商会会长领导班子和党组

织领导班子双向进入，交叉任职，充分发挥党的思想、政治、组织优势，广泛团结会员，规范商会行为，切实发挥党组织的战斗堡垒作用和党员的模范带头作用。近年来，广大商会党支部开展"送温暖、献爱心"、扶贫济困、军民共建等活动，举行了助力贫困大学生、捐赠大病患者、光彩事业捐赠、抗疫捐款捐物等活动，组织会员参与了"千企帮千村—精准到户"扶贫行动和统一战线"百千百"工程、"万企兴万村"山西行动等。2020年以来，13家商会荣获全国工商联抗击新冠疫情通报表扬。通过活动凝聚了人心，团结了会员，夯实了共同奋斗的思想政治基础，增强了商会对新晋商的政治引导力和吸引力。

（二）搭建政企沟通桥梁，发挥政府管理非公有制经济的助手作用

过去由于体制的障碍，能够反映民营企业呼声的渠道很不通畅，商会由于其独特性和特殊地位，天然地成为民营企业的代言人。商会在代表民营企业利益的时候，就必然把它们的各种要求，反映到国家政治生活层面上来，通过政治表达，与政府和立法机构进行经常性的对话，影响和参与产业政策、法律法规的制定，为民营企业创造更优的发展环境。各类商会积极组织会员学习党和国家的有关方针政策，参与政策意见征询，向有关部门提交研究报告，协助政府进行行业管理和制定行业政策，切实发挥了桥梁纽带作用。紧紧围绕亲清政商关系构建，协助党委和政府畅通政企沟通渠道，规范沟通内容，创新沟通形式，全面推进清廉商会建设，促进政企良性互动。通过工商联以政协团体提案的形式向政府有关部门表达会员的意见建议，推动政策环境的改善。构建三级商会调解组织网络体系，成立46家商会人民调解委员会，承接法院调解案件数量逾千件。山西省广东商会荣获"全国模范人民调解委员会"称号，山西省建筑企业商会荣获"第一批百家金牌劳动人事争议调解组织"称号。山西省海外回国年轻一代企业家商会以打造山西省留学生最大最专业的公益性的人才招聘渠道为目标，广泛联络吸纳全球范围内有科技创新型优秀海外留学背景的企业家，做地方政府与归国企业家、企业与留学人才之间的桥梁，让留学归国人员以最优的效率落地产业项目，让

企业以最低的成本、最快的速度找到适合人才，助力山西留学归国人员服务体系的全面建设。

（三）维护经济秩序，发挥促进企业健康发展的自律作用

由于我国市场经济还不很成熟，规范市场和竞争秩序的法规还不健全，民营企业采取不正当手段进行竞争的情况时有发生，如生产假冒伪劣商品，商业欺诈，相互之间恶意拖欠等等。越来越多的商会都把加强自律作为商会工作的重要内容，通过制定规章和制度，规范会员企业的经营行为，协调成员之间、成员和社会之间的关系，避免行业内部冲突和无序竞争；建立信用承诺制度，开展会员信用评价，积极参与社会诚信体系建设；通过产品质量检测、监督、提供认证等，维护市场秩序；通过自我约束和相互制约、自我调整和纠正等手段组织和协调市场主体自觉依法开展生产经营活动。如：山西广东商会制定《会员自律公约》《会员和企业诚实信用承诺制度》，面向全国发出了"广东商会让您的消费与安全同行"的承诺，积极引导会员守法经营、自律发展，得到了社会广泛好评。山西品牌协会组织智库专家委员会委员赴大同云州区就大同黄花品牌建设进行调研，共同发布了我国首部黄花品牌蓝皮书《大同黄花塑造品牌研究报告》；多次带领专家团队深入山西恒义生物科技公司、山西九牛牧业有限公司、万荣吉尔康食用油公司、山西紫林醋业股份有限公司、山西喜跃发集团等企业进行调研，深入了解一线企业品牌建设存在的问题和企业诉求。

（四）联系和服务企业，发挥促进新晋商交流合作的平台作用

商会利用其服务体系，为民营企业提供全方位的服务。一方面，有的商会为会员提供市场调查、信息、政策法规咨询、会计、环保、技术咨询等，为会员转型升级、拓展经营提供服务；有的商会通过成立担保公司、小额贷款公司等，帮助会员企业解决融资难问题；有的商会为会员提供法律服务，持续开展"法律三进"活动，"法律进商会民企"活动，遇到企业与企业、企业与银行的矛盾，或其他方面的经济纠纷，商会以组织的名义出面调

解，保护会员的合法权益不受侵犯。另一方面，由于商会与政府和社会的目标具有一致性，商会的这些服务活动一般都能得到政府的支持，政府也会利用商会的服务机制，解决自身不便于干预的具体事务，例如收集市场需求信息，提供法律援助，协调产品价格和劳动力价格，组织劳资对话，解决经济纠纷，进行融资担保，开展员工培训和组织商务考察活动，制定某种新产品、新技术的行业标准和国家标准等。山西省民营企业资产置换协会组织会员单位参加首届中国易货节山西分会场大型线上交易活动，影响并促成省内外企业之间完成置换业务1.5亿元人民币，被中国贸促会易货协会授予"行业优秀组织贡献奖"。朔州市汽车业商会通过举办汽车展、场地越野赛、摄影展等行业活动，增进了会员单位的沟通联系，搭建了行业发展平台，为推动市场繁荣做出了积极贡献。

(五) 促进经贸交流合作，发挥活跃地方经济的推动作用

"天下商会是一家"，商会组织间的这一天然联系，决定了商会可以发动"情感招商"的攻势；异地商会具有"两边熟"的人气，拥有丰富的企业资源、经济资源、人脉资源，可以协助政府在招商引资中有更大作为。近几年来，在政府有关部门进行的招商引资、经贸洽谈中，山西省各级工商联和商会发挥联络广泛的优势，邀请客商并现身说法向客商宣传当地环境，在招商引资的舞台上十分活跃，有效地引导东部发达地区民间资本向山西投资兴业。2016年全国工商联十一届八次常委会暨民营企业助推山西转型创新发展大会中，全省各级工商联合和商会组织配合省政府、省商务厅先后举办了10场专题项目招商推介活动，签约项目298个，总投资额为4152亿元，其中100亿元以上项目7个。2017年，山西省省委省政府提出"晋商晋才回乡创业创新工程"后，海内外晋商组织积极发挥独特优势，来自美国、英国、加拿大10余个国家和地区以及国内晋商会参加省市县组织的系列活动，吸引海内外侨商、晋商关注山西、发展山西、投资山西。在助力山西全方位高质量发展专场招商推介活动中，38家全国性商会上百名企业家走进山西，11家全国性商会与省直部门及商会签订战略合作协议。商会积极组织会员参与"三区

三地""一群两区三圈",特别是太忻一体化经济区建设、市场主体倍增工程、数字经济发展等全省重大战略,推动地方经济与新晋商实现共赢发展。

(六)集中资源优势,发挥提高商会整体竞争力的整合作用

为维护成员的共同利益,需要整合规范民营企业内部的竞争关系,协调民营企业之间的利益冲突,以避免内部恶性竞争。商会是会员之家,具有握指成拳、积沙成塔的团队优势,能够实现商会会员之间的抱团发展,促进合作共赢。商会组织中的会员企业,大多是中小企业。各级各类商会把分散的资源和单个民企组织起来,整合成为资源优势和规模经济优势,促进行业和地区民营经济的发展。这种整合实现了会员企业间小小联合、中小联合、大小联合,行业间或行业外互相取长补短,你中有我、我中有你,形成了战略合作,营造双方共赢的良好局面。同时增加了企业之间、企业与政府之间的透明度,降低民企的交易成本,引导民企走可持续发展之路,努力提高其技术水平、管理水平和员工素质,树立自有品牌,从而增强其市场竞争力,使企业不断发展壮大。山西省数字产业协会推动山西数据流量生态园实现入驻企业200多家,集聚独角兽企业2家、上市公司7家、专精特新企业3家,互联网流量投放突破18亿元,数字产业集群规模初现。山西山东商会积极组建产业技术联盟,打造共融共通共赢共享的产业生态价值链,助推会员企业转型升级、实现会员高质量发展。定襄县法兰锻造协会依托工业园区整合,吸引全县中小微法兰锻造企业入园,实行集中、集聚、集约发展,达到企业整合、产业集群发展的目的;按股权整合,鼓励全县法兰锻造企业将资产评估作价入股组建大型股份公司,通过资本和技术的整合重组实现资源的有效配置和体制、机制的创新,助推了全县法兰锻造行业企业的整体转型升级。

各级各类新晋商商会组织在促进山西高质量发展中发挥了重要作用,但目前商会组织发展中还存在不少问题,主要表现为:**一是社会对商会组织的认识不到位**。商会组织的发展还没有真正引起全社会的足够重视,不少人对商会的性质、职能、作用缺乏认识,不了解商会对地方经济带来的重要影

响。个别地方党委和政府对商会性质、地位和作用认识还停留在外埠商会和异地商会协助政府招商引资等方面，在商会服务经济建设和参与社会管理等方面作用认识不够，忽略了商会具有的统战性、经济性、民间性的特征，对商会反映的问题、提出的建议缺乏足够重视，支持商会组织建设的热情不高、力度不大。一些新晋商对新形势下的商会的性质特点、职能作用还不够了解，认为商会就是收费、开会、捐款的组织，加入商会不能给企业带来直接的经济利益和好处，反而增加了企业负担，导致商会对民营企业家的吸引力不够。**二是商会的服务功能不健全。**由于新晋商商会发展目前还处于初级阶段，有些市县的商会在人员配备、资金投入、教育培训、管理等方面的相应措施跟不上，使商会的综合素质与地方经济发展的要求不相适应。有的法人治理结构不完善，制度不健全和执行力不强并存，仅满足于联谊交友、组织捐助，难以满足民营企业多方面的需求；有的商会对会员企业的服务缺位、滞后，自律、协调的作用表现不明显，特别是在维护会员企业合法权益等方面难有作为，企业发展中的困难、成长中的烦恼缺少反映渠道，很多企业处于孤军奋战的状态，得不到商会帮助，会员的获得感差；有的商会对工作研究不够，缺乏长远规划和系统思考，对如何围绕党委、政府的战略部署和工作中心开展工作，赢得党委、政府关注支持的思考不多，对如何通过实实在在的服务，赢得会员的认可信任手段不够，对如何加强与政府职能部门的联系沟通，争取支持的办法不多。**三是商会组织发展不平衡。**自2000年以来，随着山西省经济社会的迅速发展，省行业协会商会呈现加快发展趋势，但是与沿海发达省份相比，发展相对迟缓，数量较少，规模较小，经济实力偏弱。在山西省一些经济基础好、民营经济发展较快的地方，成立的行业商会数量多，商会工作普遍开展较好，而经济欠发达的地方商会工作比较薄弱；如忻州、晋中、吕梁等市行业商会多数集中在煤焦、洗煤、纺机、车辆制造、商贸等传统行业，新兴产业和现代物流业、金融服务业、文化、旅游、健康等现代服务业的行业商会相对较少。

当前，世界正经历百年未有之大变局，我国经济面临外部环境挑战明显增多，民营企业的生存压力也明显增多。商会作为服务民营企业的经济组织，深处变局之中，应该积极适应新挑战，有效发挥助手、抓手、帮手作用，引导会员企业识变、应变、求变；发挥好组织优势，切实服务民营经济现代化转型升级和高质量发展，引导民营企业深入贯彻新发展理念，积极构建新发展格局，参与行业标准制定，促进行业联合，开展协同创新，合力推动关键领域核心技术的突破；坚持国际经济联通和交往，加强与境外工商社团交流合作，引导会员企业"走出去"参与全球经济治理，不断提高对外开放水平，于变局中开新局。商会作为市场主体最为集中的社会组织，应该有效发挥商会民间体制优势，开展行业自律、利益协调、人民调解、权益维护、和谐劳动关系构建等工作，切实推进商会建设，加快构建系统完备、科学规范、运行有效的社会治理模式，使商会职能更加优化、管理更加规范、运行更加高效，推动实现国家治理体系和治理能力现代化。商会作为做好民营经济统战工作的重要组织依托，应该落实好新时代民营经济统战工作的要求，突出思想政治工作，深化理想信念教育，宣传贯彻党的路线方针政策，走好中国特色发展道路、建设中国特色商会组织，把广大新晋商更加紧密地团结在以习近平同志为核心的党中央周围，为山西全方位推动高质量发展凝心聚力。

第十一章

新晋商组织案例

一、聚优秀晋商，促民企辉煌——山西省民营经济促进会

山西省民营经济促进会（以下简称省民促会）是全省民营经济的联合组织，于 2015 年 7 月经山西省民政厅批准成立。省民促会以全省各市 1192 家民营纳税百强企业会员为基础，同时吸收海内外晋商组织和经济界知名人士联合组成，是立足全省民营企业、面向国内外晋商组织、联动省市相关部门、推动新晋商再创辉煌的综合性、非营利性社会公益组织。目前共有会员企业 2755 家，产业涉及能源、矿产、物流、机械制造、科技、建筑、文化、农业和金融等领域。

（一）聚力百强：研修班长出民促会

省民促会的成立要从平淡无奇的企业家研修班说起。为帮助山西民营企业破解经营艰危局势，提振民营企业家发展信心，2014 年 1 月 25 日，由太原市国税局、太原市地税局主办的"太原民营纳税百强董事长经济转型发展高级研修班"开班。一年多时间里，在各市税务局支持下，覆盖全省 10 个地级市的"民营纳税百强董事长经济转型发展高级研修班"开班，时任记者观察杂志社负责人的李有生受聘担任全省各"百强班"班主任。各"百强班"历时 10 个月，除聘请北大、清华等知名教授亲临山西传授经营管理

理论知识外，还采取联动教学、解剖分析学员企业经营案例等教学方式，帮助学员解决企业生产经营中的实际问题，推动民营企业战略调整和转型发展。

看似平淡无奇的企业家研修班却孕育了新晋商抱团发展的种子。在李有生秘书长的全力推动及政府和社会各界人士的大力支持下，2015 年 9 月 17 日，经山西省民政厅批准，由全省"百强班"1192 家民营纳税百强企业共同发起的"山西省民营经济促进会"正式成立。这些企业是山西民营企业的中坚力量，也是推动山西发展的重要力量。省民促会以立足全省民营企业、面向全国山西商会、联动世界晋商组织为宗旨，确立了推动新晋商再塑辉煌的宏伟目标。自成立以来，省民促会传承晋商精神，凝聚全省"纳税百强"会员企业，致力促进山西省民营经济奋发崛起，在可持续发展的道路上砥砺前行！

（二）见贤思齐：世界晋商上海论坛横空而出

从千余家优秀民营企业中长出来的省民促会，诞生之初就将一般商会组织普遍出现的吸收会员难、服务会员难、可持续发展难的问题作为自己要解决的首要问题。2018 年 1 月 6 日，李有生秘书长应邀参加了由浙商总会、上海市浙江商会主办的"世界浙商上海论坛"，深深感受到论坛是浙商向上向前行动的加油站和指南针，对凝结浙商、服务浙商、发展浙商具有不可估量的动力。李有生秘书长出生于乔家大院故里的晋中祁县，从小被晋商的高超商业传奇故事和兼济家国的辉煌历史所激励和振奋，如何让新晋商重振雄风是他一直苦苦思索的问题。他想：浙商有"世界浙商上海论坛"，晋商何不也办个"世界晋商上海论坛"？

2019 年 1 月 13 日，在山西省政府驻上海办事处和山西民促会的大力支持和推动下，上海市山西商会成立。商会的成立，为凝聚在沪晋商力量，做大晋商品牌，再创晋商辉煌提供了新平台。2019 年 8 月 12 日，山西省工商联（总商会）、山西省贸促会、山西省小企业发展促进局、山西省投资促进局、山西省人民政府驻上海办事处联合发文，批准"世界晋商上海论坛"成立。随即"世界晋商论坛"微信公众号上线,"世界晋商上海论坛暨新中国成立70周年晋商新成就展"新闻发布会在太原举办,世界晋商上海论坛直播平台"一诺"正式开通……

从2019年11月8日以"新晋商、新使命、新担当"为主题的首届世界晋商上海论坛,到2020年11月6日作为山西省参加第三届国际进口博览会重要活动之一、以"诚信凝聚力量 信任铸就辉煌"为主题的第二届世界晋商上海论坛,再到2021年11月5~6日作为山西省参加第四届国际进口博览会重要活动之一、以"诚信晋商、信用传承"为主题的第三届世界晋商上海论坛,历届论坛呈现出规格高端、定位精准、主题鲜明、内容丰富、举措务实、覆盖面广、准备充分、社会担当、形式新颖、组织严密等特点和亮点。世界晋商上海论坛让晋商互通有无、共赢发展,为更多晋商搭建起"晋材晋用"、链接上下游产业链的渠道和途径,切实为山西民营企业打造了以商引商、招才引智、劳务输出的"高速路",让更多的晋商晋企搭载论坛"高铁",走出山西,走向全国,走向世界。

(三)十帮服务:全心全意助力企业发展壮大

省民促会举办的世界晋商发展论坛像磁铁一样将全球晋商汇聚起来,一张恢宏浩大的"晋商之网"已经织成。如何让晋商之网"活"起来、让世界晋商真正拥有共促共赢平台呢?省民促会借鉴优秀商会组织的经验做法,在广泛走访调研会员企业的基础上,对内挖潜,对外借力,为会员提供十个方面的服务(以下简称十帮服务),为全国贡献了商会组织服务会员的"山西样本"。

省民促会为会员提供的"十帮"服务包括以下内容。第一,帮会员"卖产品"。从"餐桌上的民促会"开始,做好会员产品的内循环营销工作。第二,帮会员"谈合作"。通过举办"晋沪民企对接签约会"等形式,为会员企业与晋商以外的其他商帮项目合作提供服务。第三,帮会员"寻商机"。通过会员之间、分会之间,以及会员、分会、全国山西商会和全球晋商组织之间的"诚信火炬"传递行动,为会员在诚信平台上寻找到更多商机,同时提升全球晋商的凝聚力、影响力和形象。第四，帮会员"找项目"。组织会员赴长三角、珠三角、环渤海等前沿城市和发达国家，开展国际技术交流和项目对接工作，并引领会员企业学习先进的企业经营管理技术。第五，帮会员"融资金"。通过开展5A级会员和"诚信火炬"示范企业创建认定工作，为会员企业进行信用背书；通过与金融机构签署战略合作协议，为会员企业融资授信；通过组建"山西民企发展基金"和引进上海相关基金公司，为会员企业项目投资提供服务。第六，帮会员"联政府"。通过邀请各部委、办公厅、局和各地市领导举办小型座谈会、茶话会和政策解读会等形式，为会员企业争取更多的政策支持；同时帮助政府开展"以商招商"和"招才引智"工作，真正发挥政府和企业之间的桥梁和纽带作用。第七，帮会员"引人才"。在上海成立了"晋商国际产业促进中心"，为会员企业设立长三角研发中心，吸引上海高精尖人才，为会员企业研发创新和对接上下游产业链提供服务。第八，帮会员"重培训"。面向企业家和企业高管开展经营管理和"晋商魂"企业文化等系列培训，为会员企业发展提供坚实的人才保障和后盾。第九，帮会员"保权益"。省民促会内设法律工作委员会、人民调解委员会、纳税人权益保障中心等会员"维权平台"，并同税务、市场监督、自然资源和生态环保等执法部门紧密联系，为会员企业的发展保驾护航。第十，帮会员"做公益"。联合山西省孝行公益基金会和山西省慈善总会等公益机构，组织会员企业投身慈善和公益活动，真正展现"新晋商、新使命、新担当"的光辉形象和社会责任。

省民促会以服务晋商为宗旨，以党建引领、会员服务、产业孵化、社会责任、监督检查为抓手，通过搭建学习交流平台、沟通合作平台、协调服务平台和依法维权平台为会员提供服务，并充分依托全省会员企业上下游产业链，与全球晋商组织机构相互融合，以每年举办的"世界晋商上海论坛"为载体，推动全省民营企业进行线上线下、对内对外双循环交流互动，助力政府"以商招商"和"招才引智"，在促进山西民营经济可持续发展的道路上勇毅前行。

二、凝聚"晋"心"晋"力，搭建合作桥梁——上海市山西商会

上海市山西商会成立于 2019 年 1 月 13 日，是经上海市社会团体管理局核准登记的具有法人资格的社会团体组织，接受上海市社会团体管理局监督与管理，上海市工商联、山西省人民政府驻沪办事处业务指导，是在沪的山西籍企业家自愿组成的、具有法人资格的社团组织。经营范围包括组织商务考察、展览展示、信息交流等活动，提供经济协作、业务培训、商务咨询等服务，开展公益项目。

（一）凝聚"晋"心"晋"力，展现商会担当

2022 年上海发生新冠疫情后，上海市山西商会和山西省民营经济促进会积极响应上海市委、市政府号召，在山西省委、省政府及省驻沪办的领导下，弘扬晋商精神，凝聚"晋"心"晋"力，组织开展了"晋商互助"抗疫援助活动，涌现出一幕幕可歌可泣的感人场景，彰显了新一代晋商团结友爱、大爱无疆的家国情怀。早在上海新冠疫情呈现多点散发态势时，上海市山西商会和山西省民营经济促进会就提前做了预案，在驻沪办指导下，成立了"晋商互助"指挥部，为应对疫情封控做了充足的准备。2022 年 4 月 12 日，上海市山西商会、省民促会执行会长兼秘书长李有生向山西孝行公益基金会（公募基金）捐款 10 万元，成立了"上海疫情晋商互助专项基金"。该专项基金陆续收到山西省驻沪办张明主任、李亚军副主任、白瑞宏副主任，上海市山西商会会长曹立华、监事长景绘刚、党建指导员因新中等爱心人士的捐款 582479 元。

在疫情最为严重的 4 月份的 20 多天时间里，"晋商互助"指挥部千方百计筹购紧缺物资，雇用有通行资质的特殊车辆，为上海 23 个省级"友好商会"、208 名山西籍企业家，以及上海市 16 个区 208 个街道和乡（镇）的 2688 户山西老乡的家庭配送了生活物资。同时，联合昆山市山西商会秘书长

王志慧，对上海周边的1352位昆山山西籍外来务工人员伸以援手。老乡们纷纷发抖音和朋友圈秀物资、秀温暖，感恩山西省人民政府的关怀和山西亲人的关爱，也彰显了"晋商互助"大爱精神。6月1日上海解封后，指挥部又组织2000余名老乡志愿者，在上海全市16个区、107个街道、106个镇、2个乡建立了215个山西老乡"晋商互助"联络站。

疫情期间，"晋商互助"指挥部在组织紧急救助配送物资的同时，配合由1635人组成的山西援沪医疗队购买御寒服装、制作条幅、标语、指示牌等后勤保障工作，并千方百计购买了20台紫外线移动车捐赠给医疗队，圆满完成了每一项医疗队交办的任务。省援沪医疗队凯旋之时，带着深情厚谊和守望相助的感激之情，将满幅白衣天使亲笔签名的"百爱图"和一件特殊的"防护服"赠予山西省驻沪办、上海市山西商会和山西省民营经济促进会。

除了"晋商互助"抗疫援助活动外，上海市山西商会和山西省民营经济促进会还利用平台组织企业积极投身产业扶贫和乡村振兴事业，并做好宣传工作。如配合山西省工商联全程直播了"全省百家民营企业助力临县巩固脱贫成果大会"，再如世界晋商上海论坛隆重推出的"世界晋商扶贫商城"与32家山西商会签订消费扶贫协议等，积极回馈家乡经济建设。

（二）厚植社会资本，搭建合作桥梁

积聚社会资本是商会价值的核心所在。按照社会资本理论，社会核心价值的实现，应当遵循社会资本的特性，即建立规则、网络和信任。上海市山西商会和山西省民营经济促进会坚持紧跟党的路线、方针、政策，以会员需求为中心，以团队建设为核心，奉行"成人为己、成己达人"的理念，用实际行动展示晋商的大爱奉献精神和智慧。尤其在关键时刻和危急时刻，想别人所想，急别人所急，毫不犹豫地挺身而出，主动担当，靠前服务，深得人心，使其成为晋商积极向上、自我提升、彼此信任、产生共鸣的平台。上海市山西商会和山西省民营经济促进会赢得了社会公众的广泛信任，会员互助融合蔚然成风，商会经济得以释放，商会会员的质量得以升级，参政议政、

社会地位得以提高，商会的平台价值、方案价值、模式价值、引领价值都得到有效发挥，用发展彰显了商会的魅力。

上海市山西商会和山西省民营经济促进会在搭建合作桥梁、促进以商招商方面成绩显著。与全省11个地市开展了"以商招商"工作对接座谈会，线上举行了"朔州市2020年以商招商暨全市开发区产业项目对接恳谈会"，与吕梁市委、市政府举办了第二季"以商招商"项目恳谈暨视频签约会，组织世界晋商上海论坛投资考察团赴山西省综改区、吕梁市、忻州市、朔州市、大同市进行了"以商招商"考察活动，搭建了各地市与企业的合作桥梁。与北京山西企业商会达成了"友好商会"合作意向，通过会员资源共享、商会活动共同参与，为三方会员在医疗、教育、法律援助等方面开展异地服务。还联合上海智脑科技开发了"世界晋商供需项目资源库"，在呼和浩特市召开了"黄河生态经济带山西商会联盟筹委会"，与韩国山西总商会、21世纪韩中交流协会和韩国贸易协会线上开展了"中韩投资贸易恳谈会"，等等。上海市山西商会和山西省民营经济促进会用实际行动搭建起了山西与上海、山西与长三角、山西与其他各方的合作桥梁，扩大了商会的覆盖面，增强了商会的影响力，为山西的开放发展，做出了独特的贡献。

三、山西省内部分新晋商组织

（一）山西省浙江企业联合会

山西省浙江企业联合会是浙江省在晋企业自愿参加的社会团体，是自我管理与发展、自我约束与服务的非营利性组织。2004年4月在杭州召开"山西浙江经贸洽谈会"期间，由时任浙江省省委书记的习近平同志和时任山西省省长的张宝顺同志为促进两地经贸合作而共同倡导并由两地主管部门积极筹备组建，2005年5月18日正式挂牌成立，其主管单位是山西省商务厅，并接受山西省投资促进局和浙江省人民政府经济合作交流办公室的工作指导。联合会以"交流、团结、自律、维权、发展、奉献"为宗旨，坚持"连接两地政府,共享资源信息,服务会员企业,又好又快发展"的办事方针,并把以"建设最有价值的魅力联合会"作为自己工作的奋斗目标,将浙商的精髓与晋商文化有机融合,树立社会认同的价值观,致力于打造充满温馨、富有浓浓乡情的"山西浙商"的娘家。

山西省浙江企业联合会现有会员和其他团体会员1000多家。他们是在晋30多万浙商的代表,来自浙江省的各个地市,产业涉及煤炭钢铁、能源化工、地产开发、服装鞋业、建筑装饰、五金机电、包装印刷、文化教育、医药卫生、旅游餐饮等各个行业和领域。其中,具有规模以上的生产企业近千家,在晋累计投资总额达2000多亿元,吸纳200余万人就业,年上缴税金30多亿元,为山西的发展和中部的崛起做出了卓越的贡献。

近年来,山西省浙江企业联合会积极参与山西经济转型发展和"一带一路"建设,围绕山西省全方位推动高质量发展决策部署和浙江省"八八战略",鼓励支持会员企业在传统产业不断转型升级,在矿山能源、文旅发展、交通物流、生物科技、电力工程、新装备、新制造等产业,实现转型创新发展。2022年春节期间,利用回乡探亲机会山西省浙江企业联合会在温州举行了新春茶话会暨第一次会长会议,围绕落实山西省委十二届三次全会精神,聚焦山西省"三区三地""一群两区三圈",特别是推进太忻一体化经济区,对促进重点产业项目对接和以商招商工作进行了安排,充分发挥桥梁纽带作用,竭诚为浙商企业在晋经营、发展和投资做好服务工作。

(二)山西省浙江商会

山西省浙江商会是浙江在晋企业家自愿参加的社会团体,是自我管理与发展、自我约束与服务的非营利性组织。山西省浙江商会于2001年6月16日正式挂牌成立,主管单位是山西省委统战部,并接受浙江省工商联和山西省工商联的工作指导。

山西省浙江商会现有会员和会员单位400余家,团体会员2000余家,涉及能源化工、地产开发、服装鞋业、建筑装饰、通讯电子、五金机电、珠宝首饰、包装印刷、园林绿化、文化教育、综合投资、医药、百货、旅游、餐饮、汽配、钢铁、矿产等行业和领域。在晋的浙江商人遍布三晋大地，为山西的发展和中部的崛起做出卓越的贡献。

山西省浙江商会以"交流、团结、自律、维权、发展、奉献"为宗旨，坚持"连接两地政府，共享资源信息，服务会员企业，又好又快发展"的办事方针，在维护会员权益、参与招商引资、热心公益事业、承担社会责任，为两地经济建设发展和文化交流做出了突出贡献。多次受到上级的表彰和奖励，获得中华全国工商业联合会"抗击新冠疫情先进商会组织"通报表扬，获评全国"四好"商会，有80多家会员企业被省市评为先进单位，在社会发展和经济建设中树立了浙商的良好形象。

(三) 山西省广东商会

山西省广东商会成立于2006年11月18日，是由山西省境内从事生产经营活动的广东籍人士自愿发起组成的、非营利性的民间社团组织。商会在山西省民政厅注册登记，业务主管单位为山西省委统战部和山西省工商业联合会，同时接受广东省人民政府驻北京办事处的指导，是山西省工商业联合会副会长单位、广东省商业联合会常务理事单位。

山西省广东商会目前有会员企业200家，会员500多人，代表着1000多家在晋注册发展的粤企，以及近10万在晋工作生活的粤籍企业家和管理人员。会员分布在山西全省各地。主要从事房地产开发，新能源电子科技产业，汽车销售、汽车配套服务，石材加工贸易，建筑装饰、市政、道路、绿化、不锈钢工程，化工、五金、建材、电器、家电、音响、灯饰、家具、厨柜、卫浴、烟、酒、海鲜、调味品、医疗器械、服装、体育用品等经销，食品生产加工销售，以及航空、保险、旅游、餐饮、娱乐、酒店等40余个行业的生产经营活动，目前在山西累计投资已超过6000亿元，为光彩事业、抗震救灾、脱贫攻坚、抗击新冠疫情、支持教育和维护生态环境等社会公益事业捐款捐物达7000万元，已成为山西经济建设中不可忽视的一支生力军。

山西省广东商会以"团结、联络、服务、发展"为宗旨，以为会员服务、为两地政府服务、为社会服务为立会之本，以实现企业的社会价值和个人人生价值为目标。经山西省人社厅批准并授牌成立的劳动争议协调委员会，积极开展工作，化解矛盾，创造和谐劳动关系。在此基础上又成立了广东商会人民调解委员会，为会员企业免费提供法律服务，规避了法律风险，化解了商务纠纷。现有调解员 116 名，做到调解进企业、调解进物业、调解进律所、调解进社团，并与各级法院建立了诉调对接的合作关系。调解案件达 1800 余起，解决近 2 亿元的商务纠纷。该会副主任被司法部授予"全国模范人民调解员"。

山西省广东商会理事会始终坚持以党建引领，政治建会，服务立会，团结兴会，创新强会的理念，有力地推动了商会健康发展，商会获得山西省和全国"四好"商会和"五A"级商会组织、全国工商联"创新中国"特别奖等荣誉，两任会长陈浪华、曾建新被山西省委授予"优秀中国特色社会主义事业建设者"称号。

（四）山西安徽商会

山西安徽商会于 2011 年 7 月经山西省民间组织管理局批准成立，是由山西省工商联直接主管，具有社团法人资格的民间社会团体，由在山西省境内从事生产经营、商务活动的安徽籍人士创立，企业、商户和团体自愿结成的非营利性社会组织。商会是会员企业与政府沟通协调的重要纽带；是会员企业沟通感情、互通信息、交流情报、分享商机、同建项目、互助共进的有效平台；是会员企业在市场开发、对外拓展、融资合作等过程中的品牌依托；是促进山西与安徽两地经贸往来的桥梁。

山西安徽商会现有会员企业 152 家，其中常务理事会员企业 48 家、理事会员企业 90 家，主要从事餐饮娱乐、建筑装饰、教育培训、信息技术应用创新、智能网联新能源汽车、节能环保等行业经营活动，拥有山西泰吉特信息科技有限公司、山西鑫盛美源环保科技有限公司、山西万润数字信息有限公司等一批行业领先优秀企业。

商会会员企业家大多是退伍军人出身，具有远大抱负、说干就干、做事严谨、处事干练的鲜明特征，持续开展"会员走访交流""徽商微课堂""安徽人在山西""法律咨询日""主题日活动""项目推介"等活动，不断提升商会服务会员企业的能力和水平，不断创新商会工作新局面，努力打造和谐型、创新型、服务型的现代品牌商会。2020年商会被山西省民政厅确定为山西省司法厅行政立法基层联系点，2021年商会党支部被山西省工商联确定为"商会党建工作示范单位"。

（五）山西省河南商会

山西省河南商会成立于2005年5月29日，是在晋豫籍工商界人士自愿结成的社团组织，是经山西省民政厅批准成立的独立法人组织。

山西省河南商会现有会员和会员单位8000余家，涉及房地产、汽车、路桥、市政、能源、煤炭、建筑、交通运输、物流、餐饮、环保、五金、焦化、医药、生物科技等行业和领域。其中，具有一定规模的生产企业200家，在晋投资总额达1200亿元，吸纳约30万人就业，缴纳利税约30亿元，为山西的发展和山西中部的崛起做出了卓越的贡献。

山西省河南商会秉承"团结、诚信、服务、发展"的办会宗旨，以"牵线搭桥"为主要任务，坚持政治建会，创新服务举措，为晋豫两省之间的经贸合作、文化交流牵线搭桥，以优化资源配置，实现优势互补，推动两地经济社会的快速发展。同时组织会员学习考察、洽谈项目，协调会员与商会之间、会员与会员之间、会员与外界之间的各种商业合作等一系列综合服务，为晋豫两省的经济建设和社会发展做出了积极贡献。山西省河南商会先后获省直"5A"级社会组织、省级"四好"商会、全国"四好"商会等荣誉，是山西省工商联副主席单位。

（六）山西省代理商联合会

山西省代理商联合会是经山西省委统战部和山西省民政厅批准，于2001年8月18日成立的以民间商会为特点、以服务会员为宗旨的社团组织，是省工商联的团体会员，是代理商的"会员之家"。

山西省代理商联合会的会员包括食品、百货（日化、服装、鞋帽、饰品等）、电器、IT、建材代理商等，数量已达600余家，确立联系关系的代理商有1000余家，范围覆盖全省各地，是全省乃至全国最具活力、最具影响力的行业商会之一。

自成立以来，山西省代理商联合会帮助和指导全国各省、市成立了近50家行业商会，依靠资源平台、信息平台、服务平台、发展平台等优势，与社会各界加强联系、优势互补、合作双赢、共同发展，在维权与发展、培训、融资、联合招商、商务考察等方面都取得了一定成绩，得到了会员单位的肯定和好评，在全国享有良好声誉。多次获全国"四好"商会等荣誉。

（七）山西省房地产商会

山西省房地产商会成立于2014年10月23日，是由山西省房地产行业及与本行业领域相关的企业、团体和个人自愿结成的行业性、非营利性的社会团体，共有会员单位106家，是山西省房地产业及房地产上下游产业的资源库、信息库和数据库，是联通行业与政府、行业与市场、行业与企业、行业与社会之间的桥梁。

山西省房地产商会聚集房地产精英，合力打造大商联盟，在"建立政企沟通机制""创新金融服务模式""维护合法权益，提供法律服务""整合资源，建立合理机制"等八个方面为会员服务，引导企业走向市场，协调业界的社会经济秩序、维护企业权益。按照上级部门的工作部署和行业发展趋势，努力引导各会员单位创新发展，转型投资新的领域，由重资产向轻资产转型，寻找新的商机，特别是在供给侧结构性改革中找到突破口，更好地使项目落地取得较好的成果，在晋商晋才回乡创业创新工程中发挥了应有的作用。山西省房地产商会先后荣获山西省"四好"商会和全国"四好"商会等称号。

四、小结

商会经济是以商会为组织纽带，通过有效的制度设计与协调管理，以优化资源配置提高行业经济社会发展水平的一种经济运行形态和区域经济发展模式。发展商会经济是深化市场经济体制改革的需要，是服务民营经济发展的需要，是招商引资发展地方经济的需要。

新晋商商会组织在经营发展过程中，持续加强会员企业间的沟通交流，促进其合作联系，为各自会员企业搭建桥梁，带来新的发展动力和契机。商会服务载体日趋完善，使得其凝聚力、影响力、执行力不断增强，更快、更好地助力山西经济转型发展。未来希望在商会的凝聚和号召下，能够资源整合、互相扶持，为山西乃至全国做出更大的成绩和贡献。

附 录

1. 调研企业名单

序号	单位全称
1	山西省古建筑集团有限公司
2	山西华鑫煤焦化实业集团有限公司
3	山西天星能源产业集团有限公司
4	山西聚义实业集团股份有限公司
5	山西昕益能源集团有限公司
6	山西平遥华兴电机铸造有限公司
7	山西省平遥牛肉集团有限公司
8	山西汇丰兴业焦煤集团有限公司
9	山西中阳钢铁有限公司
10	山西新晋商酒庄集团有限责任公司
11	山西穗华物流园有限公司
12	山西安晟科技发展有限公司
13	山西凯嘉能源集团有限公司
14	山西省平遥煤化（集团）有限责任公司
15	山西宇皓环保纸业有限公司
16	山西兰田实业集团有限公司
17	山西老陈醋集团有限公司
18	太原双合成食品有限公司
19	亚宝药业集团股份有限公司

续表

序号	单位全称
20	山西诺维兰（集团）有限公司
21	大运九州集团有限公司
22	山西建邦集团有限公司
23	山西阳光焦化集团股份有限公司
24	山西建龙钢铁有限公司
25	山西戎子酒庄有限公司
26	乡宁县云丘山旅游开发有限责任公司
27	山西乐村淘网络科技有限公司
28	山西安泰集团股份有限公司
29	山西潞宝集团焦化有限公司
30	山西易通环能科技集团有限公司
31	山西中德投资集团有限公司
32	山西振东健康产业集团有限公司
33	山西晋城钢铁控股集团有限公司
34	山西华洋工贸集团有限公司
35	山西泫氏实业集团有限公司
36	浩翔控股集团有限公司
37	阳泉市泉民民营联合投资控股股份有限公司
38	大同市同华矿机制造有限责任公司
39	山西雁门清高食业有限责任公司
40	山西教场坪能源产业集团有限公司
41	山西塞上绿洲生物科技有限公司
42	朔州陶瓷职业技术学院
43	怀仁市亿家亲陶瓷有限责任公司
44	山西古城乳业集团有限公司
45	山西泰宝科技有限公司
46	山西天宝集团有限公司
47	山西东义煤电铝集团有限公司
48	山西鹏飞集团有限公司

2. 企业座谈会

序号	时间	地点	参会企业
1	2022年7月22日	怀仁市人民政府会议厅	18家
2	2022年8月1日	太原万狮京华酒店	11家

3. 调研商会名单

序号	商会名称
1	山西省民营经济促进会
2	山西省代理商联合会
3	山西省房地产商会
4	山西省浙江商会
5	山西省广东商会
6	山西省浙江企业联合会
7	山西省河南商会
8	山西安徽商会
9	怀仁市新的社会阶层人士联谊会

4. 调查问卷

《世界晋商发展报告（2022）》调查问卷

尊敬的受调查企业负责人：

为充分展现晋商发展的历史轨迹，客观分析和提炼当代晋商发展的经验、存在的问题和未来发展方向，为晋商发展提供可资借鉴的历史经验和当代样板，并为政府改善营商环境、促进企业发展提供依据，世界晋商论坛组委会和《世界晋商发展报告（2022）》课题组期望各会员企业协助完成本问卷。

本问卷仅供研究和编制报告所用，涉及的企业信息将被严格保密，请各会员企业如实填答。

衷心感谢您的支持与配合！

世界晋商论坛组委会
《世界晋商发展报告（2022）》课题组
2022年3月

一、个人基本信息

1. 您的职务（可选多项）

☐ 董事长　　　☐ 总经理　　　☐ 企业副职（含副董事长、副总经理等）

☐ 党委书记　　☐ 董事　　　　☐ 部门负责人

☐ 其他（请注明）_____

2. 您的性别

☐ 男　　　　　☐ 女

3. 您的出生年份_____年

4. 您的文化程度是

☐ 初中及以下　☐ 高中／职高／中专／技校　　☐ 大专

☐ 本科　　　　☐ 硕士　　　　☐ 博士

5. 您是否担任或曾担任过人大代表、政协委员？

☐ 现任人大代表　　☐ 现任政协委员　　☐ 曾是人大代表

☐ 曾是政协委员　　☐ 都不是

二、企业基本信息

6. 企业名称_____；统一社会信用代码_____；企业登记注册时间_____年

7. 企业所在省、市_____；企业负责人籍贯_____

8. 企业目前注册类型是

☐ 一人公司　　☐ 独资企业　　☐ 合伙企业

☐ 有限责任公司　☐ 股份有限公司

9. 企业有下列机构（可选多项）

☐ 股东会　　　☐ 董事会　　　☐ 监事会　　　☐ 中共党组织

☐ 工会　　　　☐ 职工代表大会

10. 企业主要从事的行业是什么?（如只从事单一经营，只需填写第一主业）

A. 第一主业（　　） B. 第二主业（　　） C. 第三主业（　　）（把行业编号填在括号里）

（1）农、林、牧、渔　　（2）采矿业　　　　（3）制造业
（4）电力、热力、煤气水（5）建筑业　　　　（6）房地产
（7）交通运输、仓储　　（8）信息服务　　　（9）金融
（10）批发和零售　　　 （11）住宿、餐饮　 （12）居民服务、修理业
（13）租赁、商业服务　 （14）科学、教育、文化、卫生　（15）其他

11. 企业的主要产品或服务

12. 企业上市与所获荣誉

	是	否
（1）是否为上市公司？	□	□
（2）是否为国家级专精特新"小巨人"企业？	□	□
（3）是否为所在省份百强民营企业？	□	□

13. 2021 年企业员工人数＿＿＿＿＿＿人，其中

高管人数（人）＿＿＿＿＿＿；博士人数（人）＿＿＿＿＿＿
硕士人数（人）＿＿＿＿＿＿；本科人数（人）＿＿＿＿＿＿

14. 企业资本构成

投 资 主 体	2021 年底净资产（不包括借款）
（1）创业者和家族成员	占净资产总额比例＿＿＿＿＿＿％
（2）国有资本	占净资产总额比例＿＿＿＿＿＿％
（3）外资和港澳台资本	占净资产总额比例＿＿＿＿＿＿％
（4）其他	占净资产总额比例＿＿＿＿＿＿％
（5）净资产总额	＿＿＿＿＿＿万元

三、企业经营管理状况

15. 企业近三年主要经营指标状况

财务指标	2019 年	2020 年	2021 年
（1）营业收入（万元）			
（2）总资产（万元）			
（3）总负债（万元）			
（4）毛利率（%）			
（5）资产收益率（ROA）			
（6）净资产收益率（ROE）			
（7）研发费用（万元）			
（8）融资总额（万元）			
（9）对外投资总额（万元）			
（10）纳税（万元）			
（11）慈善和社会捐赠（万元）			

16. 2021 年企业各融资渠道的贷款总额

融资渠道	贷款总额（万元）
（1）国有和股份制商业银行	
（2）小型金融机构（如村镇银行、小额贷款公司等）	
（3）民间借贷	
（4）互联网金融	

17. 2021 年企业各融资渠道的年息

融资渠道	平均年息（%）
（1）国有和股份制商业银行	
（2）小型金融机构（如村镇银行、小额贷款公司等）	
（3）民间借贷	
（4）互联网金融	

18. 企业产品准时交付率（非制造业企业可跳过本题）

□ 95% 以上　　□ 80% ~ 95%　□ 60% ~ 80%　□ 60% 以下

19. 企业产品交付和库存状况（非制造业企业可跳过本题）

A. 产品从下单到出货的交付周期_____天

B. 材料库存_____万元；库存周转天数_____天

C. 成品库存_____万元

20. 供应链分布情况

A. 上游：来自本省的原材料（或上游产品）占比_____%

　　　　来自省外的原材料（或上游产品）占比_____%

　　　　来自国外的原材料（或上游产品）占比_____%

B. 下游：产品销售在本省的市场占比_____%

　　　　产品销售在省外的市场占比_____%

　　　　产品销售在国外的市场占比_____%

21. 2021 年企业开展国际经济合作的情况

A. 向境外投资_____万美元（没有请填 0）

B. 接受境外投资_____万美元（没有请填 0）

22. 目前企业已经借助互联网（可选多项）

□建立企业网站　□开设网店　　□投放广告　　□直播卖货

□腾讯会议　　　□建立企业微博　□建立微信公众号

□在线学习　　　□聘用人才　　□远程监控

□视频交流　　　□其他（请注明）

23. 将来您企业可能借助互联网（可选多项）

□建立企业网站　□开设网店　　□投放广告　　□直播卖货

□腾讯会议　　　□建立企业微博　□建立微信公众号　□在线学习

□聘用人才　　　□远程监控　　□视频交流

□其他（请注明）_____

24. 在您看来，互联网对企业带来哪些挑战？（可选多项）

□思维挑战：思维跟不上互联网的发展步伐

☐战略挑战：不确定性增加，越来越看不清未来方向

☐管理挑战：权力要求下放，责任却下放不了

☐市场挑战：客户挑选空间机会多，忠诚度下降

☐行业挑战：行业边界越来越模糊，竞争加剧

☐沟通挑战：沟通方式加多，效率并没有提高

☐关系挑战：人与人、人与组织之间的关系在重新组合，但关系越来越松散

☐其他挑战：（请注明）

25. 您对元宇宙、区块链、大数据、数字化、智能化、5G、3D 打印等新经济了解多少？

☐非常清楚　　☐大致清楚　　☐略知一二　　☐不太清楚　　☐不清楚

26. 与同行企业相比，您企业的竞争优势最主要体现在（最多选 3 项）

☐生产规模　　☐产品质量　　☐核心团队　　☐服务　　☐价格

☐品牌　　☐核心技术　　☐客户关系　　☐人才队伍　　☐风险管控

☐产业链　　☐物流配送　　☐政府支持　　☐其他（请注明）

27. 与同行企业相比，您企业的竞争薄弱环节是（最多选 3 项）

☐生产规模　　☐产品质量　　☐核心团队　　☐服务　　☐价格

☐品牌　　☐核心技术　　☐客户关系　　☐人才队伍　　☐风险管控

☐产业链　　☐物流配送　　☐政府支持　　☐其他（请注明）

28. 外部环境给企业带来的挑战主要来自哪些方面？（最多选 3 项）

☐疫情压力　　☐政府行政效率低下　　☐政策不稳定

☐政策扶持力度不足　　☐融资难　　☐国际经济形势不明朗

☐行业恶性竞争　　☐其他

29. 企业在内部管理方面面临的主要问题有哪些？（最多选 3 项）

☐战略制定不合理　　☐战略执行力差　　☐技术管理或创新不足

☐营销效果不佳　　☐资金不足　　☐骨干人才不足

☐企业文化有待加强　　☐数字化、智能化不足

☐其他问题（请注明）

30. 2021年期间为了适应环境变化，企业所作的重要转型方向（可选多项）

□维持现在行业，提升技术（转产高端产品、减轻污染等）

□维持现在行业，降低成本（减少用工成本、原料成本等）

□维持现在行业，搬迁厂址（迁往内陆城市、城市郊区等）

□维持现在行业，引进战略投资（引进资本战投、引进市场战投等）

□维持现在行业，剥离其他非主业板块

□维持现在行业，调整销售（增加销售队伍、加大销售激励等）

□转进其他行业，试制新品（转换主要行业，退二进三等）

□其他（请写明）_____

□没有上述情况

31. 您2021年参加企业内部、外部的培训大约多少次？

□10次及以上　　□5～10次　　□1～5次　　□无

32. 如果您参加培训或听讲座，您觉得哪一方面的内容最吸引您？（最多选5项）

□企业营销与管理　　□宏观经济形势　　□国学与传统文化

□法律　　□金融证券和投资　　□财务会计　　□税务筹划

□人际关系　　□科学技术　　□历史与哲学　　□海外投资与移民

□政治与政策　　□其他_____

33. 企业面临的环保压力

	压力很大	压力较大	一般	压力较小	没有压力
（1）政府环境规制	□	□	□	□	□
（2）周边社区环保要求	□	□	□	□	□
（3）消费者环保意识	□	□	□	□	□
（4）同行企业改进环保的行动	□	□	□	□	□
（5）环保投入的财务盈亏状况	□	□	□	□	□

34. 企业近三年环保方面情况

	有	无
（1）有没有研发新的环保技术设备或环保产品	☐	☐
（2）有没有增加新的环保技术设备或改进产品环保质量	☐	☐
（3）有没有遭遇过居民或环保组织的环境投诉	☐	☐

四、企业认知状况

35. 企业创业者当年创业的主要动机是（最多选3个）

☐生存需要　　☐改善家庭生活条件　　☐追求财务自由　　☐追求个性自由
☐实现个人价值　　　　☐提升社会地位　　　　☐工作自主
☐享受挑战　　☐造福社会　　☐特殊情感诉求　　☐其他

36. 企业的管理水平

A. 与同行企业相比，您企业的管理水平　　☐较高　　☐居中　　☐较低
B. 与同层次的管理者相比，您个人的管理水平　　☐较高　　☐居中　　☐较低

37. 迄今为止，您认为您个人及企业是成功的吗？

☐很成功　　☐较成功　　☐一般　　☐不太成功　　☐很不成功

38. 您认为导致企业成功的主要原因是什么？（最多选3个）

☐个人努力　　☐团队给力　　☐市场机会好　　☐政策环境好
☐政府支持　　☐技术先进　　☐资金充裕　　☐其他（请注明）

39. 请对如下创新相关内容进行评价

	非常满意	满意	一般	不满意	非常不满意
（1）您对自己的创新意愿是否满意	☐	☐	☐	☐	☐
（2）您对自己的创新能力是否满意	☐	☐	☐	☐	☐
（3）您对创新环境是否满意	☐	☐	☐	☐	☐
（4）您对企业目前的创新效果是否满意	☐	☐	☐	☐	☐

40. 您认为阻碍创新的因素有哪些？

41. 董事长和高管之间的认同度

A 如果您是董事长，请问您对公司高管的认同度如何？

□非常不满意　□比较不满意　□一般　□比较满意　□非常满意

B 如果您是公司高管，请问您对董事长的认同度如何？

□非常不满意　□比较不满意　□一般　□比较满意　□非常满意

42. 以下关于家族管理的理念，您是否赞成？

	赞成	比较赞成	不好说	比较不赞成	不赞成
（1）家族应该拥有企业50%以上的股权	□	□	□	□	□
（2）企业的战略决策权必须由家族成员掌控	□	□	□	□	□
（3）企业的关键性岗位应该由家族成员担任	□	□	□	□	□
（4）家族成员参与管理更有利于企业发展	□	□	□	□	□
（5）家族成员只有确实胜任时才能被雇佣	□	□	□	□	□

43. 企业创业者是否考虑过子女接班问题？

□目前没有考虑这个问题

□让子女接班管理本企业　　　　□不要子女在本企业工作

□让子女继承股权，但不要在本企业工作　　□让子女自己创业

□由子女决定自己未来发展　　　　□其他（请注明）

44. 您认为下列哪些词最符合当代晋商（最多选5个）

□爱国　　□诚信　　□守法　　□创业　　□创新　　□责任

□敬业　　□开放　　□自强　　□冒险　　□合作　　□奉献

□坚韧　　□勤勉　　□进取　　□勤俭节约　□重情重义

□质朴　　□厚重　　□其他（请注明）

45. 如果您在山西创业，吸引您在山西创业的原因是（可多选）

□资源优势　□政府支持　□有相关优惠政策　　□营商环境好

□税费合理　□有政商资源　□人才能保证　　□土地成本较低

□产业匹配度高　　□文化底蕴深厚　　□市场未开发空间大

□其他（请注明）_____

46. 如果您不在山西创办企业，主要原因是（可多选）

☐ 没有政府支持　　☐ 没有优惠政策　　☐ 营商环境差

☐ 融资难　　　　　☐ 缺乏相关政商资源　☐ 税费较高

☐ 相关人才缺乏　　☐ 土地成本较高

☐ 缺乏创新创业的氛围　☐ 产业匹配度差

☐ 其他（请注明）

47. 未来您更倾向于投资哪些行业？

_____

48. 和明清晋商相比，您认为当代晋商

继承了哪些？_____

创新了哪些？_____

舍弃了哪些？_____

49. 和浙商相比，您认为当代晋商差在哪里，应该向浙商学习些什么？

_____

五、企业所在地营商环境状况

50. 对国家及企业所在省、市出台的有关企业扶持政策的了解程度

☐ 非常清楚　　☐ 大致清楚　　☐ 略知一二

☐ 不太清楚　　☐ 不清楚

51. 请您对企业所在地当前的营商环境进行评价

	非常满意	满意	一般	不满意	非常不满意
（1）行政审批手续方便、简捷	☐	☐	☐	☐	☐
（2）政府官员廉洁守法	☐	☐	☐	☐	☐
（3）政府官员勤政、积极服务企业	☐	☐	☐	☐	☐
（4）工商行政机关公正执法	☐	☐	☐	☐	☐

续表

	非常满意	满意	一般	不满意	非常不满意
（5）司法机关公正执法	□	□	□	□	□
（6）地方政府对企业的干预	□	□	□	□	□
（7）政府政策宣传覆盖面	□	□	□	□	□
（8）民企与国企在政策落实层面待遇	□	□	□	□	□
（9）知识产权（商标、专有技术等）保护	□	□	□	□	□
（10）经营者财产的安全保障	□	□	□	□	□
（11）企业从银行贷款的难易程度	□	□	□	□	□
（12）企业从民间渠道筹资的难易程度	□	□	□	□	□
（13）基础设施条件（水电、交通、通信等）	□	□	□	□	□
（14）当地律师、会计师等市场服务条件	□	□	□	□	□
（15）在当地找到需要的熟练工人的难易程度	□	□	□	□	□
（16）在当地找到上下游合作企业的难易程度	□	□	□	□	□

52.最希望获得政府哪些方面的支持？（最多选3项）
　　□土地　　□资金　　□政策　　□税收　　□业务　　□其他

53.您认为近两年来政府官员"不作为""懒政"的情况明显吗？
　　□很不明显　　□不太明显　　□比较明显　　□非常明显　　□不好说

54.以下哪种说法符合企业近两年的情况？

问题	符合	不符合	说不清
（1）当地政府领导曾经到本企业考察或者现场办公	□	□	□
（2）曾经成功地劝说官员调整或者修改相关政策	□	□	□
（3）当地政府给了本企业很多特殊优惠和资金扶持	□	□	□
（4）比较充分享受了国家的各项优惠政策	□	□	□
（5）与当地政府和有关部门领导很熟	□	□	□
（6）很少接触政府官员	□	□	□

55. 您对工商联或商会提供的下列服务是否满意？

	非常满意	满意	一般	不满意	非常不满意
（1）代表企业共同利益，维护合法权益	□	□	□	□	□
（2）帮助企业增加与政府有关方面的沟通	□	□	□	□	□
（3）传达大政方针、提供政策解读的服务	□	□	□	□	□
（4）协调同行业企业的经营行为	□	□	□	□	□
（5）健全行规、行约，加强自律、维护信誉	□	□	□	□	□
（6）提供信息、咨询、教育培训等服务	□	□	□	□	□
（7）为企业个案提供法律援助	□	□	□	□	□
（8）组织国内外投资考察、论坛、联谊活动	□	□	□	□	□
（9）促进区域间经贸往来	□	□	□	□	□

56. 列举工商联或商会做的最让您认同的一些活动？

57. 商会目前存在哪些主要问题？

58. 如何更好地发挥商会的作用，您的建议是

六、数字化转型

59. 企业是否正在或已经开展数字化转型（若选否，请直接进入第 65 题）
□是　　　　□否

60. 企业在如下哪些领域进行了数字化转型？（可多选）

□客户管理　　　□营销渠道　　　□生产工艺/流程

□人力资源管理　□财务管理　　　□物资管理　　　□其他

61. 企业所处的数字化转型环境如何？

	非常同意	同意	一般	不同意	非常不同意
（1）所在行业数字化水平高	□	□	□	□	□
（2）所在行业数字创新机会多	□	□	□	□	□
（3）所在地区政策对数字化转型扶持力度大	□	□	□	□	□
（4）所在地区数字化人才供给充足	□	□	□	□	□
（5）拥有足够的转型资金	□	□	□	□	□
（6）拥有足够的转型人才	□	□	□	□	□
（7）领导转型意识强	□	□	□	□	□
（8）中层管理者转型意识强	□	□	□	□	□
（9）一般员工转型意识强	□	□	□	□	□

62. 企业通过哪种方式进行数字化转型（可多选）

□加入数字化平台　　□与数字技术企业合作　　□自行开发或服务外包

□成立合资公司　　　□都不是，_____

63. 与数字技术企业的协作情况

	非常同意	同意	一般	不同意	非常不同意
（1）双方技术人员拥有完善的交流通道或平台	□	□	□	□	□
（2）经常举办数字化项目、产品或服务培训	□	□	□	□	□
（3）对数字技术企业的配合比较满意	□	□	□	□	□
（4）本企业对数字技术企业的依赖较高	□	□	□	□	□
（5）数字技术企业重视与本企业合作	□	□	□	□	□
（6）数字技术企业为本企业专门开发数字产品	□	□	□	□	□
（7）数字技术企业在本企业有常驻专业技术人员	□	□	□	□	□
（8）在数字化转型合作中本企业占主导地位	□	□	□	□	□
（9）合作质量对数字化转型结果有影响	□	□	□	□	□

64. 数字化转型成效

	非常同意	同意	一般	不同意	非常不同意
（1）达到预期目标	□	□	□	□	□
（2）对市场反应更加迅速	□	□	□	□	□
（3）对客户需求更加了解	□	□	□	□	□
（4）销售业绩提升	□	□	□	□	□
（5）创新能力提升	□	□	□	□	□
（6）生产成本降低	□	□	□	□	□
（7）管理成本降低	□	□	□	□	□
（8）生产效率提高	□	□	□	□	□
（9）管理效率提高	□	□	□	□	□
（10）生产质量提高	□	□	□	□	□

七、未来方面

65. 对企业未来发展，您更关注的外部因素有哪些？（最多选 5 个）

□疫情　　　□市场行情　　　□宏观政策　　　□政府支持
□营商环境　□融资便利　　　□产业配套能力　□国际形势
□其他

66. 对企业未来发展，您更关注的内部因素有哪些？（最多选 5 个）

□数字化转型　□绿色发展　□深耕本行　□技术创新
□产品创新　　□公司治理　□团队建设　□人才引进
□战略制定　　□营销创新　□基础管理　□企业文化
□社会责任　　□代际传承　□其他_____

后　记

当报告将要完成的时候，我心中倍感轻松。

有一句话说得好：如果事与愿违，一定另有安排。当年听《现象学》课程的时候也有一句话：该发生的一定会发生的。作为一个年届花甲的人，当面对各种麻烦不断、难如所愿的时候，总会对问题进行归因：难道这一切都是命运安排的吗？如果真是这样，那还有什么话可说？

我从来不是一个利益导向的人，而是一个价值导向的人。当面临决策问题的时候，我从来不去问能得到多少利益，而只问该不该做、有没有意义。我深信：只要把该做的事情做好，利益一定会来。当然，这种利益不一定完全是以金钱的形式表现出来，也不一定是即期兑现。我通常会把事情分成四类来排列它们的优先次序：对自己有利对社会有利的事情优先做，对自己无利对社会有利的事情也可以做，对自己有利对社会无利的事情不去做，当然，对自己和社会都不利的事情更不能去做。因此，通常我的决策很简单。

基于此，本报告顺其自然地开始了。因为它对山西有利、对晋商有利。像我这种生于斯、长于斯、干于斯、老于斯，为山西鼓与呼了一辈子的人，这样一个从来没人做过的、对山西、对晋商大有好处的事情找到了我的头上，我能不做吗？

铁定不能。

苟利国家生死以，岂因祸福避趋之！

本来时间还是足够的，只是四月、五月的新冠疫情，打乱了所有的节奏，一切都难以从容了……

调研过程变得非常紧张、非常疲累、非常不充分，写作时间变得非常短，而且资料不全、数据不详、推进不顺……

团队成员很辛苦，他们的年龄大多也已四五十岁，而且受过系统的教育，拥有博士学位，不是副教授也是讲师，自己也带学生、做课题、搞项目，人前有面子，人后有里子……跟着我干活，吃苦、受累不说，还要忍受我的坏脾气。天下哪有这等道理？

然而，做什么事情都不是容易的。越是像报告这种时间紧、任务重、难度大的事情，越是能检验我们团队的战斗力。翻过了这座山，就再也没有什么翻不过的山了。我相信：经过千锤百炼，我们一定会成为一个过硬的团队，无往而不胜！

宋瑞卿

二〇二二年九月三十日